テュルゴー
資本理論研究

中川辰洋

日本経済評論社

目次

序章　課題と視角…………………………………………………………… 1

第1章　テュルゴーの経済思想の形成とその源泉……………………… 13

  1.　テュルゴーの生涯（1727-81年）　13

  2.　テュルゴーの経済学説形成の思想的背景　31

  3.　テュルゴー学説の経済学史上の位置づけ　44

第2章　テュルゴー資本理論の基本構成と展開………………………… 55

  1.　『諸省察』の構成と資本理論──ケネーとの関連を中心にして　55

  2.　資本概念の形成と成立──グルネーとの関連を中心にして　64

    （1）　資本概念の形成　64

    （2）　グルネーの貢献　66

    （3）　資本概念の成立　72

  3.　資本の形成・蓄積の分析と理論構成　76

    （1）　資本の形成と蓄積　76

    （2）　資本・利子関係の分析　85

    （3）　貨幣利子率の役割　90

第3章　テュルゴー資本理論の諸問題…………………………………… 99

  1.　貨幣的資本と前貸し（資本ストック）に関する問題　99

  2.　資本利潤あるいは貨幣利子をめぐる問題　108

  3.　貯蓄・投資分析の批判的考察──テュルゴーの限界　119

    （1）　外部資本依存の「危険性」　119

(2) 後進的金融システム下の貯蓄・投資モデル　124
　　　(3) 信用創造の拒絶——ジョン・ローの影　131

終章　テュルゴー理論の革新性とその性格 ……………………………… 145

　付録　『富の形成と分配に関する諸省察』目次　　158

付論I. チャイルド―グルネ―テュルゴー
　　　――「資本」概念の生成と成立に関する一考察 ……………… 179

　はじめに　　179
　1. グルネーの経済思想——18世紀フランス経済研究における
　　位置と評価　　184
　2. チャイルド『新商業講話』の仏語訳およびグルネーの「注
　　釈」の意義　　192
　　　(1) チャイルド『新商業講話』の仏語訳と出版の経緯　192
　　　(2) グルネーの「チャイルド『新商業講話』注釈」草稿　194
　　　(3) グルネー「注釈」の経済学説史上の意義と貢献——資本と
　　　　生産的労働の経済分析　198
　3. テュルゴー「資本」論の意義と貢献　　204
　　　(1) テュルゴーとグルネー　204
　　　(2) テュルゴー「資本」論の形成——グルネー学説の継承と発
　　　　展　207
　　　(3) テュルゴー「資本」論の経済学説史上の貢献——経済学の
　　　　古典形成への道　210
　むすびにかえて　　221

付論 II. テュルゴー利子論への補遺
　　　　──「貨幣貸付に関する覚書」を中心にして ………………… 227

　はじめに　227
　1. 付利禁止の理念と現実──ユダヤ教およびキリスト教の経典の含意　231
　2. アングレーム事件（1769年）の深層と顛末──テュルゴーの「覚書」を読む　240
　3. 「覚書」における利子論の意義と問題──『諸省察』との関連を中心にして　249
　むすびにかえて　258
　付録　『富の形成と分配に関する諸省察』オリジナルテキスト第75節（仮訳）　264

参考文献　267
あとがき　281
初出一覧　286
人名索引　287

序章
課題と視角

　近代経済学の研究史をふり返るとき，ラテン語の"capitalis"を語源とする"capital"という用語を，土地や労働とともに経済学の分析対象である市場経済ないし資本主義経済の最重要概念である「資本」として厳密に定義し，そのうえでそれが富の形成と分配という社会の基本的関係を律する担い手であることをはじめて体系的に明らかにしたのは，オーヌ男爵アンヌ・ロベール・ジャック・テュルゴーである．かれが1766年に著した『富の形成と分配に関する諸省察（*Refléxions sur la formation et la distribution des richesses*)』（以下，『諸省察』と略記）にあってもっとも力を注いだ領域こそ，「新しい富の概念」としての資本の理論とそれが織り成す経済関係の組織的分析であった．「経済学の揺籃（berceau de l'économie politique）」と称される18世紀から現代に至るまで，テュルゴーの業績を抜きに経済学の古典形成の歴史を語ることはできない．

　実際，テュルゴーは100節からなる現行の『諸省察』の「資本一般および貨幣収入（Des capitaux en général et du revenue de l'argent）」と題する前半の一節（第29節）で「資本の一般定式」を導出してのち，後半のほとんどを資本の形成と蓄積，資本・利子関係などについての詳細な分析に割いている．その意味からすれば，テュルゴーの『諸省察』は「資本論」と呼ぶほうがより適切かもしれない．もとよりそれは単なる用語法の問題に尽きるわけではない．テュルゴーの独創の賜物である資本理論の経済学の古典形成への多大の貢献をいうのであって，後世たとえそこにテュルゴーの名を冠することがなかったとしても，フランスのみならず陸や海を越えてヨーロッパ諸国に迎え入れられ，経済学研究のなかにふかく根を下ろす優れた経済理論であった．

だが，それにもかかわらずテュルゴーの経済学の古典形成における貢献は長い間正当に評価されてこなかった，というのが偽らざるところである．その最大のポイントは，資本理論それ自身に関する評価よりもむしろ，テュルゴーという「ずぬけて秀でた男」（友人アンドレ・モルレの評）の経済思想や経済学説の研究史における評価とその位置づけにある．すなわちテュルゴーは，『経済表（Tableau économique）』によって不朽の名声を経済学の歴史に刻むことになるフランソワ・ケネーを頂点する18世紀フランスの一大思想潮流・政策集団——いわゆる「フィジオクラート派（physiocrates）」の有力メンバーのひとりであり，かれの業績はケネーの経済理論を継承・発展させたところにあるが，しかしそうした功績もかれと交流のあったスコットランドの思想家で，やがて「経済学の生みの親（father of Political Economy）」と神棚に祭り上げられるアダム・スミスの経済理論を準備する「先駆的（précurseur）」業績のひとつにすぎないというのである．

のちに明らかにするように，テュルゴーがはたしていうところのフィジオクラート派の有力メンバーであったかどうかは大いに異論のあるところであるが，すくなくとも18世紀末からつぎの世紀までの間，かれの友人でフィジオクラート派の「闘将（champion）」とあだ名されたピエール=サミュエル・デュポンや，かれの衣鉢を継ぐ人間たちの手になる「テュルゴー全集」が，あたかもテュルゴーがケネーとかれを開祖とするフィジオクラート派の理論を継承・発展させた人物と思わせるように編集されていたことはこれを否定できないし，実際問題として多くの経済学研究者をミスリードしてきたことはあらそえまい[1]．

---

1) ここでいうデュポンのテュルゴー全集とは，*Œuvres de Mr. Turgot, ministre d'État: Précédées et accompagnées de mémoires et de notes sur sa vie, son administration et ses ouvrages*, par Pierre Samuel Dupont de Nemours, en 9 vols., Paris, de l'imprimerie de Delance, 1809（reprint; Adamant Media Coporation, 2001）である．またその後，ユジェーヌ・デールとイポリット・デュサールは自ら編集・刊行した *Collection des principaux économistes* のなかに，*Œuvres de Turgot*, Nouvelle édition classée par ordre de matières avec les notes de Dupont de Nemours augumentée de lettres inédites, des questions sur le commerce, et d'observations

序章　課題と視角

しかるに，ギュスターヴ・シェルが1913年から10年の歳月をかけて刊行した「テュルゴー全集」は，そうしたフィジオクラート派のバイアスを取りのぞくうえでの功が大であった．それにまた，同じくシェルの手によるテュルゴーやかれが"メントール（Mentor）"と仰ぎ生涯敬愛してやまなかったジャック=クロード=マリー・ヴァンサン（グルネー侯爵）の評伝などの功もあり，従来のグルネーやテュルゴーの評価を一定程度修正することを可能とした[2]．けれども，そのシェルにあってさえ，テュルゴーの経済学の古典形成における貢献という肝心の点になると，かならずしも正当な評価を下すことができなかった．テュルゴー資本理論の形成過程を研究するさいの鍵を握るはずのグルネーの経済思想や経済学説の全容を解き明かす資料を発見できなかったことがその主因である．それゆえ，テュルゴーが1759年にグルネーが死してのちはフィジオクラート派に「改宗」し，結果として「グルネーを裏切った」という説まで登場したのもゆえなきことではない．

ところが20世紀末から今世紀にかけて，シェルの生前目にすることのなかったグルネー文書（もんじょ）が，津田内匠やシモーヌ・メイソニエの手によって発見されたことともあいまって，グルネー，テュルゴーの功績がようやく正当に評価されるに至った[3]．なかでもメイソニエが発見し編集・出版したサー・

---

et de notes nouvelles, en 2 vols, Paris, par Eugène Daire et Hippolyte Dussard, réimpression de l'édition de 1844, Osnabrück, Otto Zeller, 1966 を収録しているが，その内容は，前記デュポン版全集をベースに，そこから漏れたテュルゴーの未発表草稿や書簡類などを加えたものである．

2) シェルの編集・刊行したテュルゴー全集は，*Œuvres de Turgot et documents le concernant*, en 5 vols., éd. Gustave Schelle, Paris, Librairie Félix Alcan, 1913-1923. である．このほかにもシェルは，グルネーの評伝やテュルゴーの評伝を発表しているが，このうち後者の『テュルゴー（*Turgot*）』と題する評伝のつぎの一節から，シェルの全集出版への意気込みをうかがい知ることができる．すなわち，「わたしは〔デュポンやデール=デュサール〕の業績に倣う意思は毛頭なく，これらを修正し，かつ完全にすることだけがのぞみであった」（Schelle [1909], p. 10）．なお，本書はのちにシェル版全集を出版するさいに増補・改稿され，全集各巻の冒頭をかざるテュルゴーの伝記として活用されている．

3) さしあたり，Tsuda [1983; 1993]; Gournay [2008 (1754)]; Meyssonnier [2008] を参照されたい．

ジョサイア・チャイルドの『新商業講話（*A New Disourse of Trade*）』の仏語訳とこれに関連するグルネーの「注釈（Remarques）」の完全なコピーの存在は，これまで不可能と思われてきた経済学の古典形成における最大の謎のひとつである市場経済ないし資本主義経済の最重要概念「資本」およびその所有者である「資本家（capitaliste）」というタームの誕生の経緯を解き明かすことを可能としたのである．メイソニエの功績は，テュルゴーがグルネーの資本概念を継承・発展させ，後年の『諸省察』のなかで体系的に考究されていることを，物的証拠をもって証明したところにある．

テュルゴーとグルネーの関係がそのようなものであったとしても，かれが1766年2月にデュポンに書き送った書簡のなかで「わたしはこれらふたりの人間〔グルネーとケネー〕の弟子であったことを生涯の誉れとするものである」[4]とのべているように，かれの思想形成過程におけるケネーとその学説の影響を完全に排除するものではない．テュルゴーがケネーのいわゆる「純生産物（produit net）」と「資本前貸し（avance）」——あるいは資本ストック（capital stock）——に影響を受けたであろうことはたしかなことである．もちろんだからといって，テュルゴーが農業のみを生産的とするフィジオクラシーの狭隘かつ排他的な「セクト主義（esprit de secte）」に与しなかったこともまた明白である．むしろここで特記すべき点は，テュルゴーとケネーとの間にある資本理論の決定的な相違である．

すなわち，テュルゴーが資本を論じるとき，何よりも「貨幣的資本（capital en argent）」に力点を置き，まずその所有者である「資本家」が「企業者（entrepreneur）」にその貨幣を貸し付ける，つぎに後者はこれを市場で「前貸し」して資本ストックないし資財的資本に姿を変え，これと生産的の労働とを結合してなにがしかの財または商品を生産する，そしてさらにこれらを市場で販売して利潤とともに前貸し資本を回収する——すなわち貨幣的資本に（再）転化する，という「貨幣の循環（circulation de la monnaie）」ないし資

---

4) Turgot [1766a], p. 507.

本の循環を考えている．これに対して，ケネーの場合,「資本」はこれをもっぱらストックベースないし素材的な面に一面化してその生産過程における役割と機能を論じているにすぎない．しかもそこでは，アイルランド出身の国際的銀行家リシャール・カンティヨンやテュルゴーらのもっとも重視した経済概念のひとつである企業者——テュルゴーは『諸省察』のなかでこれをさらに発展させて「資本家的企業者（capitaliste-entrepreneur）」という概念を定位した——の富の形成と分配における積極的機能はこれをほとんど論じていないのである．

このようにテュルゴーの資本理論はケネーのそれとは根本的に異なり，貨幣の積極的機能を前提にしながらも貨幣とストック（実物）の双方から資本を論じている点にその際立った特徴があるといってよい．だがこのことは，皮肉なことに，かれが生涯忌み嫌ったスコットランド出身の銀行家ジョン・ローと共通する一面を有している．ただ問題はテュルゴーが資本理論によって交換手段や支払手段を超える貨幣機能の重要性を説き，資本の形成と蓄積や貨幣利子を論じつつも，これを結果として「修正」するかのような議論が認められるという点にある．ばかりか，テュルゴーはローとは対照的に資本形成・蓄積過程における銀行による信用業務の役割——とくに信用創造機能——を容認せず，資本蓄積はこれをもっぱら企業者による内部蓄積したがってまた自己金融によって行うものと決めつけ，ために外部金融——銀行による金融仲介や株式や債券などの証券の発行を通ずる資金調達——を「危険」なものと見做してその道を塞いだ感がある．このことがまた結果としてケネー流の経済理論を容認する根拠とされるのである．

一見そのようにみえるとしても，そこでのテュルゴーの議論はケネーないしフィジオクラート派のそれを継承・発展させたというよりはむしろ，ローの「ライバル」であるカンティヨンの銀行・信用論を実質的に踏襲した結果というほうがより適切である．そしてこれをさらにつき詰めていうなら，テュルゴーの資本理論が一方では18世紀フランスの金融システムがネーデルラントやイングランドのそれに比較して未発達であったという歴史的事情を

背景としていたことに加えて,カンティヨンに依拠しつつローの経済政策——ロー・システム(Système de Law)ともミシシッピー・システム(Système du Mississippi)ともいわれる——を拒絶するなかから生まれた理論であったということである.

のちにくわしくみるとおり,テュルゴー自身はフランス・カトリックの総本山ソルボンヌ学寮・修道院に身を置く時分から,神学の研究のほかに社会的・政治的・文化的諸事象にも関心を抱き,かつそうした分野の研究論文を能くするというように,「神の子(enfant du Dieu)」どころか,18世紀の時代精神(Zeitgeist)である啓蒙思想が生んだ「時代の子(enfant de l'époque)」と呼ぶほうがはるかにお似合いの人間であった.とりわけかれの経済問題への強い関心は聖職者を目指していた1749年,シセ兄弟の長兄(のちのオーセール司祭)に送ったロー・システム(とくに紙幣発行を通じた信用創造)への批判を出発点としており,しかもテュルゴーのローとかれの経済学説——主要にはローの銀行論や信用創造論——への消極的ともいえる姿勢がのちにグルネーとの知遇を得て経済研究の手ほどきを受けてもまったくといっていいほど変わることがなかった[5].

なるほどテュルゴーが銀行信用や金融市場に関する稿を起こすことを計画していたことは,1748年ころにかれが作成したとされる備忘録的リスト「著作作成リスト(Liste d'ouvrage à faire)」のなかに見出すことができる.だが,所詮,計画は計画でしかなく,リストの項目が作品として日の目を見ることはなかった.それどころか,テュルゴーが当時の行政最高責任者である財務総監(Contrôleur Général des Finances)の要職にあったおり,公立銀行——割引金庫(Caisse d'Escompte)の設立を容認したさいにも,かれの忌み嫌ったローの「呪いの言葉(grimoire)」である「銀行(banque)」ではなく,「金庫(caisse)」と命名したのもゆえなしとしない.もっとも,他の作

---

[5] Turgot [1749]. のちにくわしくみるように,テュルゴーがシセ兄弟の長兄に送ったロー・システム批判に関する書簡が,テュルゴーの経済問題を論じた最初の論文となる.

品でテュルゴーは資本の形成と蓄積に対する銀行や信用の機能に積極的な評価をあたえているのであるが，後世テュルゴー説として支持を得たのは——はたして当時それを受け容れる素地のあったこともたしかであったとはいえ——銀行や信用の経済機能を消極化した銀行・信用理論（あるいは金融理論）のほうであった．そしてそれがアダム・スミスとかれに倣った人間たちの手を経て19世紀の経済研究のなかにふかく根を下ろし，20世紀の曙光を垣間見るまでの間，いわばその"雛形"として受け継がれることになったのである．

　本書は，以上の経緯を踏まえてテュルゴーの資本理論を検討し，経済学の古典形成への貢献とその意義を明らかにすることを主たる目標とするものである．はじめに本書の構成を示せばつぎのとおりである．まず第1章では，テュルゴーの経済思想の形成とそのバックグラウンドを，かれの波乱に満ちた生涯——聖職者，思想家それに行政官・政治家——とともに概観しつつ，そのなかからかれ独自の資本理論の生成へと導く思想的源泉とその特徴を明らかにする．つぎに第2章では，『諸省察』を中心にテュルゴー資本理論の構成を整理してその意義を，つづく第3章ではその問題点を分析する．そして以上の分析を踏まえて，最後の終章においてテュルゴー資本理論ひいては経済理論の意義とその経済学説史上の位置づけをあらためて確認する．

　なお，付論1と2はそれぞれ本書の3つの章で論じたテュルゴーの資本理論研究のなかでもっとも重要なテーマをなす資本概念の生成と成立ならびに資本・利子の問題を掘り下げて論じた論稿である．前者は本書第2章前半で取り上げるテュルゴーの資本理論の形成と成立が，かれの師グルネーおよびかれの参照したチャイルドの経済研究を継承・発展させた成果であることを，チャイルド『新商業講話』の仏語訳にグルネーが付した「注釈」の草稿の分析と評価を基礎に実証的に解明することを試みている．また後者は主として第3章で検討される『諸省察』における資本・利子論の問題点を解くうえでのキーペーパーである「貨幣貸付に関する覚書（Mémoire sur les prêts d'argent)」によりながらテュルゴーの資本・利子論の内容を紹介しその核心に

迫ろうするものである．それは，テュルゴーが『諸省察』のなかで展開した資本・利子論に無理があるのではないか——という巷説へのいささか異なる角度からの解答である．

　本書のテーマに入る前に，テュルゴーの研究史について付言しておきたい．フランスをはじめとするヨーロッパ諸国はいうに及ばず，大西洋の対岸のアメリカでも，若冠19歳で独立戦争に加わり，ジョージ・ワシントンを助けて活躍した功により「新世界の英雄」と讃えられた軍人貴族ラ・ファイエット侯爵の名声の陰にとかく埋もれがちではあるが，イングランドの植民地支配からの独立・新国家誕生の最終段階にあってフランス王国の財務総監としてこれを支援したテュルゴーへの敬意はことのほか高い．それゆえ欧米諸国では，テュルゴーとかれに関連する人物や事件を扱った評伝・評論，研究書や論文は星の数ほどある．しかも研究領域はといえば，政治・経済・社会から歴史・人文・哲学あるいは物理・科学に至るまで多岐多端である．まさに18世紀フランスの時代精神である啓蒙思想と『百科全書』の「申し子」の面目躍如というべきであろう．

　それにもまして重要なことは，テュルゴーの経済学研究の分野ではたした貢献とその評価も様変わりの様相を呈していることである．いま手垢の染み付いたお馴染みのレッテル貼りを拝借するなら，ケネー学説を完成した「最高のフィジオクラート派経済学者」，「スミス学説を準備した先駆的研究者」といった評価から，「古典経済学の創始者」，「最初の古典経済学者」，「前期的ヴァルラシャン」というように変化している．筆者は本書の稿を起こすに当たり，テュルゴーの古典的評伝や新旧の研究書・論文などおよそ200点に目を通した．しかし，テーマを「テュルゴー資本理論研究」に限定した結果，再三通読・精読したのはその半数ほどにすぎない．それでも昨今の欧米の研究者によるテュルゴーの経済思想や経済学説にかかる研究業績には可能な限り目配り気配りしたつもりである．本書はそうした欧米各国の多くの研究者による研究業績を精読し批判的に吟味・検討した成果である（欧米の研究業績については巻末の「参考文献」を参照されたい）．

序章　課題と視角

　ところが，わが国に目を転じると状況は一変する．5巻組みのシェル版全集には，テュルゴーの著書・論文や草稿それに公私にわたる書簡などが多数収録されているが，戦前・戦中・戦後を通じて紹介されたのは，テュルゴーの代表作『諸省察』をふくむ数本の論稿にすぎない．すなわち，原田光三郎訳『富の形成と分配』（弘文堂書房，1924年），永田清訳『富に関する省察』（岩波文庫，1934年），津田内匠訳『チュルゴ経済著作集』（岩波書店，1962年）が，それである．前二者はともに『諸省察』の邦訳であり，後者はこれに加えて「著作作成リスト」その他の小品や草稿などを収録したものである（筆者はこれら先学の業績はこれを高く評価するにやぶさかではないとはいえ先学とは語感や行文を異にするためあえてこれらを参照せず拙訳に従った）．また，研究論文となると，戦間期の1920，30年代に発表された小樽高等商業學校の手塚壽郎の「チルゴーの『考察』のテキストに就て」，「グルネーの經濟思想」や「ケネーの發展」をはじめとするテュルゴーとかれの師グルネーやケネーに関する一連の論稿，京都帝國大學の山口正太郎の『諸省察』の評論，その後1940年代に入ると，もっぱら思想史的観点からではあれ，山口と同じく京都帝大の出口勇藏による「人類史」の著述プランなど初期テュルゴーの作品を論評した研究論文が数本ある程度である（なお，このほかに慶應義塾大學理財學部の常松三郎が1923年に発表した文献史的研究論文「チルゴー著考察の英譯に就て」も紹介すべきかもしれないが，同論文には常松が蒐集した資料を十分精査・精読していないために誤解や誤認にもとづく記述が多くふくまれていて用に立つ研究とは考えられない．その名を記すにとどめる）．

　ともあれそれにしても，概していえば，戦前のテュルゴー研究はのちの時代のそれと比較して「盛ん」であったとみるべきであろう．ことほどさように，戦後日本のテュルゴー研究をふり返ると，福島大学の渡辺恭彦によるテュルゴー経済理論の思想構造を扱った研究や一橋大学時代の津田が発見・刊行したグルネー文書の解説などを別にすれば特段耳目を惹くような研究業績はまずないといってよい（なお，渡辺はこのほかエドガー・フォールの著書

を『チュルゴーの失脚』のタイトルで訳出し,2007年に法政大学出版局(叢書ウニベルシタス)から出版している).いわんやテュルゴー「資本理論」プロパーの研究業績となると,わがカール・マルクスの大著『資本論 (Das Kapital)』——といっても全3部中マルクス自身の手になるものは第1部のみで,第2,3部はともにフリードリヒ・エンゲルスがかれの友人の死後その膨大な遺稿をもとに編集・出版したものである——やその文言を一字一句なりともおろそかにしないマルクス主義経済学者たちに気おじしたのであろうか,著者の調べた限りでは皆無である.わずかに慶應義塾大學の三邊清一郎の手による,P. ヴキグルウ(ピエール・ヴィグルウ)が1939年にフランス経済社会学会の年報『社会経済史評論 (Revue d'histoire économique et sociale)』第25集に発表した論文の邦訳「テュルゴーの資本形成論」を知るだけである.だが,三邊はヴキグルウ論文を訳出したにとどまり,のちにテュルゴーの研究を手がけたとは聞き及ばないし,当のヴキグルウ論文それ自体も,戦後フランスの内外で発表されたテュルゴー研究の成果と比較するならば旧聞というほかはない.それゆえ,本書ではヴキグルウ論文を研究分析の対象とはせず,わが国の研究者による数少ない研究業績のひとつとして紹介するにとどめたい.

　要約しよう.戦前・戦中・戦後を通じて,手塚それに山口や渡邉——これらに初期思想史的観点から初期テュルゴーの研究を行った出口を加えることもできる——をのぞけば,わが国の研究者によるテュルゴー資本理論の経済学説史上の意義に論及した研究業績を目にする機会にめぐりあうことはほとんどない.とくに戦後がそうであり,テュルゴー研究はわが国経済学説史研究の空白地帯をなしているといって誇張ではない.だからこそ,戦前の研究業績に高い評価をあたえざるを得ないのである.なかでも手塚は,テュルゴーのみならずケネーやグルネーその他の質の高い研究論文を数々発表しているが,かれのテュルゴー研究ひいては18世紀の経済思想や経済学説の研究への貢献はそれにとどまらない.小樽高商教員時代の1924年に留学先のパリで1,000を超えるギュスターヴ・シェルの旧蔵書を購入し,1910年開校と

誕生して日の浅い北辺の学校図書館の蔵書の充実にこれ努めたことである．今日その後身である小樽商科大学附属図書館の所蔵する「シェル文庫」が，それである．そこにはケネー，テュルゴー，デュポンなどの文献や研究書のオリジナルが網羅され，他に類を見ない充実した蔵書コレクションである（シェル文庫の蔵書目録については，浜林（編）[1962] を参照されたい．なお，手塚の没した翌年（1944年），小樽の海運業で功成り名とげ板谷商船を設立した実業家の板谷宮吉が手塚の旧蔵書を購入して高商図書館に寄贈，現在は「手塚文庫」の名のもとに後身の小樽商大附属図書館の所蔵するところとなっている．さらに1983年にはフランスの出版社EDHIS最高経営責任者の故レオン・サントネルの蒐集した19世紀の社会運動家シャルル・フーリエ，サン=シモン伯爵を中心とする社会思想史コレクションのうち，「シェル文庫」，「手塚文庫」に未収の文献を「大西・手塚文庫拡充基金」等により購入して蔵書の充実が図られている）．

　本来であれば，世界でもまれに見る豊富な経済学説史の資料・文献を参照した高度な学術研究が数多く輩出してしかるべきであったが，成果らしきものは無きに等しかった．ばかりか，そもそも手塚ら先学の残した研究業績さえ顧みられなかった．もはや旧聞に属するということであろうか．いな，断じていな，である．もとより，先学の研究業績がいかに優れていようとも，その細部に立ち入ってレヴューするならばなお断片的かつ不十分であり，かならずしもテュルゴー資本理論の経済学説史上の貢献と意義を正当かつ適切に伝えるものではない．けだし，先行研究を批判的に検討しこれをただすこともまた，わが国の研究史の空白地帯を埋めるうえで避けて通れない作業である．本書は先学の優れた研究成果を踏まえつつ，わが国のテュルゴー研究の，ひいては経済思想史や経済学説史の研究のありようをいささかなりとも改善し，欧米の研究水準へと押し上げるための最初の，そしてささやかな第一歩である．今後はこれをステップに『諸省察』を頂点するテュルゴーの経済理論体系のトータルな究明を目指していく旨を最後に申し添えておく．

第1章
テュルゴーの経済思想の形成とその源泉

1. テュルゴーの生涯（1727-81年）

　アンヌ・ロベール・ジャック・テュルゴー（のちにオーヌ男爵）は1727年5月10日，ノルマン（ヴァイキング）系貴族の家庭の末子（三男）としてパリで生を受けた．父は三男坊が2歳のときから10有余年パリ市商人頭（Prévôt des marchants de Paris）——今日のパリ市長に相当——を務めたミシェル=エティエンヌ・テュルゴー，母はマドレーヌ=フランソワーズ・マルティノー．ちなみに，家名の"Turgot"は，北欧神話の最高神オーディン（Odin/Othin）とその妻フリッグ（Frigg）との子である雷神トル（Thor-Got）——ギリシャ神話のヘラクレス（Herakres）に相当——に由来するという．

　ソルボンヌの学寮時代からの友人アンドレ・モルレ神父の回想録，ウィリアム・ウォーカー・スティーヴンス，アルフレッド・ネイマルク，ギュスターヴ・シェル，クロード=ジョゼフ・ジニュウその他の古典的評伝によれば，両親は愛すべき末子には俗界（官吏や実業家）ではなく霊界（聖職者）の道を歩むことを強く希望したといわれる[1]．一方，われらがテュルゴー家の三

---

[1] 以下，断りのない限り，Morellet [1821]; Neymarck [1885]; Stephens [1895]; Schelle [1909]; Gignoux [1945]; Murphy [2009b] などによる．また，テュルゴーが生きた18世紀後葉のフランスの政治的・経済的・社会的諸事情については主に

男坊もまた両親の期待によく応えてコレージュ・ルイ＝ル＝グラン（Collège Louis-Le-Grand）を振出しに，コレージュ・デュ・プレシ（Collège du Plessis）の上級クラスに進学，さらにサン＝シュルピス神学院（Séminaire de Saint-Sulpice）を経て，1749年には念願のフランス・カトリックの総本山ソルボンヌの神学部（Faculté de la Théologie）入りをはたし修道院にも通うようになる．なるほど二十歳そこそこの若さでソルボンヌ総会の議長職（Prieur de la Maison de Sorbonne）に推されるなど，かれの高い徳と広くかつふかい学殖とをもってすれば，高位聖職者への道——かれが希望したかどうかは別にして——は約束されたようなものであったろう．

ところが，1720年5月のロー・システム（Système de Law）の崩壊とその後のパリ市の財政難の影響も手伝って，当時アカデミー会員のルイ・ブレゼに1734年から5年間かけて描かせたパリ市街図——いわゆる「テュルゴーのパリ市全図（Plan de Turgot）」——を基礎にパリ市大改造を構想するも挫折，失意のうちに商人頭のポストを退いた尊父ミシェル＝エティエンヌが1751年に死去するや，かれがこよなく愛した三男坊のジャックは図らずも聖職者の道を断念せざるを得なくなった．そしてこのことが生涯消えることのないテュルゴーのジョン・ローへの嫌悪の情を育む遠因となったのであるが，同時にまたかれの初期論稿「人間精神の継続的進歩に関する哲学的素描（Tableau philosophique des progrès succesifs de l'esprit humain）」や「政治地理学草案（Plan d'un ouvrage sur la Géographie politique）」などに散見される経済問題への関心を強め，やがてこの分野の本格的な研究を手がける出発点ともなったのである[2]．

Bély [2009] を，社会・経済思想の形成過程については，Meek [1973]; Perrot [1992]; Meyssonnier [1993] を参考にした．

2) 序章の脚注5で指摘したとおり，テュルゴーのシセ兄弟の長兄に宛てた1749年4月7日付書簡でロー・システムを痛烈に批判しているが，テュルゴーのロー・システムへの関心はそれ以前に遡及する．例えば，同書簡の前年に作成されたと推測される前記「著作作成リスト」と題された備忘録的プランの項目のなかに「流通論（Traité de la circulation）」の項として「利子，銀行，ロー・システム，信用，交換および商業（intérêt, banque, système de Law, crédit, change et commerce）」（Turgot

第1章　テュルゴーの経済思想の形成とその源泉

心ならずもソルボンヌを去ったテュルゴーは，1752年1月にパリ高等法院検事総長補 (Substitut du procureur général au Parlement de Paris) の職を買い，父ミシェル=エティエンヌがかつて歩んだ官界の道の第一歩を踏み出した．その後1年を経ずして同法院参事 (Conseiller au Parlement) として裁判所請願受理院 (Chambre des requêtes) に属し，翌年には裁判所請願受理委員 (Maître de requêtes) に任命される．さらに1年後の1754年，テュルゴーは友人を介して当時商務局商務監督官 (Intendant du commerce) の職にあったジャック=クロード=マリー・ヴァンサン（グルネー侯爵）の知遇を得る．時あたかも，グルネーがフランソワ・ヴェロン・ド・フォルボネ，ルイ=ジョゼフ・プリュマール・ド・ダングール（別名ジョン・ニコルズ），ジョルジュ・マリー・ビュテル=デュモンらの協力者——いわゆる「グルネーの支持者(partisans de Gournay)」——の与力を得てサー・ジョサイア・チャイルドの仏語版『新商業講話 (*A New Discourse of Trade*)』に付すことを意図した「注釈 (Remarques)」の草稿の完成年に当たる．

[1748], p. 116) をテーマにあげていることからもうかがい知ることができる．のちにみるように，これらはいずれも「利子」論を唯一の例外として日の目を見ることがなかった．しかしながら，このことはテュルゴーが貨幣研究になみなみならぬ関心を抱いていたことを示すものであり，後年におけるテュルゴー資本理論の成立を考えるさいきわめて示唆にとむ．なおこのほかにも，かれはソルボンヌ学寮・修道院で過ごした時期から司法官に転じた1750年代前半にかけて，モンテスキューをはじめとする啓蒙思想の影響の跡をとどめる哲学的考察や，「人類史 (Histoire universelle)」——または「世界史」と訳出することもできる——に関する初期の論稿に示される百科全書的な広がりをもつ多様な分野での作品を数多く残しているが，それらはいずれもテュルゴーの思想を形成するうえで重要な役割を演じている．ロナルド・L.ミークが英語版テュルゴー論文集の編集・出版にさいして，代表作『諸省察』とともに，初期の論文である「人間精神の継続的進歩の哲学的素描」——1750年12月ソルボンヌで行ったラテン語の講演会の著述——と「人類史に関する著述プラン」の2本を収録したのはきわめて妥当といわなくてはならない (Meek [1973] を参照されたい)．アントニー・ブリュワーもミークの業績を高く評価している (Brewer [2010], pp. 116-7)．なお，初期テュルゴーの論稿として，さしあたり下記の作品をあげておく．Turgot [1748; 1750a; 1750b; 1751; 1753-54a; 1753-54b]．また，これら初期テュルゴーの作品のわが国における先駆的な研究として出口勇藏の研究論文があるので，あわせて参照されたい．出口 [1941; 1942a; 1942b]．

それはともかく，グルネーとの出会いはテュルゴーの半生とかれの思想形成にとって決定的な意味をもっていた．それというのも，テュルゴーはこののちグルネーをアルキモスの子でテレマコスの師傅にして助言者のメントール（Mentor）と呼び生涯敬愛してやまなかったし，かたやその師はといえば，神学を修めたとはいえ開明的で合理的精神の持ち主——ソルボンヌ時代のテュルゴーがルネ・デカルトの哲学，政治，経済，科学や物理などおよそ聖職者らしからぬ学問の分野に関心を抱いていたことから，学友たちはイングランドの数学者・物理学者・天文学者サー・アイザック・ニュートンもかくあらんとばかりに"ニュートニャン（Newtonien/Newtonian）"のあだ名を進呈したという——である若き司法官を殊のほか寵愛したからであった[3]．それゆえ，グルネーは1753年来つづけてきた国内視察旅行にテュルゴーの同行をもとめ，1755年にはラ・ロッシェル，ボルドー，モントーバンなど，翌年にはオルレアネ，アンジュー，メーヌ，ブルターニュなどの国内各地を訪れたという記録が残されている[4]．これらの経験は，ソルボンヌ学寮・修道院時代から人間の社会的進歩に及ぼす要因として政治（または政治組織）と商業のはたす役割を重視し，とくに後者のありように高い関心をもっていたテュルゴーをしてますます政治や経済問題の考察に向かわせることとなった．

---

3) Neymarck [1885], tome I, p. 8; Stephens [1895], pp. 4-5, 176. ちなみに，手塚壽郎はわが国の戦前・戦後を通じて唯一のグルネー論である「グルネーの經濟思想」と題する論文のなかで，「〔グルネーは〕德の高い市民であり，熱烈な愛國者であつたに止まらず，また卓越した經濟學者」であったとのべたうえで，かれの業績をつぎのように記している．すなわち，「〔グルネーの〕佛蘭西の經濟學史上に於る地位を重からしむるのは，彼が〔テュルゴーに代表される〕佛蘭西の國政に重要なる效績を殘した人びと〔中略〕に少なからず影響を與へた」（手塚 [1927] 其一，41ページ）ことである．

4) Turgot [1759], p. 613. ちなみに，ギュスターヴ・シェルは，このパラグラフに「注」を付してこう記している．すなわち，ピエール=サミュエル・デュポンによると，テュルゴーはこの時の視察のさいにノートを作成し，グルネーが後日パリの政府に提出する視察報告書の草稿に供したという．それゆえ，デュポンは自ら編集した全集（前章脚注1参照）の資料としてテュルゴーの作成したノートを探したものの発見できなかった．

このような経緯を考えるなら，テュルゴーがソルボンヌ学寮時代からの友人で『百科全書（Encyclopédie）』派の論客とも交流のあったモルレをグルネーに紹介したことも頷けるというものである．実際，テュルゴーはいわゆる「トリュデーヌのアトラス（Atlas de Trudaine）」の名で知られる国内道路ネットワークの創始者で時の財務監督官ダニエル＝シャルル・トリュデーヌとそのむすこ（ジャン・シャルル・フィリベール・トリュデーヌ・ド・モンティニ）や，出版検閲長官にしてパリ租税法院（Cour des aides de Paris）の長でもあったクレティアン＝ギヨーム・ド・ラモワニョン・ド・マルゼルブらにソルボンヌ学寮以来の旧友を引き合わせている．こののちモルレは，『十八世紀とフランス革命の回想（Mémoire sur le dix-huitième siècle et sur la Révolution）』と題する回想録のなかで「ずぬけて秀でた男」と形容した友人の"テュルゴーさん（Mr. Turgot）"——名門の出であるテュルゴーはいつも敬意をもってこう呼ばれていた——に劣らぬグルネーの支持者(パルチザン)となる．しかもその関心が経済問題へと漸次傾斜し，やがて仏語版チャイルド『新商業講話』に付す計画であったグルネーの「注釈」をはじめとする草稿や書簡・覚書などの遺品の管理人となるほか，テュルゴーをして「貨幣と価値（Valeurs et monnaies）」の稿を起こさせるきっかけをあたえた．さらに，モルレ自らもアダム・スミスの大著『国富論（Recherches sur la nature et les causes de la richesse des nations, 1779-1780?, Bibliothèque municipale de la Port-Dieu, Lyon）』を仏訳し，フランスにその存在を知らしめる役回りを務めている（ただし，モルレは仏訳を出版する意思をもっていなかったという）．

テュルゴーはといえば，この間ジャン・ル・ロン・ダランベール，ドニ・ディドロらの主宰する『百科全書』にも複数の論文を寄稿する一方で，師グルネーの薦めもあってスコットランド出身の哲学者デイヴィッド・ヒューム，ウェールズ生まれの宗教家・思想家で「自由貿易（libre-échange）」的主張で名をなした"商人(あきんど)坊主（commercial clergyman）"ことジョサイア・タッカーの著書の紹介・翻訳を手がけている[5]．ちなみに，テュルゴーがリシャール・カンティヨンの『商業一般の本性に関する試論（Essai sur la nature du commerce en général)』を目にしたのも，グルネーらがチャイルド『新商業講話』の「注釈」の作成作業を了えた時分のことであった[6]．

こうしてテュルゴーは師グルネーの商工業を重視する自由主義的経済思想とともに，ドーバー海峡対岸のアルビオン島の経済思想にふれる機会を得て，従前にもまして経済問題に関心を向けるようになった．なるほどかれはグルネーとの親交をふかめるかたわら，国王ルイ15世の愛人ポンパドゥール侯爵夫人の侍医フランソワ・ケネーのサロンにも足を運んでいる．しかしのちにくわしくみるように，テュルゴーが経済理論を深化させ分析手法を精緻化

---

[5] テュゴーが『百科全書』に寄稿した社会・経済問題に関する論稿として「大市（Foire）」と「団体（Fondation）」がある．前者では当時の大市がカトリック教会・修道院，親方職人や特権商人らの暗躍する温床となっていたといってこれを批判し，また後者の論稿では，カトリック教会や修道院，救貧院など公共的事業団体が特権商人や金融業者や親方職人などと癒着して堕落している状況をえぐり出している（ともにシェル版テュルゴー全集第1巻所収）．このほかにも，1756年に寄稿した物理学の論文「拡張性（Expensibilité）」などがある．なお，テュルゴーがグルネー・グループのメンバー時代の作品には，例えばジョサイア・タッカーの商業や貿易をテーマにした著書の仏語訳（Turgot [1755]）がある．

[6] カンティヨンの著作はかれの死後（あるいは失踪）から数えて20余年後の1755年に英語で書かれた手稿を仏語訳してロンドンの法学院に近いフレッチャー・ガイルズ書店（Fletcher Gyles）から刊行されたことになっている．訳者は不明であるが，カンティヨンの手稿を手元に長くとどめていたフランソワ・ケネーの熱烈な支持者の"大ミラボー"ことミラボー侯爵ヴィクトール・リケティ——のちにフランス革命の指導者となる"小ミラボー"ことミラボー伯爵オノレ・ガブリエル・リケティの父——から借り受けてこれを仏訳して刊行したといわれる．イギリスの経済思想史家ヘンリー・ヒッグズはこの点に関連して，グルネーがミラボーを通じてくだんの手稿の所有者を是非にも出版すべきであると説得し，テュルゴーらを翻訳作業に当たらしめたと推理している（Higgs [1931], pp. 381-5）．前記脚注でみたように，テュルゴーが1755年にグルネーの要請によってタッカーの著作の仏訳を行っていることから判断するなら，ヒッグズの説をまったくあり得ない話と無碍に片付けるわけにいかないかもしれない．フランスの経済思想史家フランソワ＝レジス・マイウのいうように，カンティヨンの『試論』が日の目を見たのははたして「グルネーにあずかる力あればこそ」（Mathieu [1997], p. 87）かどうかはともかく，すくなくともグルネーが『試論』の刊行に関与していたであろうことには疑いを入れない．なお，以上の点については，Perrot [1992], p. 105; Meyssonnier [1993], pp. 187-8; 中川 [2006/2007: I], 70-1ページもあわせて参照されたい．また，当時のフランスの出版事情は，Murphy [1986] にくわしい．

するうえで計り知れない影響を及ぼしたのはグルネーの経済思想であり，ケネーのそれではなかった[7]．それは，テュルゴー自らがチャイルド『新商業講話』の仏語版に付す計画であったグルネーの「注釈」に関する「考察

---

[7] フィジオクラート派の「農業が唯一の生産部門である」という根本教義についていえば，テュルゴーがこれに積極的に与するものでなかったことは，例えばデュポン宛て 1766 年 2 月 20 日付書簡の一節をみれば明らかである——．「貴君〔デュポン〕は工業が非生産的（stéril）であることを証明するのに悦びを見出しているようです（工業が非生産的というのは誤解にもとづく考えです．見栄っ張りの工業家たちの鼻を明かそうとする行為に似ています．とはいえ，そうした工業家たちへの不満はかえってかれらを利するだけです）〔中略〕．貴君はグルネー氏が手厳しく攻撃した〔独占，職人組合など〕工業の各分野を制約する障碍(しょうがい)を打破することを忘れています」(Turgot [1766a], p. 506-7). そのテュルゴーは『諸省察』の原稿を仕上げた同年 12 月，同じくデュポンに宛てた書簡でつぎのようにのべている．「わたしは〔『諸省察』のなかで〕社会の動きと富の分配に関する詳細な見取図を描くことを優先しました．そこでは代数（algébra）を用いず，抽象理論にもとづく部分（la partie métaphysique）をのぞけば〔ケネーの〕『経済表』に相当する議論も存在しません」(Turgot [1766c], p. 519). このことから，渡辺恭彦のように，『諸省察』があたかも『経済表』の抽象理論に相当する部分を「継承し発展させようとしたものである」（渡辺 [1967], 92 ページ）という理解が生まれるのであるが，テュルゴーが同書簡でこうつづけていることに思いを致せば違う解釈も可能である．すなわち，「〔『諸省察』には〕なお多くの問題を残していますが〔中略〕資本の形成と運動や貨幣利子などに関してはかなり徹底的に論じました．それはひとつの概観（canevas）です」(Turgot [1766c], p. 26). あるいはまた，テュルゴーは前記 1766 年 2 月デュポンに宛てた書簡のなかで「わたしはこれらふたりの人間〔グルネーとケネー〕の弟子であったことを生涯の誉れとするものである」(Turgot [1766a], p. 506) ともいっている．だが，ケネーの「弟子」が何を意味するかは定かでないし，ましてやこの一文をもってただちにテュルゴーをフィジオクラート派であったと断じることの証にはならない．その意味するところは，『経済表』それ自体にあるのではなく，デュポンに送った同じ書簡にあるように，じつは「これらふたりの人間」がともに「商業の競争と自由の原理」を尊重していたということであり，テュルゴーによれば「この原理は，そろばん（comptoir）より出発したグルネー氏をして，鋤（charrue）より出発したケネー氏と同じ結論に到達させた」(Idem) ということになる．そもそも，所得流通フロー論はケネーのオリジナルではなく，サー・ウィリアム・ペティ，ジョン・ローそれにリシャール・カンティヨンらの系譜に属するアイディアであり，テュルゴー自身もそのことを十分承知していたと考えられるから，デュポンらのように『経済表』を金科玉条とすることはなかった．それにまた，のちにくわしくみるように，かれの主たる問題関心とその接近方法は「資本の形成と運動や貨幣利子など」にあり，これを解明するところにあった．いい換えるなら，もし仮にテュルゴーが所得流通フロー論に強い関心を抱いていたとしても，かれはこれを「資本の形成と運動」のなかに取り込んで議論していると考え

(Remarques sur les note qui accompagnent la traduction de Child)」, それに 1759 年に死去したかれのメントールの追悼文である「ヴァンサン・ド・グルネー頌 (Eloge de Vincent de Gournay)」などをみればよりいっそう明らかである[8]. それにまた, 翌年のフランス東部やヘルヴェティア各地の旅行の

られないでもない. 例えば, テュルゴーは『諸省察』第 68 節でこういっている.「土地の耕作あるいはさまざまの工業や商業のあらゆる分野では大量の資本が駆けめぐっている. 資本はあらゆる職業階級の各分野の企業者によって前貸し (avance) されたものであるから, 一定の利潤をともなって企業者のもとに年々回収されなければならない. このような資本の前貸しと回収の継続こそが貨幣の循環と呼ぶべきものを構成するのである〔中略〕. 貨幣の循環はゆたかで有益であり, 社会のさまざまな職業を活発にする〔中略〕. ここに〔貨幣の循環を〕動物の体内の血液循環と比較考量する大きな理由がある」(Turgot [1766b], p. 575). テュルゴーにあっては, 所得流通フローそしてそのベースとなる一国の社会的再生産が, 農業のみならず商工業のあらゆる分野の企業者による「資本の前貸しと回収の継続」として定位されるのであって, このような視点はケネーには存在しない (むろん, そのさいテュルゴーがケネーの「純生産物」に多くを負っていることは事実であり, これをケネーの影響として評価することにやぶさかではないが). その意味からすれば, アレッサンドロ・ロンカッリアのいうように,「テュルゴーは多くの点でケネーよりはアダム・スミスにより近い」(Roncaglia [2006], p. 106) と考えることも可能である. それは, ロンカッリアをしてテュルゴーが「啓蒙思想」の経済学者としてフィジオクラート派と一線を画するとの評価をあたえさせたことにあるかもしれない. それにまたマーク・ブローグのように, テュルゴーをフィジオクラート派に分類する研究者といえども「〔『諸省察』〕のなかに,『国富論』の最初のふたつの編のスケルトンがある」(Blaug [1991], p. x) という解釈も成り立つ. アントニー・ブリュワーはさらに進んでテュルゴーを「古典経済学の創始者」(Brewer [1986], p. 186) とまでいうのである. もっとも, ブリュワーがそうであるように, 結果としてテュルゴーよりもむしろスミスの経済学の古典形成における影響を重視するのであるが, この点はのちにあらためて言及することとしたい.

8) 手塚壽郎は前記論文「グルネーの経済思想」のなかで, テュルゴーが「ヴァンサン・ド・グルネー頌」のなかでのべていることに懐疑的な見方をしている. その最大のポイントは, グルネーがチャイルドの『新商業講話』の仏語訳に付す計画であった「注釈」の草稿をはじめかれの著作の所在が分明でなかったところにある. 手塚は, ギュスターヴ・シェルが『ヴァンサン・ド・グルネー (Vincent de Gournay)』のなかでいう「〔テュルゴーは〕グルネーに己れの思想の或るものを貸し」「多くの誤りを犯すに至らしめた」(Schelle [1895], p. 7 〔ただし訳文は手塚〕) の一節を引きながら, テュルゴーの師が生前主張しなかった「単一課税」や「自由貿易」をあたかも師の主張であるかのように記したのは, テュルゴーの「見方が不正確」(手塚 [1927] 其二, 51 ページ) であるからにほかならないというのである. シェルのいわゆる「或るもの」がケネーなりフィジオクラート派をいうのであれば, 明らかな誤解である. ここ

途次，国王ルイ 15 世によってパリを追われ，かつてジャン・カルヴァンとかれの忠実な信徒たちによる神権政治（théocratie）の支配したジュネーヴはフェルネーという寒村に移り住んだヴォルテールを訪れ当世のことを諮ったという[9]．これに由りフランス啓蒙思想を代表する哲学者・作家にしてフィジオクラート派嫌いで音に聞こえたヴォルテールはテュルゴーのよき理解者・支持者となる．

テュルゴーはわがフェルネー城館の主と友誼を厚くし時の有力者ショワズル公爵エティエンヌ・フランソワらへの働きかけのよろしきを得て，翌

では詳細に及ぶ余裕はないけれども，例えば，テュルゴーが 1763 年前後に起稿したといわれるケネーの「租税論」に関する評論（Turgot [1763]）をみると，ケネーが土地単一課税に関する考え方を時間の経過とともに「修正」しているが，それはケネー自身がこの間マショー・ダルヌーヴィルらの行った租税改革の事情を踏まえて自らの租税論を展開している証左であり，これを評価こそすれ批判すべきではない――むしろ当然といわなくてはならないと冷静に判断しているようにも読める．しかるに，テュルゴーの「見方が不正確」と解釈するのには無理があるし，ましてや「グルネーに己れの思想の或るものを貸」して「誤りを犯すに至った」ことを証明するものを読み取ることなどできない．ちなみに，ピーター・D．グレーネヴェーゲンも，ケネーのテュルゴー租税論への影響を説くという点では，シェルと同様である（この点については，Groenewegen [1984] を参照されたい）．ただかく語る手塚であるが，畢竟，グルネーの草稿が発見されない限り「グルネー〔の經濟思想〕の眞相は永遠に明白にならぬであらう」（同上其六，65 ページ）といって断定を避けていたのは，まことにもって賢明であった．それというのも，のちに津田内匠やシモーヌ・メイソニエの手によってグルネーの「注釈」の草稿が発見され，手塚のいわゆる「グルネーの眞相」が解明され，それにともないテュルゴーが師の死後に「フィジオクラート派」に「改宗」したとの見方――いわゆるテュルゴーの裏切り――が「誤った」ものであることが証明されたからである（この点の解釈については，津田 [1985] が参考となろう）．とくにメイソニエの発見したチャイルド『新商業講話』の「注解」のなかで，グルネーは単一課税――ただし農業のみを対象としない――の導入を支持していたことが資料的事実にもとづいて証明された（くわしくは本書の付論 I を参照されたい）．その意味では，メイソニエの業績は手塚のいわゆる「グルネーの眞相」をよく伝える画期的な業績であったといわなくてはならない．なお，グルネーの「注釈」については，さしあたり，Tsuda [1983; 1993]; Meyssonnier [2008]; Brewer [2011] などを参照されたい．

9) Stephens [1885], pp. 21-2. ヴォルテールのジュネーヴ移住の経緯については，『回想録』（Voltaire [1759]）を参照されたい．なお，シェル版全集第 2 巻にはテュルゴーのヴォルテール訪問の理由を物語る往復書簡の一部（Turgot [1761] および Voltaire [1761]）が収録されている．あわせて参照されたい．

1761年9月末にフランス中西部のリモージュの地方長官（Intendant）──のちに官選知事（Préfet），今日の地域圏（州）または県議会の議長（Président）に相当──に任命され，ただちに任地へと向かった．もっとも，テュルゴーがショワズル公爵に送った1760年4月26日付書簡（Lettre à Choiseul du 26 avril 1760）によれば，当初希望した任地は南東部のドーフィネ州の州都で文化・産業の中心地グルノーブルであったが，結局のところ願いは聞き容れられなかった（テュルゴー全集の編集者シェルはこの書簡に「グルノーブル地方長官任官請願のための（pour demander l'intendance de Grenoble）」という文言を充てている）．

パリの中央政府はテュルゴーの行政手腕を早くから高く評価し，翌1762年にフランス南東部のリヨン，数年後にはモンテーニュが市長を努めたことのある南西部のボルドーへの転任を打診するも，テュルゴーはいずれも峻拒したという．生粋のパリっ子はこれ以上首都から離れた地方都市に赴くことをのぞまなかったのかもしれない．それにまた，やがては中央政界に復帰するという政治的野心を抱いていたので中央の政治事情から疎外されず，しかも手を伸ばせばパリはすぐ近くという，ボルドーなどよりは足の便のいいリモージュに踏みとどまって中央復帰の機を窺うほうが賢明と考えていたふしもある．真偽のほどはさて措き，"行政官"テュルゴーの胸中を知るうえで興味ぶかいエピソードではある（例えば，Kiener et Peyronnet [1979] 参照）．

だがそれはそれ，テュルゴーは1774年に海軍大臣（Secrétaire d'État de la Marine），財務総監（Contrôleur Général des Finances）の職を拝命するまでこの地にとどまることになる．そしてそのことが結果としてかれの政治・経済や社会への関心をよりいっそう強めるなど多くの成果をもたらした．実際にも，行政官としてのテュルゴーは土地台帳の作成，税制改正，王立農業会（Société royale d'agriculture）の奨励や，トリュデーヌにあやかって道路網の整備などの時務に処したのみならず，「懸賞論文」制度を創設して広く一般から政策提言をもとめた．このことがのちに代表作『富の形成と分配に関する諸省察』や「大規模耕作および小規模耕作の諸性質（Des caractères de la grande et de la petite culture)」のほか，懸賞論文の入賞者でフランス北東部の都市ナントの徴税請負人ジャン=ジョゼフ=ルイ・グラスランの論文に関する「所見」(Observations sur le mémoire de M. Graslin)，「価値と貨幣」（未定稿）などの作品を著すきっかけともなった．

　詳細はのちにゆずるが，『諸省察』はテュルゴーがその原稿を完成してから3年後の1769年末から翌年の1月にかけて，かれの友人ピエール=サミュエル・デュポン——フランス革命後"デュポン・ド・ヌムール (Du Pont de Nemours)"と名乗る．米総合化学メーカー最大手デュポン社の創始者エルテール=イレネーは革命の難を逃れて新大陸に移住したかれの長子——を編集者とするフィジオクラート派の機関誌である『市民日誌 (Éphémérides du citoyen)』に発表されるが，そのさいケネーの経済理論を金科玉条とする同派の領袖デュポンがテュルゴーの『諸省察』のオリジナルテキストに無断で筆を入れ内容を改竄(かいざん)して刊行したことから著者の激しい怒りを買っている[10]．

---

10) テュルゴーが『諸省察』の原稿を脱稿したのは1766年11月とされるが，それが『市民日誌』に掲載されたのは同誌の創刊（1765年）に功のあったフィジオクラート派の論客ニコラ・ボードー神父の後任としてデュポンが編集責任者を務める1769年11月から翌1770年1月にかけであった．テュルゴーは1769年12月にデュポンに対してこの間の掲載の遅れの理由を質すと同時に，可能な限りすみやかにオリジナルテキストどおりに掲載するよう要請している (Turgot [1769a], p. 73)．テュルゴーの催促もあって，『諸省察』は同誌1769年11，12月および翌年の1月の3号に分割掲載された．ところが，デュポンは編集の段階でテュルゴーの原稿をフィジオクラート派の主張に沿うように加筆・修正，場合によってパラグラフの削除などの「改竄」を行ったうえ，編集者と意を異にする場合には異議・異論を記した「脚注」を付した結果，およそオリジナルとは似て非なる作品となった（ふたつのテキストの異同については，本書の付録「テュルゴー『富の形成と分配に関する諸省察』目次」を参照されたい）．テュルゴーはこれに怒り，デュポンの行為は自らとは異なる主義・主張を受け容れず排除する「セクト主義 (esprit de secte)」である——と，日ごろのテュルゴーの書簡のなかでは決して見ることのできない筆誅といっていいくらい激しい筆遣いでデュポンを指弾する書簡を1770年3月に送り付け，オリジナルテキストどおりに印刷した「別刷」を150部ほど作成しこれをテュルゴーに届けるよう要求している (Turgot [1770c], pp. 378-9, 383-4)．実際，テュルゴーは1766年に作成したオリジナルテキストの「別刷」をデュポンから受け取ったようであるが，しかし現在までその所在は窈として不明である．デュポンは後年，革命の最中にテュルゴーの他の原稿や書簡類——アダム・スミス宛て書簡の写しやスミスがテュルゴーに送った書簡もふ

ちなみに，ヨーロッパ遊学中のスコットランド出身の思想家アダム・スミスと短いながらも交流の機会を得たのもテュルゴーが『諸省察』執筆と相前後する1760年代半ばであった．このとき，スミスの後見人ともいうべきバックルー公爵ヘンリー・スコットのヨーロッパ視察旅行に同行したスコットランドの思想家・哲学者にテュルゴーとの会見を奨めたのは，かれの同胞にして啓蒙哲学者そしてこのふたりの碩学(せきがく)の友人でもあったデイヴィッド・ヒュームであったという[11]．

くまれる——ともに散逸したとのべている．むろんデュポンの言に信を置くにやぶさかではないとはいえ，いまとなっては真偽のほどを確かめようもない．ちなみに，アントイン・E. マーフィーはパリの古書取扱業者にこの「別刷」の問い合わせをしたことがあると「ローとテュルゴー（Law and Turgot）」と題する論文のなかでのべている．その結果は，「いまだ1766年版〔のオリジナルテキストの別刷なるもの〕にお目にかかったためしがない」（Murphy [2004], p. 12）という古書のプロの回答だけであったという．落胆の溜息が聞こえてきそうなマーフィーの文章ではあるが，結局，エルキュール・ポワロばりの謎解き捜査も功を奏せず断念せざるを得なかったようである．なお，テュルゴー『諸省察』のオリジナルコピーをめぐるミステリーについては，マーフィーも参照しているI.G.ランドバーグ（またはルンドベリ）の古典的名著（Lundberg [1965]）にくわしい．また，わが国の研究にとしては，さしあたり，手塚 [1926]，渡辺 [1967] 参照されたい．最後に，本書の付論 II は『諸省察』のオリジナルテキストのミステリーに迫るものではなく，もっぱらデュポンによって削除され，のちにテュルゴーも削除を容認した『諸省察』のオリジナルテキストの第75節のもつ意味について言及したものである．あわせて参照されたい．

11) テュルゴーとスミスとの邂逅については，コンドルセ侯爵マリー・ジャン・アントワーヌ・ニコラ・カリタの著作『テュルゴー氏の生涯（*Vie de Mr. Turgot*, 1786)』をはじめ多くの文献があるが，ふたりが実際にどのようなやり取りをしたかは定かではない．それでも，かれらはそれぞれに敬意をもって接し，のちに書簡のやり取りをする仲となったといわれる．だがデュポンやコンドルセらによると，フランス革命の混乱のさなか，スミスに宛てたテュルゴーの書簡の写しやテュルゴーに宛てたスミスの書簡は散逸してしまったという．ただし，スミスがテュルゴー理論の何を受け容れ，何を受け容れなかったかというデュポンの所見については，デュポンが『市民日誌』に『諸省察』を掲載するさいに第100節の末尾に付した長文の脚注（Dupont de Nemours [1844 (1770)]），pp. 67-71 から読み取ることができる．またシェルもデュポンと同様にテュルゴーのスミス宛書簡やスミスからテュルゴー宛書簡を探し出すことができなかったという．シェル版テュルゴー全集にはスミスの名が登場するのはわずかに1通——ウェールズ出身の哲学者・宗教家リチャード・プライスに宛てた1778年3月22日付書簡——のみが収録されている．しかしながら，同書簡はスミスの名が登場するだけであって，スミスという人物や作品に特段言及したものではない．

話を先に進めよう．テュルゴーは任地リモージュでの行政手腕が認められて1774年5月に時の実力者モールパ伯爵ジャン=フレデリック・フェリポーにより海軍大臣に抜擢され，10有余年の間留守にしていた生地パリにもどった．だがそれもつかの間，3カ月後の同年8月，国家財政の建直しに挫折したジョゼフ=マリー・テレー師を財務総監に戴く中央政府がパリ高等法院などの圧力に抗しきれず倒壊，これに連座してモールパ伯もテュルゴーに後を託して政治の一線から身を退くことになる．ピレネー山脈南西のナバラ国女王フアナ3世（ジャンヌ・ダルブレ）の次男アンリ王（のちのフランス国王アンリ4世）が創始したブルボン朝最後のフランス国王ルイ16世治下の初代財務総監アンヌ・ロベール・ジャック・テュルゴーの誕生である（ただし海軍大臣を兼務）．このとき新財務総監を待ち受けていたのは，前任者テレー師に至る歴代財務総監のなし得るところとならなかった国家財政の再建と経済活動の（再）活性化，ひいては「社稷墟トナル」（『淮南子』人間篇より）すなわちフランス王国の傾覆(けいふく)するを食い止め興復(こうふく)するという大事であった．王国が危急存亡の秋(とき)にあってその任を受け，命を危難の間に奉じるの臣の名に背(そむ)くことのない人物はテュルゴーを措いてほかにいなかったであろう．ことほどさように，テュルゴーは財務総監の任を受けるにさいして，1774年8月24日コンピエーニュから新国王ルイ16世に宛てた有名な書簡（Lettre au Roi, contenant ses idées générales sur le ministère des finances, qui venait de lui être confié. A Compiègne, le 24 août 1774）の一節でつぎのようにのべていた——．

　　国王陛下，臣はいまもってつぎの3つの任務を遂行することに意を凝らしおります．すなわち，王国を破綻へと導く国庫資金繰りのさらなる悪化を食い止めること，増税を避けること，そして借入にたよらないこと——の3つであります．これら3つの任務を全うするための方策はただ

　なお，この点についての詳細は終章の脚注4もあわせて参照されたい．

ひとつを措いてありません．国庫支出を収入以下に削減することであります．それが叶いますならば，年々歳々 2,000 万〔リーブル〕見当を節約し，もってこれを既存債務返済の財源に充てることが可能となりましょう．もし叶いませぬならば，大砲が轟音とともに放つ砲弾の最初の 1 発がわが王国をして滅びの道へと至らしむるでありましょう．

テュルゴーはただちに社稷の臣の選任に当たり，かつら(ウィッグ)を無造作に頭にたらせ薄汚れた黒衣という身ごしらえもさることながら，池田理代子の『ベルサイユのばら』に登場する"オスカル"の類の寵臣の讒言(ざんげん)を鵜呑みにした王妃マリー＝アントワネットが「百科全書派 (encyclopédiste) の危険きわまりない人物」と呼ばわり忌み嫌ったマルゼルブ[12]をはじめ，コンドルセ，ヘ

---

[12] 本文で記したように，マルゼルブのテュルゴーとの出会いは 1750 年代に遡るが，当時はともにグルネー・グループのメンバーであった．もっとも，ふたりがグルネー・グループに身を置くに至った経緯には諸説ある．テュルゴーが年来の友人であるマルゼルブをグルネーに引き合わせたとする説がある一方で，グルネー自らが名門ラモワニョン家出身（マルゼルブは領地名）で出版・検閲と租税の両面で影響力をもつマルゼルブに接近し知遇を得たのち，これをテュルゴーに紹介したとする説もある．そのいずれであろうと，テュルゴーが 1774 年に財務総監の職を拝命したとき，すでに官界を引退して領地で趣味の植物標本の蒐集に明け暮れる日々を送っていた旧友に入閣を要請したのは，マルゼルブが出版検閲局長の座にあった 1750 年代にディドロ，ダランベールらの主宰する『百科全書』の出版やジャン＝ジャック・ルソー――かれはマルゼルブの植物標本蒐集の協力者でもあった――の初期の作品の刊行に大いに功があったこともさることながら，グルネーらがフランス語に訳出したカンティヨンの『商業一般の本性に関する試論』の出版を「黙認」した経緯や，パリ租税法院の長として時の財務総監ジャン＝バティスト・ド・マショー・ダルヌーヴィルが策定し，グルネーも支持した「20 分の 1 税 (le vingtième)」――一種の単一課税 (impôt unique) ――の施行にさいしてはたした役割を考えたからにほかならない（このうちとくに 20 分の 1 税の施行にさいしてのマショー・ダルヌーヴィル，グルネー，マルゼルブの関係については，Marion [1891] とくに第 1 部「20 分の 1 税 (Le vingtième)」にくわしい）．そのマルゼルブはテュルゴー内閣の国務大臣を務めていたおり，ルイ大王のフォンテーヌブロー勅令（1685 年）によって葬り去られたアンリ 4 世の信仰寛容令――いわゆるナントの勅令――の復活など開明的で寛容な政策の主張で知られる．しかし後世かれの名声にさらに大を加えたのは，フランス革命の最中，ルイ 16 世の「罪」を問う国王裁判でただひとり弁護を買って出たことである．結局，これがマクシミリアン・ロベスピエール，ルイ・ド・サン＝ジュストやジョルジュ・

第1章　テュルゴーの経済思想の形成とその源泉

ルヴェティアはジュネーヴ出身の銀行家ジャック・ネッケルらを閣僚に就かしめた．そのうえでテュルゴーが生涯メントールと仰ぎ慕ったグルネー侯爵以来の悲願であった職人組合（ギルド）の廃止，穀物貿易の自由化，道路賦役や人頭税などの廃止と単一課税（impôt uniforme）の導入などの政策立案に着手する．これらは後世テュルゴーの「6項目の王令（Six Édits）」の名で知られるが，マルゼルブがその復活に注力した信仰寛容政策などとともにこの内閣のありようを特徴づける政策体系の一部をなしていた．

テュルゴー内閣は1776年2月にこの王令の公布にこぎつけはしたものの，しかしそのあまりに開明的で自由主義的な性格のゆえに，時の有力徴税請負人，大商人，大貴族，大土地所有者そしてかれらと結託したキリスト教関係諸団体，各種職人組合，シテ島のパリ高等法院などの「旧守」派あるいは「旧体制（Ancien Régime）」派と呼ばれる抵抗勢力の猛烈な反撥と抵抗を惹起し，ほとんど実施に移すことができなった．なかでも一連の税制改革については，如上の抵抗勢力はおろか，当の国王ルイ16世までもが王家の財産と収入の保全のために背を向けたことから，テュルゴー内閣は完全に窮地に陥った[13]．

　　クートンら急進革命派の忌むところとなって，革命の"精神的父（père spirituel）"と急進主義者たちの敬意の対象であったルソーが敬愛してやまなかった「啓蒙思想の保護者（パトロン）」，廉潔にして寛容と徳義の誉れ高いマルゼルブは，ル・ペルティエ・ド・ロザンボ家に嫁した長女アントワネット＝テレーズ＝マルグリート，孫娘とその夫シャトーブリアン──19世紀フランス浪漫主義（ロマンティシズム）の先駆者フランソワ＝ルネ・ド・シャトーブリアンの長兄──らとともに断頭台（ギヨチン）の露（ひまつ）と散る．1794年4月23日のことであった．ちなみに，フランスの歴史家・政治家で『アメリカのデモクラシー（De la démocratie en Amérique）』の著者アレクシス・ド・トックビルは，アントワネット＝テレーズ・マルグリートのもうひとりの娘で長じてエルヴェ・ド・トックビル夫人となるルイーズ＝マドレーヌ＝マルグリートの男子，マルゼルブには曽孫子にあたる．
13）　本文でも記したように，テュルゴーの政策は，職人組合の廃止，単一課税の導入など，概していえば，かれが師と仰いだグルネーの主張に着想を得たものであったが，いずれも親方職人やこれと密接に結びついたカトリック教会をはじめとする宗教関係団体，大商人それに大貴族の反撥に遭い挫折を余儀なくされた．なかでも致命傷となったのは，旧体制下の代表的な人頭税であり，フィジオクラート派もその廃止を政策課題のひとつに掲げていた「ターユ税（taille）」をふくむ税制改革であった．これら

もっとも顧みれば，テュルゴーは1775年5月に非公式であるが国王に捧呈した国家組織改革私案――地方三部会（États Provinciaux）の代表者選出権の市町村民への拡大を通じた全国三部会（États Généraux）の平等化と分権化――が拒絶された時点ですでに進退を考えていたふしがある．しかもこれに追い討ちをかけるかのように，同年6月11日のルイ16世聖別式の相前後に深刻化した食糧危機への対策をきっかけに穀物貿易自由化反対論が勢いをまし，政府内部でも意見が分かれたことなどに思いを致すなら，テュルゴーは辞任どころか，反対に国王によっていつ何時「罷免（renvoi）」されても不思議ではなかったろう．結局，財務総監は翌1776年5月12日，イングランドの植民地支配に抗いそのくびきを逃れてまさに生まれ出んとする新国家（アメリカ合衆国）に対する援助をめぐる閣内不一致を口実に職を辞す決意をする．世にいう「テュルゴーの失脚（disgrâce de Turgot）」[14]である．

に当時の抵抗勢力のみならず，国王ルイ16世までが反対に回り，テュルゴーの辞意は決定的となった．

14)　国王の反対はテュルゴーにとって「罷免」と同義であったから，財務総監職の辞任は当然であったろう．だが「テュルゴーの失脚」は，ただ単にひとつの内閣が倒れたという以上の意味を有する政治的事件であった．すなわち，ルイ大王親政下の1665年に時の財務卿ニコラ・フーケの失脚を機に創設された財務総監の職にジャン＝バティスト・コルベールが就任してこのかた，ポンシャルトラン伯爵，ニコラ・デマレなどを経て，オルレアン公フィリップ2世の摂政時代のアルジャンソン侯爵，ジョン・ロー，シャルル・ガスパール・ドダン，さらにルイ15世治下のフィリベール・オリリ，マショー・ダルヌーヴィル，ジャン・ド・ブーローニュなど多くの政治家や行政官たちが試みたアンシャン・レジーム下の国家財政や国家組織の改革が名実ともに挫折したということを示す象徴的事件であった．実際，ネッケルはテュルゴー辞任を受けて財務総監に就任したジャン＝エティエンヌ・ベルナール・クリュニー・ド・ニュイのまれに見る短命内閣（1776年5月〜同年10月）にあって「6項目の王令」を廃止するなど，テュルゴー色の一掃に腐心した．国王ルイ16世にテュルゴーが捧呈した国家組織改革私案について完全な沈黙を決め込んでもいる．ネッケルはクリュニー・ド・ニュイを継いだルイ＝ガブリエル・タブロー・デ・レオーの内閣（1776年10月〜1777年6月）で事実上の財務総監として国務に当たったのち，1777年6月総監職に正式に就任，一時は背を向けたテュルゴーの開明的で自由主義的政策を復活，遅れ馳せながら改革を試みるも支持を得られず，4年後の1781年5月に国王によって罷免される．それから7年後――風雲急を告げる1788年8月ネッケルは三度財務総監に返り咲き，この時ばかりは世論を味方に付けて国家組織や財政改革に取り組む姿勢を見せた．だが，期待したほど世論の後押しを得られなかったうえ，アンシャン・

これに対して、当時テュルゴーの熱烈な支持者で開明派の中心人物のひとりであり、かれを"メントール"と仰いだコンドルセらは突然の辞任に激しく抗議したという。

　テュルゴーは財務総監のポストを退いたのを機に政治の世界から完全に身を引き、直後に知人のアンヴィル公爵夫人の所有するラ・ロシュ=ギヨン城（現在のヴァル・ドワーズ県所在）に移り住む。だがほどなく生まれ育ったパリにもどり、いまではレジョン・ドヌール博物館、オルセー美術館、政府系金融機関CDC（預金供託公庫）などがところ狭しと軒を並べる同市7区のある通りの、セーヌ河畔にルーブル宮と（いまはなき）テュイルリー宮を眺めやる一角に居を構えた。爾後、ルイ大王（14世）治下の初代財務総監コルベールの設立したフランス碑文文芸アカデミー（Académie des Inscriptions et Belles-Lettres）——通称・小アカデミー（Petite Académie）——副会長の要職にあってもソルボンヌ学寮・修道院時代からの関心事であった哲学や歴史の読書や物理学の研究・実験にいそしむかたわら、知人・友人と旧交を温めつつ余生を愉しんだというが、それも長くはなかった。1781年3月18日、持病の痛風の発作によりパリの自宅で死の床に就く。テュルゴー

レジームの象徴であるカトリック教会や大貴族などの特権階級の猛烈な反撥・抵抗に遭遇して身動きもままならず、結局、翌年7月に辞表を提出する。時あたかもパリの民衆によるバスティーユ牢獄襲撃事件の3日前であった。ネッケルにしてみれば、ようやくテュルゴーの国家組織改革私案の重要性に思い至ったのであろうけれども、世論はもはや国王とその議会・政府に信を置かなかった——というよりはむしろネッケルの辞任はこれを完全に見限るきっかけとなったのである。ちなみに、テュルゴーの私案はシェル版全集第4巻に「地方議会制度に関する覚書（Mémoire sur les municipalités）」のタイトルで収録されている。その要諦は、本文で示唆したとおり、国家組織の大本をなす身分制議会の全国三部会を地方住民の代表権の拡大を保証した地方議会制度を基礎に再構築するというところにある。テュルゴーは自ら提唱する国家組織改革の正当性について、親友マルゼルブが最後まで庇い護りとおしたルソーの作品の一節を見る思いのする堅固な意志と不退転の決意をもって国王につぎのように上奏している——．「人間の諸権利は、人間社会がこれまでに経験してきた種々さまざまの変遷や発展の経過（histoire）にではなく、人間の本性（nature）にもとづくものであります。〔正当な〕理由もなしにつくられた制度を未来永劫不変にして不朽のものとするいわれはひとつとしてないのであります」（Turgot [1775], p. 575）．なお、革命前夜の政治・社会情勢の分析はBély [2003] にくわしい．

は死後かれの母校サン=シュルピス神学院にほど近い，尊父ミシェル=エティエンヌの眠る疾病者救済院（Chapelle des Incurables）に埋葬された．享年53歳であった．

　月日は流れ，疾病者救済院はラエネック病院（Hôpital Laënnec），シャペル・ラエネック=テュルゴー（Chapelle Laënnec-Turgot）へと姿を変えた．ところが同シャペルは2000年に閉鎖，数年後土地・建物がシャペル関係者により秘密裡に売却されていた．事が発覚した2005年このかた，テュルゴー，ラ・ロシュフーコー公爵フランソワ6世，ベレー司教ジャン=ピエール・カミュの末裔などシャペル縁故の人間たちやかれらを支援するラエネック=テュルゴー委員会（Comité Laënnec-Turgot）はじめ市民諸団体は，シャペルの新旧所有者を相手取って17世紀に溯る"歴史的建造物（patrimoine historique）"やテュルゴー家などの墓石の保存を請願する運動を展開し，国連外交官のアルレット・ヴィダル=ナケ，哲学者フィリップ・ネモをはじめ1万人以上の文化人・市民それに政治家らが協賛の署名に応じた．だが，廻りまわってシャペル跡地の所有者となったドイツ保険最大手アリアンツ（Allianz SE）の不動産子会社やデベロッパーはこれをまったく意に介さず，大型ショッピングセンターを建設すると発表，完成年の2014年には百貨店グループのプランタン，高級ブティックのイヴ・サンローラン，グッチなどが出店の計画であるという（この点に関しては，Jean-Yves Guérin, "Luxe: le groupe PPR bientôt dans l'ex-hôpital Laënnec", *Le Figaro*, 31 mai 2012; Antoine Boudet, "PPR va installer son siège dans l'ancien hôpital Laënnec", *Les Echos*, 31 mai 2012 などの記事を参照されたい）．

　関係筋によると，この間シャペルに埋葬されたこの国の経済や財政の分野での功労者11名の遺骸はすでに改葬――テュルゴーもその例に漏れず，パリ市東部のベルシー河岸の，在りし日のフランソワ・ミッテランが「巨大な高速道路の料金清算所（géant péage de l'autoroute）」とあだ名した経済財政省の敷地内に手厚く葬られた．ただし庶民の治療や医学の研究に功のある医師その他関係者の多くは地の底にこれを放置し鉄とコンクリートの厚い覆い

によって封印されたと聞く．

2. テュルゴーの経済学説形成の思想的背景

以上，駆け足でテュルゴーの波乱に満ちた生涯をふり返り紹介してきた．いうまでもなく，テュルゴーを一個の人間または行政官，政治家としてではなく，本書のテーマである経済学者としてみた場合，その最大の功績は，かれがリモージュ地方長官の職にあった 1766 年に著した『諸省察』にもとめられなければならない．それというのも，『諸省察』がきわめてオリジナリティにとみ，経済学の古典形成に一大転換をもたらした名著であるからにほかならない．実際，「資本（capital）」と「資本家（capitaliste）」，「効用（utilité）」，「均衡（équilibrium）」などの現代の経済学の主要概念はテュルゴー自身の思想的な営みにその多くを負っている[15]．いま資本について付言すれば，その意義は単なる用語上の問題（terminologie/terminology）に尽きる

---

15) 本書冒頭の序章でものべたように，テュルゴーの『諸省察』が経済学の歴史をふり返ったとき，画期的なテキストであることは衆目の一致するところである．だが，その評価はかならずしも一様ではなく，本書の主たる目的である「資本」理論の革新性に着目する研究者もあれば，価値論とくに「効用」理論に力点を置く研究者もある．前者にはアントニー・ブリュワー（Brewer [2010]），アントイン・E. マーフィー（Murphy [2004; 2008]），ジャン・ガレ=オモノ（Gallais-Hommono [1982]），ティエリー・ヴィソル（Vissol [1982]）らが属し，後者にはテレンス・ウィルモット・ハチソン（Hutchison [1982]），ジルベール・ファッカレロ（Béraud et Faccarello [1993]），グイド・イレイジャース（[Erreygers [2000]）などがある．ちなみに，わが国の手塚壽郎の先駆的業績も後者の系譜にふくめることができるかもしれない（手塚 [1933] 参照）．さらに，テュルゴーの百科全書的広がりをもつ思想的背景を重視するイタリアの研究者アレッサンドロ・ロンカッリアのような研究もあるが，クロード・ジェシュアやファッカレロらのようにテュルゴーの価値・貨幣論や均衡理論に着目して，レオン・ヴァルラス（ワルラス）のいわゆる「ニュメレール（numéraire）」論や「均衡（équilibrium）」理論に通じる学説と解釈する立場から，従来いわれてきた古典経済学説――とくにスミス学説――との関連よりもむしろ，ヴァルラスとの関連，とりわけ両者の近似性をあらためて評価する研究もある（Jessua [1991]; Béraud et Faccarello [1993]）．その要点は，テュルゴーが多くの点でヴァルラスの「先駆的学説」であるというところにある．

ものでは決してない．それは，かれが師グルネーの経済思想に着想を得て継承・発展させ，市場経済ないし資本主義経済の要素形態として定位した最重要概念であり，しかものちにアダム・スミスをはじめとする経済学研究において踏襲される．資本の形成と蓄積に関する分析（貯蓄・投資分析論）や貨幣利子などの分野における理論研究は，テュルゴーの思想的営みに多くを依存しているといってよい．けだし，イギリスの経済学者アントニー・ブリュワーが評するように，テュルゴーを「古典経済学の創始者 (founder of classical economics)」[16]と呼んでも決して誇張ではないと思われる．

　ところが，そのようなテュルゴーやかれの著作の理解と解釈の変化は，どちらかというと比較的近年のことに属する．このことはまた，テュルゴーの経済思想の形成と学説の再評価と密接に関連している．という意味はこうである．すなわち，18世紀フランス経済思想の一大潮流である「フィジオクラシー（Physiocratie）」の系譜のなかにテュルゴーを位置づけ評価することが多くの経済学説史家や経済思想史家のならいとなっていたことへの反省ということである．別言すれば，テュルゴーはフィジオクラート派（physiocrates）に属する人間であり，代表作『諸省察』はこの派の人間たちが神輿に担いだ"われらが親愛なるドクトゥル"ことフランソワ・ケネーの影響を受けて『経済表』の理論を継承・発展させた作品である——という従前の理解と解釈を根底から見直すことである．これまでのテュルゴーの経済学説の解釈の背景要因として指摘されるべきことは，かれの友人でフィジオクラート派の領袖であるピエール＝サミュエル・デュポンが編集・刊行した『テュルゴー氏全集（Œuvres de Mr. Turgot）』やデュポンの衣鉢を継ぐユジェーヌ・デール／イポリット・デュサールが編集した『テュルゴー全集（Œuvres de Turgot）』を通してテュルゴーの人と作品が理解され解釈されてきたことである．しかもそうした理解や解釈がやがてカール・マルクスやヨーゼフ・シュンペーターら経済学のマエストロの"権威あるお墨付き"を得て，いう

---

16) Brewer [1986], p. 186.

ところの「定説」となったのである[17].

　むろん,「定説」とは異なるテュルゴーの人と作品の評価を主張する研究もないではなかった. しかしながらその体系的な見直し作業はギュスターヴ・シェルが1913年から10年の歳月をかけて出版した5巻からなる『テュルゴー全集 (*Œuvres de Turgot et documents le concernant*)』——いわゆるシェル版テュルゴー全集——によってそのきっかけをあたえられたといってよい. ところが, そのシェルにあってさえ, テュルゴーの評価を全面的に見直すには至らなかったといっても過言ではない. それにはデュポンやシェルもさることながら, テュルゴー自身にも多分に問題があった. 例えば, かれが『諸省察』を脱稿した直後の1766年12月にデュポンに宛てた書簡のつぎの一節である——.「わたしは〔『諸省察』で〕社会の動きと富の分配に関する詳細な見取図を描くことを優先しました. そこでは代数 (algèbre) を用いず, 抽象理論にもとづく部分をのぞけば『経済表』に相当する議論もありません」[18]. またこれに先立つ1766年2月20日付デュポン宛て書簡のなかではこういっている——.「わたしはこれらふたりの人間〔ジャック・ヴァンサン・ド・グルネーおよびフランソワ・ケネー〕の弟子であったことを生涯の誉れとするものである」[19].

---

17) デュポンやデール／デュサールのテュルゴー全集については, 序章の脚注1を参照されたい. なお, ここでは詳述しないが, 経済学の巨頭 (maestro) カール・マルクスやヨーゼフ・シュンペーターのテュルゴー解釈を, それぞれの立場からそれこそ「梵の真言 (mantra)」よろしく崇め奉り, その延長線上でテュルゴーを評価する傾向が洋の東西を問わず見受けられる. もとより, マルクス, シュンペーターの卓越した見識と学問的業績に敬意を表するにやぶさかではないが, 未発表資料が発掘され, これにもとづく優れた研究が数多く発表されている今日の状況に配慮すれば, これら巨匠の見解といえどもあらためて検討するに如くはないと考えるものである. それゆえ, ここではルネサンス期の作家・政治家でモンテーニュ城館の主ミシェル・エイケム流の "Epochē (Que sais-je?)" にあやかり, "Sapiens nihil affirmat quod non probet" を旨とし, "Magister dixit" 式の議論を極力排除しつつ論を進めるものとする. なお, マルクス, シュンペーターのテュルゴー解釈にひそむ問題点については, 以下で詳述するが, 中川 [2006/2007; 2011] もあわせて参照されたい.

18) Turgot [1766c], p. 519.
19) Turgot [1766a], p. 507.

これらのことから，テュルゴーの経済思想の形成過程においてケネーのそれの影響が浅からぬことに加えて，『諸省察』がケネーの経済学説を継承・発展させたとの解釈の根拠を提供しているといった主張が生まれたのである．そうだからといって，これらの章句をもってただちにテュルゴーがケネー学説の継承・発展を目指したフィジオクラート派の一員であったことの証とすることにはにわかに承服できない．そもそもケネーの経済思想が，デュポンをはじめケネーを"グル（gourou）"と崇めるフィジオクラート派のそれと同一と考えることはできない．ばかりか，仮に百歩ゆずってテュルゴーの『諸省察』が『経済表』の理論を継承・発展させたと考えるにしても，ケネーの経済学説のうちの一体何を，どのように継承・発展させたのか，そしてその場合いわれるようにケネー流の「所得流通フロー（circular flow of income）」論を指すのかどうか――即座に断を下すことはできない相談である．そうした一連の疑問への解答を用意することなしにテュルゴーによる「ケネー思想や理論の継承・発展」を喋々するのは思考の短絡であり，テュルゴーの思想形成とくに経済分野における思想形成のプロセスに思いを致すなら無理というものである．

　もっとも，18世紀フランス経済思想の研究史をふり返るなら，テュルゴーに限らず，ピエール・ル・プザン・ド・ボワギルベール，リシャール・カンティヨンなどの学説はケネー学説の「先駆者（précurseur）」であり，いずれも『経済表』の理論やそこで示された分析手法に合流するものと考えるきらいがあるように思えてならない[20]．なるほどケネーの「純生産物（produit

---

20) ジョセフ・J. スペングラーによると，ボワギルベールの解釈と評価は18世紀から19世紀半ばにかけてケネーもしくはフィジオクラート派の「先駆者」，やがてアダム・スミスの「先駆者」へと変化したという（Spengler [1985]）．また，カンティヨンについてもケネーの「先駆者」との解釈がなされ，「フィジオクラート派の先駆的重商主義者」といった評価が主流を占めていた．カンティヨン研究のパイオニアであるロベール・ルグランの著書『リシャール・カンティヨン（*Richard Cantillon*）』のサブタイトル「フィジオクラート派の先駆的重商主義者（mercantiliste précurseur des Physiocrates）はそうした解釈の延長線上に位置するものと考えてよいであろう（Legrand [1900]; Eagly [1974]．ちなみに，久保田 [1965] もそうした系譜に属す

net)」を基礎に展開される所得流通フロー論は，経済学の古典形成の歴史に錦上花を添える優れたアイディアであり，その影響の大きさと範囲は測り知れない．しかしながら，所得流通フロー論それ自体はケネーその人のオリジナルなどではなく，遡ればサー・ウィリアム・ペティの『政治算術（Political Arthmetic）』にその淵源を認めることができる．しかもそうした経済学の分析手法が，のちにジョン・ローやかれの「ライバル」であるリシャール・カンティヨンらによって継承されより磨き上げられていったことは，いまや周知の事実となっている[21]．それゆえ，ケネーが『経済表』のなかで示したアイディアもまた，ペティ―ロー―カンティヨンの「政治算術」的アプ

る）．いってみれば，ケネー以前の経済思想はなんでもかんでもこれをフィジオクラート派の「先駆者」とする手前味噌の解釈がまかり通ってきたわけであるが，なかにはグルネーをも「ケネーに近い人物（proche de Quesnay）」（Laurent [2002], p. 204）とする解釈まで登場する始末であった．もちろんこうした解釈が事実としても理論としても誤りであったことはすでに証明済みである．ただそうした解釈が成立する根拠がまったくなかったわけではない．例えば，ケネーやフィジオクラート派がカンティヨンの『試論』を評価したのはただ一点，すなわちかれの経済理論の最大の特徴をなす土地が生産に対する唯一の制約条件をなすという主張にあり，フィジオクラート派はこれを「農業」に置き換えて解釈――ありていにいえば曲解――したのである．18世紀とくにカンティヨンの時代，農業が主たる産業であり，一国の産業に占める農業のシェアが大きかったことは否定し得ない事実であるが，だからといって農業が唯一の生産的部門であるということにはならない．そもそも，カンティヨン自身がそのような理解を試みていない．しかも，かれの「企業者」論はただ単に農業企業者（大借地農業者）のみを対象にしていない．それは生まれ出ずる近代的な商工業企業者をもふくむ理論であったと解釈するほうが適切であろう．ここにフィジオクラート派によるカンティヨンの解釈と評価にその最大の問題があったといって過言ではない．ちなみに，カンティヨンと同時代の思想家のなかにあって，土地以外に生産の制約条件を正面切って論じたのは，かれのライバルであるジョン・ローであった．ローの理論の最大のポイントである貨幣の増加なくして雇用を創出できないとする見解を受けて，アントニー・ブリュワーは「〔ローこそは〕資本〔すくなくとも流動資本〕の不足が産出の主要な制約であることを説いた最初の経済学者であった」（Brewer [1986], p. 151）とのべている．なお，カンティヨンの経済理論については，さしあたり中川 [2006/2007] を参照されたい．また，中川 [2011]（とくに第6章）はブリュワーによるロー解釈を批判的に検討してローの資本論を論じたものである．あわせて参照されたい．

21) この点については，カナダ・ケベック州のコンコルディア大学の歴史家テッド・マコーミックの詳細な研究（McCormick [2009]）があるので参照されたい．

ローチの系譜に属する学説と考えることができる．ただ問題は，テュルゴーをはじめとする18世紀の経済思想や経済学の古典形成の歴史が，後世に所得流通フロー論と称されるマクロ経済分析（macroeconomic analysis）の系譜に一本化できないというところにある．ラテン語の格言"Omnes viae Romam ducunt（すべての道はローマに通ずる）"さながらに，すべての学説は所得流通フロー論に通ずる，という単線的な道を経済学という学問が歩んできたのでは決してない．

　これまでのテュルゴー研究家の多くが明らかにしているように，テュルゴーの経済問題への関心と分析手法は，ソルボンヌ学寮・修道院時代における百科全書的広がりをもつ多様な分野の研究を主たる想源とし，1750年代初頭に聖職志望から司法官，行政官に転じてのちは，グルネーの経済思想の影響を色濃くとどめている[22]．いまこれを敷衍(ふえん)すれば，前者は若きテュルゴーが神学の考究にとどまらず，「近代哲学の祖」ルネ・デカルトの哲学，モンテスキューの啓蒙主義的歴史哲学などにある程度まで依拠した論稿「人類史（Histoire universelle）」の構想のなかで培われたものである．この点，例えばイタリア出身の経済学者アレッサンドロ・ロンカッリアはテュルゴーの歴史観に啓蒙思想の影響――テュルゴーはおそらく友人でドーバー海峡の対岸に多くの知己をもつアンドレ・モルレを介してであろうと思われるが，デイヴィッド・ヒュームなどのスコットランド啓蒙主義哲学者・思想家との交流[23]もあった――を重視する立場から，テュルゴーの経済学説をフィジオ

---

[22] 以下の記述は，主として手塚［1927］，渡辺［1967］を参考にした．

[23] テュルゴーを「古典経済学の創始者」と呼び，かれのアダム・スミスへの影響をある程度まで認めるブリュワーではあるが，テュルゴーの啓蒙思想に着想を得た歴史観についてはスミスのそれと近似する面があるとはいえ，それはテュルゴーというよりはむしろ，アダム・ファーガソンをはじめとするスコットランド啓蒙思想からの影響に帰するものであり，したがってまたこの面でのテュルゴーの功績は考えがたいという見解を提示している（Brewer［2010］, pp. 80ff）．だがしかし，テュルゴーとファーガソンを対比するのはまったくのお門違いであろう．テュルゴーの「人類史」における人間の進歩を「狩猟」，「牧畜」，「農業」3つの段階を経て，人間の能力や富の不平等にもとづく「商業社会」が生成・発展するといった歴史観は，ブリュワーも指摘するように，モンテスキューの『法の精神（De l'Esprit des lois）』（Montesquieu

クラート派のアイディアとは異なり，それとは一線を画する「啓蒙思想の経済学（political economy of Enlightenment）」[24]と評している．

一方，テュルゴーがケネーとともに「師」と仰ぐグルネーの影響はといえば，テュルゴーが1754年に作成した「〔サー・ジョサイア・〕チャイルドの〔『商業講話』〕翻訳ノートに関する所見（Remarques sur les notes accompagnent la traduction de Child）」[25]や，1759年8月に発表したグルネーの

[1748]）に着想を得たものであるが，くだんの名著の出版年次は1748年であり，しかもモンテスキューがその原稿を執筆していたのはそれよりも約20年以前のことであるから，ブリュワーの気持を理解するにやぶさかではないもののモンテスキューなくしてファーガソンの思想形成を喋々するのはあたらないであろう．スコットランド啓蒙思想の哲学者がフランス内外で多くの読者を獲得したモンテスキューの著書の存在を知らなかったとはいえまい．かれの影響力はスコットランドには及ばなかったのであろうか．もしもそのようにいえるなら，グルネー，テュルゴーそれにモルレなどとも親交のあったヒュームが故国スコットランドを離れてドーバー海峡対岸の都市に移住し長期の滞在をする必要などまったくなかったはずである．もともと「スコットランド啓蒙思想」なる言葉が用いられるようになったのは1970年代，それも文学史の研究者たちによってであった．しかるに，これを社会科学に応用するには，慎重のうえにも慎重を期さなくてはならないと考える．なお，モンテスキューの「経済分析」については，Grospelier [2005] が，またスコットランド啓蒙思想の系譜については，Waszek [2003] が簡便である．あわせて参照されたい．

24) Roncaglia [2006], pp. 103-7.
25) Turgot [1753-54a]．もっとも，テュルゴーがグルネーの「注釈」の原稿を直に読んでこの作品を作成したのかどうか即断することはできない．この年グルネーは「注釈」の原稿を仕上げ，これを2年前に完成したチャイルド『新商業講話』の仏訳とともに出版する準備でいたものの，マショー・ダルヌーヴィルが目指した自由主義的経済政策が挫折し，ためにグルネーの自由主義的思想を映した「注釈」の出版を「時宜を得ない（inopportun）」として出版の差止をグルネーに要請したため，「注釈」は日の目を見ることがなかったからである．もちろん，グルネーが自身の手元にむなしく残された自らの原稿を不憫に思い，これをテュルゴーの目にふれさせたという推理もできないではない．あるいは，グルネーが愛弟子に原稿の内容を口伝えしたのかもしれない．ともあれ事のしだいがどうであろうと，テュルゴーが「注釈」で師グルネーがつづった自由主義的経済思想や政策的主張に精通していたことだけは，テュルゴーの作品から読み取ることができる．けだし，1759年のグルネーの死去にさいしてテュルゴーが師の高徳と功績をつづった追悼文「ヴァンサン・ド・グルネー頌」のなかで，師のもっとも重視した主張——内外の商業活動に対する規制の廃止，全産業を対象とする単一課税等——を天地神明に誓って伝えたであろうことは間違いないであろうし，とくに租税論については，1763年の作品といわれるケネー租税論を論じた論稿（Turgot [1763]）がテュルゴーのこの問題に関する理解を知る手がかりとなろ

追悼文「ヴァンサン・ド・グルネー頌」のなかでのべているとおり，グルネーを通じて経済問題の分析に本格的に取り組んだと考えられる．具体的には，ボワギルベールを嚆矢とする自由主義的経済思想（Laissez-faire）に加えて，ペティ，チャイルド，タッカーその他イングランドの経済思想，さらには『試論』の著者であるカンティヨンの経済分析などを知り，テュルゴー自身もこれらの思想の翻訳や紹介に手を染めることになるのであった．なかでも後世のテュルゴーの経済学説をかたちづくるうえで重要な役割を演じることになるラテン語の"capitalis"を語源とする「資本（capital）」概念の定位とこれを基礎とする資本の形成と蓄積や貨幣利子の分析は，フランスの経済思想史家シモーヌ・メイソニエの研究が示すとおり，サー・ジョサイア・チャイルド『新商業講話』のアイディアを吟味・検討したグルネーの思想的営みに多くを負っていることがいまや明らかである[26]．グルネーがかれの周辺に集う政治家や行政官や思想家たち――「グルネー・グループの支持者(パルチザン)」の手を借りて仏語訳したチャイルド『新商業講話』やグルネーの手蹟をとどめ

　　う（なお，テュルゴーのグルネー追悼文には，本論で参照したシェル版全集に収録されたものとデュポンの編集したものと2種類あるが，ここでは両者の異同はこれを論じない．この点については本書の付論Ⅰを参照されたい）．それにまた，グルネー死去の前年12月にケネー『経済表』が刊行されたという事実に思いを致すならば，テュルゴーがグルネーとケネーの双方から等しく影響を受けたことはなおのこと考えがたい．この点，手塚はシェルが当時の経緯を誤って伝えたといってこれを批判しつつ，ジョルジュ・ヴウレルスの『フランスにおけるフィジオクラート派の運動（Le mouvement physiocratique en France, Paris, 1910)』の一節を引用してつぎのようにいうのはまったく正しいであろう．「ケネーが経済問題に関する少数の記事をEncyclopédie〔百科全書〕に公にしたのは1756年〔の「借地農（Fermiers）」がはじめて〕であるから，彼〔グルネー〕がケネーを知ったのは晩年にすぎない．殊にTableau économique〔『経済表』〕が印刷せられたのは1758年12月であり〔中略〕此時グルネーは既に病態にあつたのであるから，恐らく彼は経済表の刊行を知らずに死んだものであらう（原注）．故に印刷物を通ずることに依つてグルネーは何ものもケネーに負ふものではないと云つて差支なからう．加ふるにグルネーとケネーとの交際は恐らくは僅かなものであつたらう」（手塚[1927]其二, 52ページ）．

26) グルネーの「注釈」に関する解釈と評価については，Meyssonnier [2008] を参考にした．また，本書の付論Ⅰ「チャイルド－グルネー－テュルゴー」もあわせて参照されたい．

る「注釈」の草稿にみられる経済思想なり政策的主張が，それである．その意味で，資本概念の形成と成立はチャイルド—グルネ—テュルゴーの系譜を抜きに考えられないのである[27]．

さらにいうなら，例えばテュルゴーが『諸省察』脱稿から約3年後の1769年に執筆したとされる小品「価値と貨幣」（ただし未定稿）のなかで論じている「価値」については，主観的な「有用性（bonté）」——「希少性（rareté）」と「効用（utilité）」にその源泉をもとめるフェルディナンド・ガリアーニ神父，ジャン＝ジョゼフ＝ルイ・グラスラン，エティエンヌ・ボノ・ド・コンディヤック——フィジオクラート派の経済政策に反論したことでも有名な政治思想家・哲学者のガブリエル・ボノ・ド・マブリは長兄——らの価値学説を吟味・検討しつつ独自の価値理論の構築を試みている[28]．いわゆ

---

27) ブリュワーも，資本理論に関する「チャイルド—グルネ—テュルゴー」の系譜を評価している（Brewer [2010], p. 116）．

28) Graslin [1767]．ここでのグラスランの論文とテュルゴーの「価値と貨幣」との関連については，手塚 [1933] を参考にした．手塚論文は戦前戦後を通じて唯一の研究書であり，高く評価されよう．なお，最近のグラスランに関する研究論文に，Gilbert Faccarello, "Galimatias simple ou galimatias double?: Sur la problèmatique de Graslin"; Arnaud Orain, "Graslin et les physiocrates. Les controverses sur la valeur, l'équilibre et la fiscalité" がある（いずれも Le Pichon et Orain [2008] 所収）．ちなみに，アダム・スミスは労働価値説によりながらも，価値形成における「希少性」の問題にふれている．いわゆる「水とダイヤモンドのパラドックス」ないし「価値のパラドックス」が，それである．だが，これはスミスのオリジナルではなく，ジョン・ローの『貨幣と商業に関する考察』——より厳密にいえば，1704年にイングランドの経済改革を旨とする提案のなかで提唱したのがはじめてである——から拝借したか，ローも参照したベルナルド・ダヴァンザッティの所説を借用したものであることが明らかになっている．いま参考のためローの「水とダイヤモンドのパラドックス」を紹介すればつぎのとおりである——．「水は人びとの暮らしに必要であるが価値をもたない．なぜならば，水の量はそれが需要されるよりも多く供給されるからである．ダイヤモンドは水に比べて必要性に劣るけれども，より多くの価値を有する．それというのも，ダイヤモンドの需要が供給される量よりも多いからである」（Law [1994 (1704)], f°. 5; [1705], p. 3）．なお，ダヴァンザッティの著作は1696年にジョン・トランドの英訳（ただし抄訳）が出版されている（Bernardo Davanzatti, *A Discourse upon Coins*, London, 1696. Translated by John Toland）．また，この点に関するスミスの見解については，櫻井 [1988]（とくに第1章「スミス経済学成立の基礎」）を参照されたい．

る「心理経済価値学説 (théorie sensualiste de la valeur)」が,それである.より一般的な表現をこれにあたえるならば,ペティやカンティヨンあるいはイングランド経験哲学の祖ジョン・ロックらのように,財または商品の価値の源泉を労働や土地にもとめる「客観価値学説 (objective theory of value)」とは異なる「主観価値学説 (subjective theory of value)」を展開しているということである.このことから,フランスの経済学者ジルベール・ファッカレロのように,テュルゴーの経済学説を「心理経済学説 (économie politique sensualiste)」——あるいは効用価値学説——の系譜に分類することも可能といえるかもしれない[29].

このようにテュルゴーの経済思想や経済学説は多様な思想的バックグラウンドを有しており,かつこれらの思想の批判的検討を通じて形成されたと考えてよいのであるが,それにもかかわらず,上述するとおりテュルゴーが「フィジオクラート派」の有力メンバーであったとする考え方が長い間支配的であった.その最大のポイントは,農業を唯一の富の源泉とするケネーの経済思想なり経済学説を金科玉条とし,テュルゴーの経済思想の形成をこれにリンクさせようとしたところにある[30].のちに詳説するとおり,テュルゴーにあっても農業を唯一の生産的セクターとする考えをもっていなかったとはいえまい.しかし,このような見解はケネーにのみ特有なのではなく,カンティヨン,さらに遡ればボワギルベールにも認められる[31].すくなくとも当時の経済社会の状況に鑑みれば,農業が主要かつ支配的産業であったから,カンティヨンのように生産要素としての土地を富の生産の制約条件として論じたとしても当然といえば当然であろう.それにまた,カンティヨンの『試論』の翻訳・出版にグルネーとそのグループの主要メンバーが関与していたことを思えば,テュルゴーがケネーの経済思想を知るよりも以前にアイルランド出身の国際的銀行家のそれを理解する手立てをもっていたとしても一向

---

29) Béraud et Faccarello [1993], p. 254 et suivre.
30) この点については,本章脚注 20 を参照されたい.
31) 例えば,Spengler [1985] を参照されたい.

第1章 テュルゴーの経済思想の形成とその源泉

に不思議ではない[32]．

さらにいまひとつ付け加えるなら，より重要なことであるが，テュルゴー資本理論の経済学の古典形成における多大な貢献とその含意である．近代経済学の理論はペティ─ロー─カンティヨン─ケネーの系譜に属する所得流通フロー論に象徴されるマクロ経済分析の精緻化に尽きるわけではない．「新しい富の概念」としての資本を軸とする貯蓄・投資分析，価値と貨幣，それに貨幣利子などの理論的考察などにも配慮しなくてはならないからである．このように経済学の研究領域を押し広げてテュルゴーとケネー（およびフィジオクラート派）の研究業績を比較考量するならば，両者の間に際立った相違が存在することを認めないわけにはいかない．かてて加えて，いま資本理論に限ってみても，テュルゴーのそれは『諸省察』第29節の「資本一般」に示されるとおり，貨幣形態の資本をその一般定式とし，貨幣的資本の市場での「前貸し（avance）」──現代風に表現すれば資本ストック（capital stock）への転化──と回収という「貨幣の循環」と規定されるのに対して，ケネーの『経済表』では貨幣の流通ないし循環には一言半句も割かれず，もっぱら「前貸し」したがってまた生産財ないし資財的資本の分析に終始していることが知れよう[33]．

たしかにテュルゴーが，ケネー流の資本ストックとそれが生み出す「純生

---

32) カンティヨンの『試論』がグルネーとかれの協力者の手を借りてその英語の草稿を仏語訳し出版されたことはいまや「定説」になっている．むろんマラキー・ポスルスウェイトの『一般商業辞典（*The Universal Dictionary of Trade and Commerce, 1751-1755*）』のカンティヨンの文章と思われる章句が盗用されて，ポスルスウェイトを通じてアイルランド出身の国際的銀行家の見解を目にすることになったが，テュルゴーが『試論』の翻訳を精読する機会を得たであろうことを推測することを排除するものではない．ましてやグルネー・グループが翻訳作業にふかく関与していたとすれば，なおのことその機会に恵まれたとみてよいであろう．なお，この点については，Perrot [1992], p. 103 もあわせて参照されたい．

33) この点は，本書第2章で詳述するが，それでも一言いっておけば，テュルゴーは資本という用語がはじめて登場する『諸省察』第29節で貨幣的資本を「資本一般」と定義している．このことから，テュルゴーは一面では貨幣の機能を単なる価値尺度，交換手段，支払手段に限定することなく，「資本」としてより積極的な機能をもつものとして定義したと考えられる．

産物」概念に負うところ大であることはこれを認めなくてはならない．しかしだからといって，資本概念を前貸しないし「資本ストック (fonds/stock)」に一面化していないことは——それがたとえ不十分であっても——のちに詳述するとおりであるがいまは問わない．ここではさしあたりつぎのことを指摘するだけにとどめたい．すなわち，グルネーが主要にはチャイルド『新商業講話』での議論を吟味・検討したうえで資本概念を厳密に定位し，かつこれを理論的に継承・発展させたということ，これである．

それゆえ，ケネー流の資本ストックの影響はフランスにおけるというよりはむしろイングランドにおいてより強くあらわれていることを認めることができる．この点，ケネー学説を「長たらしい検討を加えるに値しない」といって切り捨てたアダム・スミスにあってもしかりである．結局のところ，スミスの資本概念はケネーの「前貸し」すなわち資本ストックあるいは資財的資本の投入と大差がないといってよいのである[34]．ところが，例えばアメリカの経済学者ロバート・V. イーグリーは古典経済理論の構造を正当にも「資本」概念にもとめながらも，『経済表』におけるケネーの所得流通フロー論を特段高く評価し，これを「ケネー革命 (Quesnaysian revolution)」と持

---

[34] Smith [1776], p. 627. 訳 465 ページ．スミスがかく語るのは，土地の生産物が「すべての国の収入の源泉」と説く「農業システム (the agricultural system)」の学説は誤りであるというのが主因であるが，そのスミスはそのあとで「〔ケネーの〕学説は，不完全であるにもかかわらず，おそらくこれまでに政治経済学の問題について発表されたもののうちで，最も真理にせまったものである」(*Idem*, p. 642. 訳 475 ページ) とものべている．のちにくわしく論じるように，ケネー流の資本論はスミスなどイギリスの経済学者へと受け継がれていくことは，『国富論』の編者エドウィン・キャナンの『イギリス経済学における生産・分配理論史 (*A History of Theories of Production and Distribution in English Political Economy from 1776 to 1848*)』の記述をみても明らかである (とくに同書第 1 章). そこにはチャイルドはもとより，グルネー，テュルゴーの名さえ登場しないばかりか，「新しい富の概念」としての資本についても，チャイルド流にいえば，もっぱら「ストック (資財)」の分類とその解説に終始している (ついでにいえば，"capital" の語源についても，"capitalis" を無視して古典語の "caput" とするなど，キャナンのラテン語の見識を疑いたくなるような記述もある). キャナンの議論については，Cannan [1903] を参照されたい．なお，スミスの「資本ストック」については，『国富論』の訳者・大河内一男による「序論および本書の構成」の訳注 (69 ページ) を参照されたい．

第1章　テュルゴーの経済思想の形成とその源泉　　　　　　　　　　　43

ち上げ，以後スミスにあやかって19世紀末のレオン・ヴァルラス（ワルラス）に至るまで，多かれすくなかれこの理論的枠組みのなかで経済学が深化をとげてきたと説くのである[35]．

　以上を要約すれば，経済学の古典形成における資本概念の理論的系譜は，貨幣的資本－生産的資本（資本ストック）－貨幣的資本の経済循環──テュルゴーはこのサイクルを「貨幣の循環（circulation de la monnaie）」と明確に定義している──を想定したチャイルド－グルネー－テュルゴーの系譜と，これをもっぱら資本ストックに一面化して説くケネー－スミスの系譜のふたつが併存していたといえるかもしれない．テュルゴーの資本理論は貨幣の重要性すなわち貨幣の積極的機能を認めるという点で，かれが生涯忌み嫌った「呪いの言葉」[36]──すなわち『貨幣と商業に関する考察（*Money and Trade Considered, with a Proposal for Supplying the Nation with Money*）』のなかでジョン・ローの行った主張と多くの点で類似すると考えることができる．それにまた，テュルゴーにおいては資本の循環における「企業者（entrepreneur）」もしくはテュルゴーのネオロジスムである「資本家的企業者（capitaliste-entrepreneur）」の役割をケネーよりもはるかに重要視していることを忘れてはならないであろう．かたやスミスはといえば，かれは基本的にはケネー流の資本論の系譜に属するといってよいのであるが，事が貯蓄・投資（資本の形成と蓄積）の分析に及ぶとき，グルネーやテュルゴーと同様に農業のみを生産部門と見做すことに批判的なばかりか，テュルゴーの資本理論により近い立場にあったことは明白である．

　なお，詳細は他にゆずるが，テュルゴーとスミスとの決定的な違いは，価値論の分野にあり，前者がいわゆる主観価値学説に近い立場をとっているのに対して，後者すなわちスコットランドの偉大な思想家は，ペティ，カンティヨンの系譜に属するところの客観価値説──労働価値説──に即して諸物

---

35)　Eagly [1974], p. 7.
36)　Turgot [1770a], p. 375. なお，この点については，Murphy [2004]; 中川 [2011] を参照されたい．

あるいは諸商品の価値の源泉と形成を論じるという点にこそ認められなくてはなるまい．テュルゴー流の価値論はのちに効用学説として知られることになるが，労働価値説はスミス以後のイギリス経済学説，なかでもデイヴィッド・リカードゥを経てマルクスらによって継承・発展されたことはあまねく知られるところである．要するに，古典経済学と称される世界にあっては，ガリアーニ，グラスラン，コンディヤックそれにテュルゴーなど系譜に属するいまひとつの価値学説——当時は"非主流派"の学説といってよい——の支持者は，これからのち19世紀前半までの間，リカードゥ，（トマス・）ロバート・マルサス，ジョン・ステュアート・ミルその他イングランドの経済学者とも親交のあったフランスの実業家にして経済学者のジャン=バティスト・セーひとりをわずかに見出すにすぎないのである[37]．

3. テュルゴー学説の経済学史上の位置づけ

「経済学の揺籃（berceau de l'économie politique）」といわれる18世紀の経済思想なり経済学説の営みをふり返るなら，経済学という学問がきわめて多様な理論研究の系譜から生成・発展をとげてきたことが理解できる．もちろん，そうした系譜の思想なり学説なりの理論研究の営みがすべて「古典派（classicus）」と称される経済学の学派に合流したわけではない．その最たるものは「価値」論の系譜であり，サー・ウィリアム・ペティ，リシャール・カンティヨンからアダム・スミスを経由して，デイヴィッド・リカードゥ，ジョン・ステュアート・ミル，カール・マルクスらに至る「古典派」と称される経済学研究の系譜は，大なれ小なれ，諸物ないし諸商品の価値の源泉を土地または労働にもとめる客観価値説の立場に立っていた．その意味からすれば，テュルゴー流の価値論は，いわゆる「古典派」経済学には取り込まれなかったラインのひとつといってよいであろう．

---

[37] Dooley [2004], pp. 212-4.

第1章　テュルゴーの経済思想の形成とその源泉

　さてしかし，ここでの課題に話をもどせば，経済学の古典形成においてもっとも大きな系譜のひとつが資本理論に属するものであることは，大方の認めるところである．そしてなかでも特記すべきはチャイルド—グルネー—テュルゴーのラインであり，それはつぎのような二重の意味でそう考えることが許されるであろう．そのひとつは経済学関連の文献史上「資本」および「資本家」がグルネー—テュルゴーの系譜に属するネオロジスムであったことである．それは単なる用語上の問題にとどまらず，これらの用語を厳密に定義し，そうすることによって富の形成と分配，いい換えるなら富の生産と流通（交換）という経済社会の営みがかたちづくられることをトータルに説明することに成功したことである[38]．そして，そうした考え方がのちの経済学の研究のなかで受け容れられふかく根を下ろしたのである．

　いまひとつは，より重要なことであるが，経済思想や経済学説はひとりの人間の天才によってある日突然生み出されたものではなく，何世代もわたる研究の継承と積み重ねのうえに発展をとげてきたという事実である．別言すれば，経済学の研究者はそれぞれ，かれらの時代の経済現象の理論的把握の営為を重ね，かつそれぞれが学説を展開し得たのであって，だからまた問われるべきは各人の経済学説史上の理論研究の成果と限界や後世の経済思想・経済学説との継承関係を明らかにするところにこそある．もちろん，その過程で理論の正否が検（あらた）められ，残るものと消えるものが篩（ふるい）にかけられてきたし，残ったもののなかでも理論や概念の厳密化，分析手法の精緻化がなされ今日に至る．しかるに，例えば「重商主義（mercantilism）」という完結した構造を想定し，そのなかに何がしかの学説を押し込めて批判（または反批判）するところに問題は存在しない[39]．いわんや，アダム・スミスは「経済

---

38) この点については，Meyssonnier [2008] を参照されたい．
39) このように考えるなら，ハンガリー出身の科学哲学者イレム・ラカトシュの「科学的研究プログラム」論を髣髴とさせるイーグリーの「重商主義」論や「ケネー革命」によって誕生した「資本概念」のうえに成立する「古典経済理論」がいかに剣難な議論であるかが理解できよう．イーグリーはかれの立論の「中心的テーゼ（ハードコア）」ともいうべき「資本」概念の形成と成立については一言半句も割かず，これを

学の生みの親」であり,「スミス以後 (post-Smithian)」の経済学説こそが名誉ある古典経済学説であり,「スミス以前 (pre-Smithian)」の学説はおしなべて「重商主義」学説か,せいぜいのところスミスの先駆的学説——ケネーやテュルゴーもそのなかに無理やり押し込められるのであるが——として評価することは,経済思想や経済学説の複雑な系譜やそれぞれの研究史に思いを致せば明らかな間違いを犯すことになる.「〇×主義」とか「□△主義」とかいう標語は,これを用いる人間が自己の主義・主張を正当化し,自己と異なる思想の持ち主を意図的に貶める「闘争の言葉 (mot de combat)」でしかない.チャイルド,カンティヨンらがはたしていうところの「重商主義者 (mercantiliste)」——グルネーまでもがそう呼ばれるのである——であったかどうかはなお疑問なしとしない[40].

所与と前提とし,それゆえにまた資本概念をケネー流に「ストック」に一面化し,それが「完成型」に向かって練成されると「仮定」するのである.だが,こうした研究やその分析手法は,事前に定められたゴールへと導く後追い解釈にすぎないし,しかもかれの場合,研究の基礎となる資料に多くの不足や不備があるばかりか,エリ・F.ヘクシャー流の議論の多い「重商主義」論に依拠して論じているため,なおのこと問題である.なお,この点については,中川 [2011] 第5章を参照されたい.

[40] 例えば,フランソワ・ソーヴェール=ジュールダンは『イザーク・ド・バカランとフランス自由貿易思想 (*Isaac de Baccalan et les idées libre-échangistes en France*)』という小品のなかで,グルネーののちに商務監督官に就任したボルドー生まれの自由貿易論者イザーク・ド・バカランはグルネーの思想を「重商主義」政策と決めつけて,かれの政策に反対したとのべている (Sauvaire-Jourdan [1903], p. 21). もっとも「重商主義」と一口にいっても,例えばこれを特徴づける国民の富と国家を強大化する政策的主張に着目すれば,スミスもその例に漏れないことは,櫻井毅が『イギリス経済学の課題と方法』のなかでのべているつぎの一節をみても明らかである.すなわち,スミスは重商主義の紹介と批判に割いている『国富論』第4編では,経済学 (political economy) の課題が「諸国民の富の性格と原因を扱うものといいながら,他方でそれを『政治家や立法者なるもののおこなうべき学問の一部』と考えており,ポリティカル・エコノミーの目標が『国民の富と力を増大させる』ことにあるということをあきらかにしている」(櫻井 [1988], 43-4ページ). スミスが「重商主義者」であったというつもりは毛頭ないけれども,「国民の富と力〔強大化〕」をもとめる政策的主張をもって「重商主義」とのレッテル貼りするいわれとはならないであろう.「重商主義者」と称される人間たちのなかには,のちの自由貿易論に連なるような議論を展開するものもあり,「スミス以前」の人間たちに,ひとりの例外も許すことなく十把ひとからげに,いうところの「重商主義者」のレッテルを貼ることに疑問を禁

第1章　テュルゴーの経済思想の形成とその源泉

　もっとも，このようにあざとく没理論的なレッテル貼りは，スミスを「神」の如く持ち上げんとしたアルビオン島の住民たちの所業に限られるわけでは決してない．スミス学説形成の「先駆的」業績とされるフィジオクラート派についても当てはまるであろう．概していえば，ボワギルベール，カンティヨンはともに「フィジオクラート派の先駆的重商主義者」[41]と評されることはおろか，テュルゴー，それに時にかれの師であるグルネーまでもが「フィジオクラート派」──すくなくとも「フィジオクラート派により近い (nearer/proche)」──と見做されてきたことが，その証左である．ここでは無用の重複を避け要点のみ指摘するものの，テュルゴーがグルネーの資本概念に加えて，ケネーの純生産物を基礎にした所得流通フローの分析手法に一定の影響を受けたことはたしかである．とはいえ，既述のようにテュルゴーはケネーのように資本概念を資財的側面に一面化せず貨幣的側面を重視するほか，純生産物の生産を商工業にも認める──いわば「純生産物論の一般化 (généralisation du produit net)」[42]──といった主張に端的に示されており，テュルゴーとケネーやフィジオクラート派とは根本的な点で大きく異なっているとみるほうが適切であろう．しかもここで留意すべきことは，テュルゴーの農業観がケネーの──というよりもむしろ，ケネーも影響を受けたカンティヨンのそれにより近いというところにある．

　ところが，テュルゴーにあってカンティヨン学説の影響がよりいっそう強く認められるのは農業の分野もさることながら，銀行・信用論の分野であり，ある点ではテュルゴーにおけるカンティヨンの影響により注意を払わなくてはならないであろう[43]．という意味はこうである──．なるほどテュルゴー

　　じ得ない．こうした単純素朴な重商主義論に再考を迫る研究はおしなべてスミス流の重商主義の一面的理解と解釈への痛烈な批判を旨とするものといってよいのであるが，ここでこれらの研究を紹介し詳細に吟味・検討する余裕はない．そうした研究例としてさしあたり Grampp [1952]; Colemann [1957] を参照されたい．
41)　さしあたり，Legrand [1900]; 久保田 [1965] を参照されたい．
42)　Jessua [1991], p. 102 et suivre. この点については，本書第3章の脚注17も参照されたい．
43)　この点は，Murphy [2004; 2008] を参考にした．なお，ローとカンティヨンの銀

は資本理論においてはジョン・ローと同じく貨幣の積極的機能を主張しながらも，こと銀行・信用論についていえば，一転してローのライバルであるカンティヨンの学説に与し，スコットランド出身の銀行家一流の信用創造機能はこれを容認せず，アイルランド出身の銀行家の説く短期流通信用を旨とする銀行・信用の「効用」を対置する結果となっていること，これである．だが，それにもかかわらずカンティヨンやテュルゴー流の銀行・信用論が，スミスを介して後世の経済学研究の雛形となったのであるが，このことは19世紀を通じてローに象徴される中長期企業金融，とりわけ証券市場を経由する資金調達の論理をいちじるしく貶める結果となったのである[44]．

行・信用論の検討については，中川[2011]（とくに第6章「ジョン・ローの銀行・信用論研究」）も参照されたい．

44) ここでは示唆するにとどめるものの，スコットランド出身のサー・ジェームズ・ステュアートは「中長期信用」の効用を認めた点で，当時としては例外的な研究者と考えられる．かれが1754年に仕上げたといわれる銀行・信用論に関する論文（*Principles of Banks and Banking of Money...*）が，それである（これに関連してStettner [1945]もあわせて参照されたい）．もっとも，この論文が日の目を見たのはステュアートの死後30年経過した1810年であり，グルネーやテュルゴーの時代に，かれの議論が銀行・信用論の形成に一石を投じるという性質のものではなかった．むろん，ローの政策を批判したニコラ・デュト，ジャン＝フランソワ・ムロンといえども，ローの目指した「公信用（crédit public）」——ありていにいえば中央銀行（banque centrale／central bank）を設立することが経済の発展にとって必要な施策であることを主張していたし，テュルゴーを中央政府の高官に抜擢したモールパ伯，開明的な思想の持ち主で名高いアルジャンソン侯爵ルネ＝ルイ・ド・ヴォワイエ・ド・ポルミー，さらにはテュルゴーの師グルネーもまた公信用の復権ないし復活を強くのぞんでいたことは周知の事実である．なかでも，グルネーはチャイルド『新商業講話』の「注釈」の一節で，「われわれの隣国〔ネーデルラントやイングランド〕は公信用を創設し機能させることによって豊かにな〔った〕」（Gournay [2008 (1754)], pp. 162-3）といってはばからないのである．要するに，かれらの主張は，ローがそうであったように産業金融したがってまた中長期信用の制約（資本不足）という問題を処理・解決する政策的主張の一部をなしていたのであった．このように考えるなら，櫻井毅が的確に指摘するとおり，ステュアートにあってはローと同様に「資本の生産過程と資本の蓄積の分析」ではなく貨幣の「流通過程」にその「中心」（櫻井[2009]，150ページ）があるとはいえ，銀行信用とくに中長期信用の効用を説いた点で，ステュアート流の銀行信用論はこれを短期の流通信用に限定するカンティヨン－テュルゴー，さらにはスミスと「スミス以後」の経済学者に連なる系譜とは異なる視点を提供しており，銀行・信用論研究の系譜をみるうえできわめて興味ぶかい．なお，ステュアート信用

はたしてそうした見方が正しいとすれば，テュルゴーの経済学説の評価はこれまでとは大きく異なってくるに相違ない．結論を急げば，何よりもまずかれの経済思想は時代精神ともいうべき啓蒙思想の真髄である歴史哲学，実証主義，合理主義の研究によって培われ，かつ英仏の自由主義的経済思想の影響を受けこれを継承・発展させるかたちで形成されたといってよいであろう．アレッサンドロ・ロンカッリアがテュルゴーの百科全書的な広がりをもつ経済問題への関心と接近方法を称して「啓蒙思想の経済学」いう一斑の理由もここにあると解してよいであろう．それはまた，テュルゴーが狭隘かつ排他的な「セクト主義 (esprit de secte)」的な思想の持ち主でなかったということの何よりの証である．かれが師グルネーの自由主義的経済思想に学びつつ，同時にカンティヨン，タッカー，ヒュームはもとより，ケネーらの経済思想や経済学説にも目を向けたことをみれば明らかである．だからこそ，ソルボンヌ学寮・修道院時代からの友人モルレ神父をはじめ，マルゼルブ，いわゆる「フィジオクラート派嫌い」では人後に落ちないヴォルテール，コンディヤック，コンドルセたちまでもがテュルゴーの変わらぬ理解者であり支持者でありつづけたのである．

いまそのように考えることができるとすれば，テュルゴーの著した『諸省察』がケネーやフィジオクラート派の学説の継承・発展を企図したものであるとの理解と解釈はまったく当たらない．それどころか，テュルゴーの著書こそは，ケネーの後継者をもって自他ともに任じるピエール＝サミュエル・デュポンやフィジオクラート派の「セクト主義」的経済学説をはるかに超える経済学のテキストであり，近代経済学のパイオニアワークといっても過言ではない．資本の形成と蓄積，貨幣利子などに関する研究はのちの経済学研究の雛形となったし，マーク・ブローグ（ブラウグ）のようにテュルゴーをフィジオクラート派に分類する経済学者をしてアダム・スミス『国富論 (*An Inquiry into the Nature and Causes of the Wealth of Nations*)』の「最初

論の研究については，川島［1972］を参照されたい．

のふたつの編のスケルトンが〔『諸省察』のなかに〕ある」[45]といわせた一半の理由がここにあるといわなくてはならない.

　もっとも，すでにみたようにテュルゴーが『諸省察』で論じた経済学の研究領域のすべてがかれのオリジナルではない．かれの資本理論を中心とする経済学の古典形成への貢献の一部は，たとえブリュワーらのいう「古典経済学のパイオニア」とか「古典経済学の創始者」とかが正しいとしても，先行する思想家たちの功績に由来し，したがってまたその栄誉の一部はかれらにも等しくあたえられるべき性質のものである．だが，問題はそれにとどまらない．後世に「効用学説」と称されるガリアーニやグラスランらの理論的考察を想源とする主観価値論の進化は，それがたとえ未完であったとしても，テュルゴーにあずかる功をぬきに考えられないであろう[46]．そうであるとす

---

[45] Blaug [1991], p. x. ブローグならずとも，テュルゴーが『諸省察』のなかで分業の概念，商品の市場価格と長期均衡価格との区別，経済成長の規定要因と資本・利子の分析，さらには「安価な政府（cheap government）」と課税の問題にまで言及していることは，広く知られている．それによると，このようにテュルゴーに多くを負っているスミスが後世「経済学の生みの親」と考えられるようになったのは「テュルゴーのスタイル」にあるという．スミス『国富論』の最大のメリットは優れた理論的考察もさることながら，理論分析につづく例解の読み物としてのエンターテインメント性——歴史，紀行，文学など——にあり，かたやテュルゴーの『諸省察』は，のちにみるように当初は一般の読者を想定して書かれたものではないとはいえ抽象的な理論分析を旨とし，それにまた「完全主義者」（モルレ神父の評）にありがちな晦渋さというわけではないけれど，明快さに欠けるという難点を有している．テュルゴーの著書はのちに英語版，ドイツ語版などが発行され諸外国でも広く読まれたというが，スミス『国富論』のほうがより多くの読者を獲得し得たのも理解できないことではない．それゆえ，もし仮にテュルゴーの作品がスミス一流のエンターテインメント性を有していたら，「テュルゴーとスミスの立場は逆転していたかもしれない」(*Idem*)——というブローグの主張はある点では的を射ているといえるかもしれない．

[46] 手塚壽郎は「心理經濟價値說の歷史的研究の一節」と題する論文のなかで，テュルゴーが「十八世紀に於て價値を論じた者のうち，最も純粹に心理的見方をとった人である．十八世紀に於て，價値を人間の欲望にのみ基礎付けようとした者は，チュルゴー〔テュルゴー〕の他にいない．彼の價値論は十八世紀に於ける心理經濟價値論の云はゞpoint culminant〔最高峰〕をなすものである」（手塚 [1933]，2 ページ）といってテュルゴーの心理経済価値説の構想を明らかにした未完の論稿「価値と貨幣」を高く評価するものであるが，その「想源」をグラスランの所説にもとめる内容となっている．手塚は先に発表した「ガリアニの Della Moneta に就て」（手塚 [1929a]）

れば，テュルゴーの経済学の古典形成への貢献はこれまで考えられたよりも広く，そして大きいといえるかもしれない．

周知のように，かつてスミスの支持者たちがテュルゴーをふくむ「スミス以前 (pre-Smithian)」の研究者たちと「スミス以後 (post-Smithian)」の研究者たちとの「断絶 (rupture)」を度し難いまでに強調して，後者に属する人間たちは「経済学の名誉市民 (Classicus Politico Æconomiae)」——この言葉の普及に功ある人物はスミスを殊のほか持ち上げたマルクスの右に出るものはいない，そうでなければすくなくともそのひとりである——を名乗った．だがしかし，月日が流れ19世紀も半ばを過ぎる時分になると「スミス後」の研究者たちの一派が過去の経済学者たちとの断絶を強調して自らを「新たな名誉市民 (neo-classics)」と称したときに採り入れた経済学説のひとつが主観価値論の系譜に属する経済理論——すなわち効用価値学説であったことは，歴史のパラドックスといえるかもしれない．ただしそれが巷間伝えられるように，ある種の人間たちの主張するような「革命 (révolution)」

などにおけると同様に，心理経済価値説の「起源」を究明することをその主たる目標とするもはたせず，この論文においてようやく目標を達成したことは，つぎの一文に明確に示されている．手塚はいう——．「もはや〔ウィリアム・F.〕ロイドに此〔心理経済価値説の〕起源を求むることが出来なくなつた．また Albert Schatz〔アルベルト・シャッツ〕の云ふやうに，Louis Say〔ルイ・セー〕もあり，レオン・ワルラスの父 August Walras〔オギュスト・ヴァルラス（ワルラス）〕もあろう（原注）．遡りて Condillac〔エティエンヌ・ボノ・ド・コンディヤック〕もあり，チュルゴーもあり，〔フェルディナンド・〕ガリアニもあらう．更に遡れば，Montanari〔ジェミアーノ・モンタナリ〕もある（原注）．尚遡れば Buridan〔ジョルジュ・ビュリダン〕もあらう（原注）．此らの學説とゴツセン〔ヘルマン・H. ゴッセン〕，ワルラス，ヂエヴォンス〔ウィリアム・スタンレー・ジェヴォンズ〕，カール・メンガーとの間に，何らかの交渉なきか．ゴツセンの天狗の鼻，狡獪なるヂエヴォンスの天狗の鼻をへし折ることは不可能であるか．これは私の無限の興味を唆す問題である」（手塚 [1933]，2-3 ページ）．テュルゴーとグラスラン論文との関係をみるとき，手塚のいわゆる「無限の興味を唆す問題」はかなりの程度究明できたと考えられる．その意味からすれば，「ゴツセンの天狗の鼻，狡獪なるヂエヴォンスの天狗の鼻をへし折ること」もできたといえるかもしれない．なお，手塚と同様の見解は，例えばジャン＝クロード・ペロにおいても共有されていると考える．この点に関するペロの所説については，さしあたり，Perrot [1992], pp. 72, 117-21 を参照されたい．

の名にし負う経済学の歴史の一大転換であったかどうかは，はなはだもって異論のあるところではある[47]．

　イングランドの政治家・哲学者サー・フランシス・ベーコンは，いにしえの賢者アウルス・ゲルリウスを捩(もじ)って，"Veritas filia temporis, dicitur, non auctoritatis（真実は時の娘，権威の娘に非ず）" という金言(マキシム)を遺した．ことほどさように，神仏が乗り移ったかのような偉人のご託宣も千載(せんざい)ののちには風解し，いまようやくにして歴史の真の姿が目の前に立ちあらわれようとしている．"Historia magistra vitae est（歴史は人生の教師である）" とは，博学と雄弁で名を馳せた古代ローマの政治家・哲学者マルクス・トゥルリウス・キケロの『弁論家論（DE ORATORE）』のなかの言葉である．ところが，わが国推理小説の泰斗・江戸川乱歩によると，アメリカの作家・批評家アントニー・バウチャーの評言に「歴史とは万民が信じる一つの伝説であって，必ずしも真実ではないということを，われわれに深く考えさせるものである」という一節があるという．はたしてバウチャーのいうとおりであるとすれば，事はミステリーの世界に限られるものではない．

　謎めいた言い回しを許していただければ，「一つの伝説」のなかに埋もれていた歴史の闇に明かりが立ち，真実への突破口が開かれようとしているいま，リチャード3世の仇敵にして枢機卿・カンタベリー大司教と宗教界で位人臣を極めたジョン・モートン——サー・トマス・モアが若かりしころ "メントール" と慕った人物——の讒言(ざんげん)とこれを鵜呑みにしたウィリアム・シェークスピアの過失(あやまち)を容赦なく批判して国王の「無実を立証した」スコットランド・ヤードのアラン・グラント警部ならずとも，ここは偉大な劇作家に敬意を表して，ランカスター家のヘンリー5世が英仏百年戦争の最中ドーバー海峡対岸の地に上陸してハーフラー城を包囲したイングランド全軍に飛ばし

[47) この点について，ジョセフ・J．スペングラーがつぎのようにいうのはまったく正しいであろう——．「スミスおよびかれの後継者である古典派，新古典派はともに，ガリアーニの〔主観価値〕学説よりも〔中略〕カンティヨンのそれ〔客観価値学説〕を受け容れたのである」（Spengler [1952], p. xlix）．

た檄を意気に感じてさらに前方に突き進むことに異存あるまい——.

「もう一度あの突破口 (breach) へ突撃だ,諸君,もう一度,それが成らずばイギリス〔イングランド〕兵の死体であの穴をふさいでしまえ」(シェークスピア『ヘンリー5世 (Henry V)』第3幕第1場より).

第2章
テュルゴー資本理論の基本構成と展開

1. 『諸省察』の構成と資本理論——ケネーとの関連を中心にして

　本書の序章冒頭でも記したように，土地，労働とともに「資本」を近代経済学の理論研究の枢要概念のひとつに据えて，経済関係の体系的な分析を試みたのはアンヌ・ロベール・ジャック・テュルゴーが経済学の歴史上はじめてであり，かれの『富の形成と分配に関する諸省察（*Réflexions sur la formation et la distribution des richesses*）』（以下，『諸省察』と略記）は経済学の歴史上の貴重かつ重大な貢献といわなくてはならない．

　周知のように『諸省察』は，テュルゴーの友人ピエール＝サミュエル・デュポンの度重なる勧めもあって1769年11月から翌年1月にかけてフィジオクラート派の機関紙『市民日誌（*Éphémérides du citoyen*）』に掲載された――ただし掲載時は匿名で"X氏著（par M. X.），著者名が明かされるのはようやく1788年，フランス革命前夜のことであった――とはいっても，テュルゴー自身は当初これを広範な読者を対象として作品化する意図はなかった．中国歴代皇帝のなかにあって皇帝位60年，これに太上皇帝（上帝）位の期間を加えると実質的在位期がもっとも長く，しかもその業績からみて先々代の聖祖康熙帝，先代の世宗雍正帝と並ぶ"大帝"の誉れ高い高宗乾隆帝の御世の清朝政府が，ルイ15世治下のフランス王国に派遣したイエズス会（Compagnie de Jésus）に所属するふたりの華人留学生――名をそれぞれ

高（Ko），楊（Yang）という——に教育教材としてあたえた「支邦に関する諸問題（Questions sur la Chine）」への時のリモージュ地方長官の解答であり，そこでのかれの主たる目的は「〔西洋〕社会の動きと富の分配に関する詳細な見取図」を描くことにあった[1]．

そのように考えるなら，テュルゴーがそのタイトルを「論説（traité/treatise）」でもなければ「エセー（essai/essay）」でもない，「省察（réflexions）」としたのもゆえなきことではない．それはたとえていえば，サー・ウィリアム・ペティの『貨幣に関する小論（Quantulumcumque concerning Money, 1682）』がそうであるように，テュルゴーにしてみれば，"Meum quantulumcumque est opus（わたしの作品がいかにささやかであっても）"，自らの思考を省み，"reflexi（そのうえに立ち返った）"ところの「抄（extrait）」ないし「素描（esquisse）」というほどの意味であろう．この点，アダム・スミスがのちに自著に"研究（recherches/inquire）"という言葉をあてがったのとは際立った対照をなす．テュルゴーはスミスと同じく生涯独身で通したが，母堂と同居して後顧の憂いなく学究生活を送ることが可能であったスコットランド出身の思想家とは異なり，テュルゴーの場合には妻帯を許されない身上（聖職者出身）であったことに加えて，リモージュ地方長官として時務に処し経済学の研究に割く特別の時間をもたなかった．かれが1766年12月9

---

1) テュルゴーは1766年12月9日付デュポン宛て書簡のなかで『諸省察』の意義と成立事情についてこう書いていた．「貴君〔デュポン〕とお会いしてのち，わたしは紙片を片っ端からインクで塗りつぶし〔多くのものをなぐり書きし〕ました．財務総監〔アンリ・レオナール・ジャン・バティスト・ベルタン〕から要請されていた〔任地リモージュをふくむ〕リムーザン地方の租税に関する説明および**大規模耕作**（grande culture）と**小規模耕作**（petite culture）に関する草稿とは別に，貴君に以前お話したことのあるふたりの華人のための質問を作成し，その目的と意味について理解させるために〔『諸省察』のなかで〕その前口上として社会のさまざまの動きと富の分配に関する詳細な見取図を描くことを優先しました」（Turgot [1766c], p. 519．ゴチック体は原文のイタリック体を示す．以下同）．なお，ここでは詳述する余裕がないけれども，本文で紹介したテュルゴーの小品は「二華人にあたえる支邦の諸問題（Questions sur la Chine adressées à deux Chinois）」のタイトルでシェル版テュルゴー全集第2巻に収録されている（Turgot [1766d]）．

第2章　テュルゴー資本理論の基本構成と展開　　　　　　　　　57

日付書簡のなかでデュポンに伝えている『諸省察』を「完全なものとするには，さらに詳細に論じなければなりません」[2]のくだりは，かれにリライトの意思があったことを物語るものであるがついにはたせなかった．別言するなら，著者自らが『諸省察』を「未完の書」であることを認めたといってよいのである．

　はたしてテュルゴー『諸省察』成立の経緯がそのようなものであり，それにまた結果として「完全なものとする」ことができなかったとしても，かれの作品の価値をすこしも貶めるものではない．1788年の同書の再刊のさい編集者が題辞（épigraphe）としてウェルギリウスの叙事詩『アエネーイス（Æneis）』第6巻から引用した，トロイア王家のアンキーセースがそのむすこでローマ建国の祖アエネーアース（ギリシャ語名，アイネイアース）にいった言葉——"Ostendent terris hunc tantum fata（かくて運命が蒼穹の下にかの者を現しむ）"——はまことにもって当を得た名句であり，この作品のもつ経済学の古典形成への貢献と意義をリリックに伝えているといえる．実際にも，かれの著作はジャック・ヴァンサン・ド・グルネー亡きあと，親愛なるドクトゥルことフランソワ・ケネーを"グル（gourou）"と仰ぐフィジオクラート派が当時の思想潮流・政策集団として重きをなした18世紀後葉のフランスにあって，近代的な経済学研究をめぐる論争に新たな勢いをあたえたといっても決して誇張ではない．

　その最大のポイントは資本理論に関する研究領域にあり，テュルゴーは上記デュポン宛て書簡のなかで「資本の形成と運動（la formation et la marche des capitaux），貨幣利子などに関しては徹底的に（à fond）論じました．それはひとつの概観（canevas）です」[3]とも書いている．もっとも，これまで何度も示唆するように「資本」というテクニカル・タームが一義的にはテュルゴーの功に帰するとはいうものの，しかしそれはただ単にレキシコン（lexikòn/lexique）の問題に尽きるものではない．資本概念の厳密化とこれ

---

2) Turgot [1766c], p. 519.
3) *Idem*.

を分析の中心として社会的再生産と流通したがってまた一国の「富の形成と分配」のプロセスがくり返されるという社会システムを描いたことを指すのであって，後世の経済学研究——とくに古典経済学派——の基礎として受け容れられたことをいうのである．

　そのような問題関心から，以下ではギュスターヴ・シェル編集テュルゴー全集第2巻に収録されたテキストに即して『諸省察』における資本理論の構成と意義を吟味・検討するが，その前に確認しておかなければならないことがいくつかある．すなわち，そのひとつはテュルゴーの資本理論がケネーの『経済表』の理論を継承・発展させたものであるかどうかという点である．いまひとつは，もしも仮にそのように考えられるとすれば，テュルゴーとケネーの間の問題意識に何らかの共通する要素を見出せるかどうかということである．それはまた，テュルゴーの資本理論がケネーの『経済表』に影響されこれを継承・発展させたとする，なかば定説と化した従来の研究の正否をあらためて吟味・検討することに連なるといってよいであろう

　周知のようにケネーは，農業を社会全体で唯一の「生産的（productif/producteur）」産業部門と見做し，その農業で生産活動を行う土地耕作者たちの「前貸し（avance）」とこれを超過する「純生産物（produit net）」——いわば余剰生産物もしくは剰余生産物（superflu ou plus de valeurs）——の，土地所有者，耕作者，それに工業生産者の3大階級の間の交換によって年々の社会的再生産が確保される基礎となることをもって社会的（再）生産における「前貸し」の重要性を，1758年12月に時の国王ルイ15世の御前で披瀝した四つ折り版紙に金の葉をあしらった一葉の図のなかで明らかにしたと伝えられる[4]．

---

[4]　以下，ケネーの『経済表』の要約については，1758年の初版（Quesnay [1758]）および1766年に発表された「経済表の算式分析（Analyse de la formule arthmétique du Tableau économique）」の第1版（Quesnay [1766]）による．ちなみに，ケネーの『経済表』は，法曹家出身の財務総監ラヴェルディ侯爵クレマン・シャルル・フランソワ——かれはライフワークであったジャンヌ・ダルク裁判資料の発掘で後年名をなした——の手によって1765年に創刊，一時デュポンが編集者を務めた，事実

第2章　テュルゴー資本理論の基本構成と展開

それによると，純生産物を産出するのは生産的労働あり，それはいわば一国の富を増大し経済活動を増進する労働のことであるが，ケネーはこの労働の所在をもっぱら農業セクターにもとめた．かれが土地所有階級（classe des propriétaires）」——古典的表現を用いれば地主階級——から土地を借りて農業に従事する耕作者を「生産階級（classe productive）」と称する根拠がここにある．土地所有者は農業従事者——ケネーは無自覚的であるが実質的には大規模借地農業者（grands fermiers）を想定していた——の生み出した純生産物を地代として受け取ることになる．その土地所有者はといえば，自らの地代収入をもって，一方で農業従事者から農業生産物を，他方で商業や工業の従事者すなわち「非生産階級（classe stérile）」から衣服，家具，生活必需品などの生産物を購入する．しかるのち農業従事者は商業や工業に従事する職人や被雇用者らの生産する生活必需品やサービスを，後者は前者から農業生産物をそれぞれ買い入れることになる．こうした生産，収入（所得），支出の循環がくり返されることによって社会システムが再生産される——というケネーの所説は，やがてフィジオクラート派はもとより，カール・マルクスの「再生産表式（Reproduktionschema）」やワシリー・W. レオンティエフの「産業関連表（Input-Output Table）」をはじめ多くの経済学者によって受け容れられた．だがここでの主たる問題は，テュルゴーの資本理論がはたしてケネー一流の「前貸し」論や「純生産物」論と基本的に同一のものとい

上のフィジオクラート派の機関紙『農業・商業・金融財政雑誌（*Journal de l'Agriculture, du Commerce, et des Finances*）』1766年7月号に掲載された「第2版（la deuxième version）」に至るまで複数のヴァリアントが存在するが，ここではこれらの異同や意義を論じる紙幅がないので，さしあたり，Jessua [1991]; Cartelier [2008]; Murphy [2009a] を参照されたい（このほかにも，わが国の古典的研究である久保田 [1965] もあわせて参照されたい）．なお，蛇足に属するエピソードではあるが，ケネーが1759年に国王ルイ15世からヴェルサイユ宮殿の中2階にあった居室（entresol）を賜ったのは，国王の御前で『経済表』を披瀝した功の報のみならず，一時期"エリゼ宮の主"と称された国王の愛人ポンパドゥール侯爵夫人による自身のお抱え医師の引き立ての成果でもあった．爾後，このアパルトマンがフィジオクラート派の拠点となり，テュルゴーもたびたびここを訪れ，親愛なるドクトゥルと語らったといわれる．

えるかどうかという点にある．

如上の問いへの結論を先取りすれば，テュルゴーの出発点は何よりもまず資本を貨幣タームで規定した貨幣的資本であり，そのことは資本というタームが『諸省察』のなかではじめて登場する第29節の標題「資本一般および貨幣収入」をみれば明らかである．この点，ケネーのいわゆる「前貸し」——素材タームしたがってまた資本ストックもしくは資財的資本とはいちじるしい対照をなす．そしてこのことはまた資本の定義に関わるすぐれて重要な論点であるといってよく，とどの詰まり，ケネーの前貸し論には貨幣的な観点がないも同然であった[5]．テュルゴーはまた，貨幣的資本（capital en

---

5) この点は，テュルゴーの資本概念が貨幣と密接に関わることを重要視するアントイン・E. マーフィーにおいても軽視されたように思われる（Murphy [2004], p. 15 を参照されたい）．なるほどマーフィーのいうように，テュルゴーがケネーの「前貸し」論をある程度まで受け容れていることを認めるのにやぶさかではない．のちにくわしくみるように，テュルゴーのいわゆる資本は「節約（蓄積）された貨幣」のことであるのに対して，「前貸し」というタームは資本の特殊な使途——農業，工業，商業のいずれかの産業部門に投資すること——のことをいうのであって，「両者を同じ語義と考えることはできない」（Ravix et Romani [1997], pp. 51-2）．それでもケネーが前貸しを「土地前貸し」ないし「原前貸し」と「年前貸し」とを区別する視点に限っていえば，マーフィーの言い分に同意できないこともない．ケネーの用語は，後世の経済用語に置き換えていうなら，それぞれ"固定資本（設備資金）"と"流動資本（運転資金）"に相当するものであり，テュルゴーも親愛なるドクトゥルの議論の意義を基本的に容認しこれを踏襲していると考えられる．だがそれは，テュルゴーが貨幣機能を重視しなかったということを意味しない．山口正太郎がその論文「チュルゴーの『富の形成と分配』」のなかで，ドイツ出身の経済思想史家ヴォルフガンク・ペツェットを引いてつぎのようにいうのは正しいであろう．すなわち，「重農學派〔フィジオクラート派〕の人々は，重商主義者が貨幣を以つて富なりとする觀方を斥け，貨幣を以つて單に名目的のものと考へ，彼等の根本的思想たる自然觀に基いて財そのものを重要視したことから，貨幣は單に副次的な，交換の手段であるに過ぎないのみでなく，貨幣を以つて表象せらるゝ資本の重要さを無視したものである（原注）．然るにチュルゴー〔テュルゴー〕にあつては重農學派所説の之等の重要點に關して全く異なりたる態度を採る〔中略〕チュルゴーが重農學派の人々の自然觀に基く財そのものゝ重視から，一轉して貨幣の不思議なる作用に着眼し，經濟社會に於ける貨幣の職分の重要さに驚き，先づ之が發生の原因を探求し次いで之が機能を〔『諸省察』の〕拾數節〔第30節から第48節〕に亙つて詳論する點は，七年遅れて公表されたアダム・スミスの『國富論』〔アダム・スミスの『国富論』第2編〕第四章〔中略〕と殆ど軌を一にせるものであり，後の貨幣學者の多く踏襲する處であるから茲に贅する迄もな

argent) の資財的資本 (fonds/stock) への転化──ケネーのいわゆる「前貸し」は，資本の所有者である「資本家」が貨幣を貸し付ける「企業者 (entrepreneurs)」──より厳密にいえば大規模借地農業者もしくは農業資本家的企業者──の手によって行われると説くのである．

　要するに，テュルゴーの資本理論の最大のポイントは資本（家）と企業者の双方を強調するというところにあり，それがのちに資本の形成と蓄積に関する分析へと導くことになるのである[6]．しかもそこには前貸しを行う経済主体の差を単なる規模の問題──大農経営と小農経営──へと還元するケネー流の学説とは根本的な差異があるといわなくてはならない[7]．さらにいう

い．唯チュルゴーの貨幣論に於て，我々は從來重農學派の人々によつて看過せられた貨幣の偉大なる職能に就て新しく開拓された途を發見し，チュルゴーが此派と決決する事の所以を知ることが出來るのである」（山口［1930］，82-3ページ）．もっとも，かく語る山口ではあるが，詰まるところ，テュルゴーが「重農學派の陣營に歸つたのである」（同上，95ページ）という結論へと導くことになる．はたして山口のテュルゴー解釋が妥當かどうかについては，つぎの第3章であらためて取り上げることとし，ここでは指摘するにとどめる．なお，山口がうえで参照したペツェットの著作は下記のとおりである．Wolfgang Petzet, *Der Physiokratismus und die Entdeckung des wirtschaftlichen Kleiskraufes-Versuch einer soziologischen Erklärung*, Karlsruhe, G. Braun, 1929.

6) Ravix et Romani [1991], p. 51.
7) ケネーのいわゆる「耕作者」が大規模借地農業者 (grands fermier) であることは論を俟たない．それというのも，「農耕馬や耕地を肥沃にするために要請される家畜など」を用いる耕作者と，牛など「農耕馬」以外の家畜に依存した耕作者──それぞれ大規模な借地農業者，中小・零細借地農業者，いうところの分益小作 (métayer) ──とを区別するリシャール・カンティヨンの見解を，ケネーも踏襲しているからである（ここでのカンティヨンの見解については，Cantillon [1755], p. 112. 訳129-30ページ参照されたい）．またテュルゴーにあっても，1767年に執筆したといわれる「大規模耕作および小規模耕作の諸性質 (Des caractères de la grande et de la petite culture)」と題する論稿においてカンティヨンの見解を基本的に受け容れていると考えられる (Turgot [1767d] を参照されたい)．けだし両者の際立った相違は，ケネーの関心がもっぱら経営規模に限定されるのに対して，テュルゴーの場合は企業者的農業経営者──かれ流に表現すれば農業資本家的企業者──の機能と役割を論じている点にある．ここでは示唆するにとどめるが，ケネーの目指した農業の振興は，フランス社会の大部分をなす小規模な農業経営者（中小の借地農業者や零細な分益小作など）によってではなく，大規模企業者的借地農業者によって行われるものとしたのである．ただそれが，逆説的ではあるけれども，工業や商業セクターにおける企業者的

ならば，テュルゴーは農業を社会で唯一の「生産的」産業部門と見做さなかったし，農業にのみ純生産物つまり余剰生産物が発生するとは考えていないとみてさしつかえあるまい[8]．

工業生産者や企業者的商人と同じ性質のものであることに，ケネー自身が思い至らなかったように思われる．しかるに，山口のいうように，テュルゴーによれば「資本主〔資本家〕なるものは其實質に於て，重農學派の地主〔土地所有者〕階級に相當するものであつて，それ以外の獨立した特殊の地位を有するものではない」(山口 [1930], 94 ページ) とはいえまい．ケネーにあっては，借地農業者はこれを経営規模の面から問題にするにすぎず，グルネー＝テュルゴーのネオロジスムである「資本主〔資本家〕」はおろか，カンティヨンの重視した「企業者」による経営という質的な面はまったくといっていいほど等閑視されたのである．その意味からすれば，櫻井毅が自著『資本主義の農業的起源と経済学』のなかでいみじくもいうように，ケネーが資本家的農業経営を柱とする経済を「封建制度の下の領主と小作農の言葉で語」るという矛盾——カナダ出身の政治学者デイヴィッド・マクナリのいわゆる「フィジオクラシーのパラドックス (paradox of the Physiocracy)」——の行き着く先であったといえるかもしれない (櫻井 [2009], 200 ページ)．

8) 前章脚注 7 で紹介したデュポン宛て 1766 年 2 月 20 日付書簡のなかで，テュルゴーのいう「グルネー氏はそろばん (comptoir)」によって，「わが親愛なるドクトゥル〔ケネー〕は鋤 (charrue)」によって「商業の競争と自由の原則」という同じ結論に立ち至り，両者はともにこの原則を擁護したという一文に関して，テュルゴーが本心からそう信じていたかは定かではない——友人のアンドレ・モルレがその回想録のなかで伝えるように，わが"テュルゴーさん (Monsieur Turgot)"はさすがに一時期，聖職者を目指しただけあって高徳の主であり，人を小ばかにした言辞を吐いたり，ましてや誰彼お構いなく非難がましい発言をするような類の人間とは縁もゆかりもなかったという——ものの，しかしいま仮にテュルゴーの言葉を額面どおりに受け取るなら，ケネーの衣鉢を継ぐデュポンをはじめとするフィジオクラート派と称する人間たち——"フィジオクラシー (Physiocratie)"なる用語はケネーではなく，デュポンの考案したものである——が，商業や工業をことさら「非生産的 (stéril)」であるとするのは誤りであり，それゆえテュルゴーがつぎのようにいうのも無理からぬところである．「貴君ら〔デュポンおよびフィジオクラート派の面々〕は〔われらが親愛なるドクトゥルと同様に〕商工業の保護者でありながら，その敵対者であるかのように見受けられます」(Turgot [1766a], p. 507) というのである．これに対して，手塚壽郎が「グルネーの經濟思想」と題する論文のなかでのべているように，ケネーとグルネーの間に横たわる相違を厳しく突いたものであり，ケネーの学説を受け容れたデュポンらフィジオクラート派への痛烈な批判をグルネーの学説によって展開しているという見方もできないではない．手塚はいう．すなわち，「此峻烈なるチルゴー〔テュルゴー〕の手紙はグルネーの學説とケネーの學説に相違あることを示すものである．蓋しチルゴーはケネーの學説を受け入れたるデュポン〔デュポン〕の説を非難するにグルネーに據つたのである」(手塚 [1927] 其二, 58 ページ)．だからといって，テ

第 2 章　テュルゴー資本理論の基本構成と展開　　　　　　　　63

　このように考えられるとすれば，テュルゴーの資本理論がケネーの『経済表』を継承・発展させたとする従来の議論にはにわかに承服しがたい．それではテュルゴーの資本理論がその出発点において貨幣タームで定義している

ュルゴーが「ケネーの學説」をまったく評価していないかというと，かならずしもそうではない．ここで手塚のいう「ケネーの學説」とは，アダム・スミスが「農業システム（agricultural system）」と呼んだ誤った「學説」のことではない．手塚は 1929 年に発表した「ケネーの發展」という論文のなかで，フランスの経済学者アンリ・トリュシを引いてつぎのようにのべている——．「トルシー〔トリュシ〕教授が『アダム・スミスはフィヂオクラット〔フィジオクラート派〕の學説を農業のシステムと呼んだ．これはフィヂオクラットのシステムを最も正確に言ひ表したものである』（原注）と云へるが如きは誤であつて，ケネーのシステムは農業を基礎とするシステムではなく，却つてケネーこそ先嘖的自由主義の權輿なりとせらるるに至つたのである」（手塚［1929］上，142 ページ）．もちろん手塚も「ケネー思想の重心」がスミスのいうように「農業に於ける收益を増大せんとすることにあつた」ことはこれを認めてはいる．同時にまた，たとえそれが「實用上の目的に出でしもの」（同上，143 ページ）とはいえ，ケネーは自由主義——具体的には自由主義貿易の主張——を否定しなかったどころか，むしろこれを受け容れていたともいう．ケネーにあっては，当時の支配的産業である農業はおろか，商業ひいては工業にしても，さしあたりは「實用上の目的」とはいえ，その「保護者」たることを避けられなかったといわなくてはならない．はたして手塚の所説どおりであるとすれば，テュルゴーのいう「グルネー氏はそろばん」によって，また「わが親愛なるドクトゥルは鋤」によって「商業の競争と自由の原則」という同じ結論に立ち至ったのくだりも，あながちテュルゴーの我田引水とはいえまい．ただ問題はデュポンその他のフィジオクラート派の面々にどこまで理解可能であったかという点にある．しかしその答えがどうであれ，そして手塚自身は言明していないものの，テュルゴーが「ケネーの學説」とケネーを師と仰ぐ「フィヂオクラットの學説」とはかならずしも同一ではなく，両者は明確に区別されねばならない性質のものと考えていたであろうことは推測にかたくない．テュルゴーは，スミスのいわゆる「農業のシステム」こそ，ケネーやフィジオクラート派の「システムを最も正確に言ひ表したもの」との解釈には与しなかったといってよいのである．ひるがえって，わが国では戦前・戦後を通じて「ケネーの學説」ないし「フィヂオクラットの學説」を「重農主義」学説と呼ぶのをならいとするが，わがスコットランド出身の偉大な思想家のいわゆる「フィヂオクラット」＝「農業のシステム」論を無批判的に受け容れた結果であり，明らかな誤訳といわざるを得ない．換言するなら，「重農主義」なる奇妙かつ奇天烈な邦訳は，わが国の研究者たちがスミスの言——先行学説を十把ひとからげにして「重商主義」の名のもとに切り捨てた主張——に付会して説をなした顕著な事例であって，ケネーその人の学説を吟味・検討するなかから生まれたものでは断じてなかったということ，これである．ちなみに，わが親愛なるドクトゥルの学説の解釈をあらぬ方向に導いたという点についていえば，マルクスの威光を笠に着てケネーの業績を『経済表』に矮小化し，そのうえで『資本論』のなかの「再生産表

ことの意味をどう考えたらいいのであろうか．つまり，テュルゴーがそのような資本概念を定位するに至ったのはなぜであろうか，かれの理論的考察はどこから生まれたのであろうか，それにまたかれはそのベースを一体どこにもとめたのであろうか——．テュルゴーの資本理論の形成とその意義を理解するためには，すくなくともそうした点への解答を念頭に置く必要があろう．そこで以下，節をあらためて資本概念の形成と成立について立ち入って考察していくことにしたい．

2. 資本概念の形成と成立——グルネーとの関連を中心にして

(1) 資本概念の形成

既述のように，土地や労働とともに，資本という術語を経済学の分析対象である市場経済ないし資本主義経済の枢要概念として厳密に定義し，それによって富の形成と分配という経済社会の基本的関係が形成されることを説いたのは，テュルゴーの代表作『諸省察』がはじめてである．もっとも，テュルゴーの数ある作品のなかで"capital"という単語の初出は『諸省察』ではなく，かれがソルボンヌ学寮・修道院時代の1749年4月にシセ兄弟の長兄に送った書簡のなかであった．この書簡はテュルゴーの人生をとおしていわば影法師のようにつきまとうジョン・ローの経済政策——紙幣発行をつうじた信用創造——に非を打つことを目的としたものであったが，そのなかでただ一度だけこの言葉が登場する[9]．しかしそれは後世の資本概念とは異なり，例えばローの設立したインド会社（Compagnie des Indes）——通称ミシ

式」論の先駆的業績という一面的な捉え方に終始したマルクス主義経済学者も同じである．譬えていうなら，空念仏も念仏のうち，百遍唱えて諸行往生，である．本書では手塚に倣って，デュポンの創作といわれる"Physiocratie"なるタームを「重農主義」ではなく，あえてオリジナリティを出さずに"フィジオクラシー"とカナ表記したゆえんである．なお，手塚が前掲論文「ケネーの發展」のなかで引用しているトリュシの論文は下記のとおりである．Henri Truchy, "Le liberalism économique dans les œuvres de Quesnay", *Revue d'économie politique*, 1899.

9) Turgot [1749], p. 145.

第 2 章　テュルゴー資本理論の基本構成と展開　　　65

シッピー会社――の株券を購入するための「まとまったおカネ」ないし大金，あるいは証券（または証書）を指していた．それはまた当時の商人や金融業者などの間でよく用いられ，なかば日常用語（verbum quotidianum）と化した言葉のひとつであった．ところが，それから10年後の1759年，テュルゴーが師と仰いだヴァンサン・ド・グルネーに奉じた追悼文「ヴァンサン・ド・グルネー頌（Eloge de Vincent de Gournay）」のなかで，後年の『諸省察』を髣髴とさせる語義で"capital"というタームを用いている[10]．この10年間にテュルゴーの経済思想に何らかの変化が生じ，その結果かれをして資本という概念およびその一般規定を定位させるに至ったと考えても不思議ではないであろう．

　それではテュルゴーをして市場経済ないし資本主義経済の要素形態としての資本概念とその一般規定を定位せしめた思想上の変化とは何か，それはいつ，どこから生まれ，どのようなかたちでかれの経済学説のなかに採り入れられ理論的に精緻化されたのであろうか――．結論を先取りすれば，テュルゴーの資本概念はかれの師グルネーの経済思想や経済学説に着想を得て，これを継承・発展させたものであった．そしてその師はといえば，この用語をサー・ジョサイア・チャイルドの『新商業講話』のなかの章句から掬い上げて吟味・検討した末に「資本」という概念形成にたどり着いたというしだいである．

　このような資本概念の形成と成立をめぐるチャイルド―グルネー―テュルゴーの思想的系譜ないし継承関係を解き明かす手がかりを提供したのはフランスの経済思想史家シモーヌ・メイソニエであった．彼女の編集・出版したチャイルドの著作の仏語訳とこれに翻訳者グルネーの「注釈」を付した作品（*Traité sur le commerce de Josiah Child: suivi des Remarques de Vincent de Gournay*）は，これまで分明あたわざる資本概念の形成と成立をめぐる経済学説史上の継承関係を明らかにする瞠目すべき業績といってよい[11]．もっと

---

10)　Turgot [1759], p. 607.
11)　Gournay [2008 (1754)]．なお，グルネーが仏語訳の底本としたチャイルドのテキ

も，生前のグルネーは当時の政治情勢に配慮して，かれが心血を注いで完成した「注釈」はこれを付さず仏語版『新商業講話』のみを刊行せざるを得なかったため，かれの独創的な経済思想や，「資本」概念をはじめとする経済分析の理論的省察の全容を知ることができなかった．もちろん部分的にはテュルゴーのグルネー追悼文によって知ることができるし，のちにギュスターヴ・シェルらの研究によってグルネーのフランス経済学研究への貢献をある程度まで評価することが可能となったことは否定できない．とはいえ，それでもなおメイソニエの研究業績を手にするまで不明とするところがすくなくなかったこともまたたしかなことであった．

(2) グルネーの貢献

そこでつぎにメイソニエの業績の中身に目を転ずると，まず特記すべき点は，彼女の発見したグルネーの「注釈」の草稿に関してである．周知のように，グルネーの草稿が日の目を見るのは，津田内匠が1970年代末にそのオリジナルコピーをフランス北西部ブルターニュ半島北岸の都市サン=ブリウ市立図書館（Bibliothèque municipale de Saint-Brieuc）に所蔵されていたグルネー蔵書のなかから発見し，これを刊行する1983年まで待たねばならなかった[12]．メイソニエの業績は，その後に発見された別の草稿類などを解読して，これを「完全なかたち」で蘇らせたところにあり，この結果今日では

ストは，チャイルドの死後1751年に『新商業講話』のタイトルで発行された第5版である．なお，チャイルドのテキストの解説については，「新交易論」のタイトルを付した杉山忠平の邦語訳の巻末に収録された「解説」にくわしい．また，本章脚注15もあわせて参照されたい．

12) Tsuda [1983]．津田の発見したサン=ブリウ市立図書館所蔵のグルネー草稿――いわゆるグルネー文書（もんじょ）――は，当初，1759年に死去したグルネーの遺稿の管理を託されたアンドレ・モルレがグルネー未亡人クロチルドに送るよう手配したものの未亡人が間を置かず死去したため，グルネーの弟のジョゼフ・フランソワが義姉クロチルドの遺産の一部として，かれの居住するサン=ブリウに転送したものであった．のちに同図書館がグルネーの遺稿を所蔵することになったが，津田が1970年代に発見するまで人目にふれることがなかった．なお，グルネーの略歴については，Dostaler [2010] が簡便である．

第2章　テュルゴー資本理論の基本構成と展開　　　　　　　　　67

グルネーの経済思想や経済学説の歴史に残した業績を資料的に裏づけることが可能になった．それゆえ，本書のテーマである「資本概念」の形成と成立をめぐるグルネーとテュルゴーの経済学説の継承関係を解き明かす物的証拠を提供したと考えてよいであろう[13]．

　本節前項でも示唆するように，グルネーがサー・ジョサイア・チャイルドの『新商業講話』を「準男爵ジョサイア・チャイルド卿著『商業および利子率低下の結果として生み出される優位性に関する論説』――〔付録〕トマス・カルペパー卿著『反高利論』(*Traités sur le commerce et les avantages qui resultent de la réduction de l'intérêt de l'argent, par Josiah Child, Chevailer Baronet,* avec *Un petit traité sur contre l'usure par le Chevalier Thomas Culpeper*)」のタイトルでフランス語訳を発行したのは1754年であった．だがこのとき，グルネーがかれの協力者たちとともに2年余の歳月をかけて完成した「注釈」は，時の財務総監ジャン＝バティスト・ド・マショー・ダルヌーヴィルの「出版差止め」要請もあってついに日の目を見なかったとはいえ，かれがチャイルドのテキストを選択したのはつぎのような意味できわめて妥当といわなくてはならない．すなわち，チャイルドの『新商業講話』が，利子率低下のもたらす生産や流通への効果をよりふかく解説しただけでなく，利子率と賃金水準，土地価格，貨幣の過不足など商業（経済活動）をめぐる諸問題やそれらの相互依存関係を究明した，いわばマクロ経済分析のテキストであり，そのなかにみられるチャイルドの経済思想や政策的主張の斬新さ

---

13)　メイソニエによると，彼女がフランス国民議会（国会）図書館で発見したチャイルドの『新商業講話』に関する注釈（Remarques sur le commerce)」と題する草稿のコピーである．特記すべきは，その内容が津田の発見したサン＝ブリウ草稿とほぼ同じであるとはいえ，メイソニエの発見した草稿のコピーがただひとりの筆記者によって作成され，しかも誤記・訂正がまったくない「最終稿」といっていいほどの完成度を備えているという点にある．それにまた，そこにはグルネーや，かれの協力者ジャン＝フランソワ・ド・フォルボネの手蹟と思われる脚注26が書き込まれているが，このような脚注を記したのは現存する限りこのコピーだけである．以上のことから，本論でグルネー「注釈」を引用するさい，もっぱらメイソニエの編集・刊行した「注釈」によった．なお，グルネーの「注釈」の各種の草稿の解説については，さしあたり，Meyssonnier [2008] を参照されたい．

や革新性にグルネーが着目したことである．グルネーがそこでもっとも着目したのはチャイルドの「富の形成と分配」に関する分析であり，とくに富の形成における「労働」と「資本」の役割を重視していたところにあった．

実際，グルネーは『新商業講話』第10章のチャイルドの議論を受けて「注釈」のなかでつぎのようにのべている——．「富は金や銀にではなく土地と産業のなかにある〔中略〕．あらゆる商業国家において金や銀は一商品にすぎない．そしてわれわれが金や銀を一個の商品と見做すようになるまで商業においてもっとも開化的な国家の一角を占めることは不可能であろう」[14]．そしてこのことを明らかにするのが，チャイルドのいわゆる「商業学（science du commerce）」の課題である，とグルネーはいうのである．だがしかし，メイソニエが的確に指摘するように，グルネーはチャイルドの主張を金科玉条とするのではなく，あくまでも特殊フランス的諸事情に配慮した経済政策の策定と実施の必要性を考究したのである．すなわち，グルネーの意図はチャイルドが提起した経済政策の基礎をなす学問としての「商業学」を理論的に精緻化すること，なかでも富の形成と分配に関する理論分析を試みたのである．それゆえ，チャイルドの著書は「交易」という狭い範疇に収まらない経済学上の諸問題を分析しているところに意義があるといってよいのであるが，いまここでは問わないでおこう[15]．

---

14) Gournay [2008 (1754)], p. 283.
15) グルネーはこのタームを仏語版『新商業講話』第9章の「注釈」においてこう説明している．「商業学とは祖国のさまざまの優位を引き出し，それらに貨幣と人間そして土地を投入する術を知ること以外の何ものでもない」（*Idem*, p. 219）．それは，メイソニエが的確に要約しているように，親方商人たちが若い見習い商人たちに授ける職業訓練にとどまらず，「理論的見識と商人たちの携わる実務的見識との区別を意味する．理論的見識とは商業の諸原則の探求に熱心に打ち込む人間たちの勉学の成果である」（Meyssonnier [2008], pp. xxvii-viii）というのである．グルネーの商業学については，このほかにもアルノー・スコルニキの研究があるので参照されたい（Skornicki [2006], pp. 12-6）．ちなみに，詳細は他の機会にゆずるが，"trade/commerce"というタームにつき一言だけ付言しておきたい．サー・ウィリアム・ペティによれば，チャイルドの著書の標題ともなっている"trade"は当時およそつぎのような語義を有していた．すなわち，"trade Is the making, gathering, dispensing and exchanging of the commodityes [commodities]"（Petty [1927], p. 210）．ここでペ

第2章 テュルゴー資本理論の基本構成と展開

ともあれいずれにしても、わが東インド会社（East India Company）総裁たる初代ウォンステッド準男爵の著したテキストのなかから掬い上げたグルネーの経済分析における新機軸は、そこに登場する語彙の理解と解釈にもとめられ、とくに農業・工業・商業の「生産的労働」とともに富の源泉である「資本」という術語の語義をより厳密に解釈し定義するという点にあった。

もっとも、チャイルドの『商業講話』もしくは『新商業講話』のなかで、のちに「資本」を意味する"capital"というタームが登場するのはわずか一度だけであり、またそれから派生した言葉で「資本ストック」を意味する"capital stock"という用語についても数えるほどでしかない。さらにこれらの単語も一般的に富または財産をあらわす"wealth"や"riches"といった単語と区別がないほか、"stocks"や"stock"といった別の言葉も散見されるなど、チャイルドの議論はかならずしも組織的ではない。

グルネーの『新商業講話』の翻訳作業が容易ならざるものであったことは、別の機会で論じたので詳細はこれにゆずることとし、ここでは行論上さしあ

ティのいわんとするところは、今日の表現を借りれば、「経済」または「経済活動」全般を指すといってさしつかえない。要するに、チャイルドそしてグルネーのいわゆる「商業学」とは、かの伝説的"シルクロード交易"をふくむ遠隔地の、国と国との商品交換のような「交易」論のみを指すにとどまらない経済活動全般の学問、17世紀初頭のフランスで活躍した詩人・劇作家・冒険家にして経済学者のアントワーヌ・ド・モンクレティアン――のちにシャティヨン男爵――のネオロジズムと伝えられる「経済学（æconomie politique）」と解すべきであろう（以上、Perrot [1992], pp. 67-71を参照されたい）。蛇足ながら、このモンクレティアンという人物こそは経済学というタームの「生みの親」といってよいのであるが、かれは晩年プロテスタント派（huguenots）に接近し自ら三十年戦争に加わり転戦するも、1621年10月ノルマンディー地方のトゥーレイユという町の旅籠に投宿していたおりにカトリック軍の部隊との戦闘に巻き込まれて戦死したと伝えられる（享年46歳）。このときのカトリック軍の指揮官はクロード・テュルゴーという人物であった。この指揮官こそ、やがて『諸省察』を著すことになる人物のご先祖様である（Dostaler [2009], pp. 74-5）。古代ギリシャの哲学者クセノフォンの"Oekonomy (œconomicus)"とアリストテレスの"Politikos (politicus)"から着想を得て生まれた『経済学要綱（Le traictê de l'æconomie politique, 1615）の著者と近代経済学の枢要概念のひとつである"capital (capitalis)"というタームの生みの親とは、存外、因縁浅からぬ関係にあったといえるかもしれない。

たりその概要のみを紹介するにとどめたい[16]．すなわち，グルネーは "wealth" や "riches" の単語には "fortune" や "richesse" というフランス語を充て，他方で "estate" は財産または一族の相伝財産を意味する "patrimoine" と訳出するのであるが，それがとくに土地や建物からなるような場合には不動産を意味する "bien-fonds"，またその財産（estate of his own）に行使される所有権を示すさいには "fonds propres" つまり「固有財産」と呼んで区別した．それにまた，"estate" がある商人に帰属し，かつそれがかれ（または彼女）の活動の生み出した成果である場合には，"capital considérable" すなわち相当額の貨幣のように "capital" という単語を用いて意訳している．そのうえさらに，チャイルドの「相当額の貨幣（財産）を有する商人（merchant of large estate）」という表現について，のちに「貨幣所有者（possesueur d'argent）」という訳語に変更しているものの，グルネーは当初「資本家（capitaliste）」というかれのネオロジスムを充てていた[17]．

グルネーはまたフランス語の "fonds" に相当する英語の "stock"，"stocks" にふれてつぎのように区別して訳出している．すなわち，複数形の場合は，概していえば貨幣ないし「貨幣的財産」すなわち，その所有者がいつでも「動産的資産（fortune mobilière）」に投資可能な貨幣であるのに対

---

16) 以下の記述の詳細については，本書の付論1「チャイルド―グルネー―テュルゴー――『資本』概念の生成と成立に関する一考察」で詳論しているので参照されたい．

17) メイソニエによると，グルネーはサン＝ブリウ市立図書館所蔵の草稿では「われらが資本家たち（nos capitalistes）」という訳語を充てていたが，国民議会図書館所蔵のそれでは「貨幣所有者（possesseur d'argent）」という訳語に差し替えている．もちろんだからといって，グルネーが「資本家」というネオロジスムを放棄したかといえばそうではないであろう．つぎの章句がその一例である．すなわち，オランダでは貨幣の利子率が〔イングランドの〕半分の4ないし3パーセントであるので，オランダ人は「そこにメリットを見出し，2, 3の資本（deux ou trois capitaux）から安んじて資金の借入れを行う」（Child [1754], p. 50）ことができた．仏語訳は英語のオリジナルとかならずしも同一ではないが，それでもここでグルネーのいう「2, 3の資本」に「2, 3の資本家」という人格化した表現をあたえることも不可能ではない．ことほどさように，メイソニエは「かれらこそ『資本家そのもの（capitalistes eux-mêmes）』」（Meyssonnier [2008], p. 1）と評している．

第2章　テュルゴー資本理論の基本構成と展開　　　　71

して，単数形の場合には動産的財産ないし非貨幣的資財または財産（fonds）——すなわち一定の貨幣を運用して蓄積された貯蓄の成果である資財，英語の「ストック（stock）」といった語義をもたせるように工夫している．それゆえ，チャイルドのいわゆる"capital stock"——グルネーはこれに"fonds capital"というフランス語を充てている——は，如上の"stock"から派生した概念として定位し，かつまた『新商業講話』の翻訳にさいして"stock"がその文脈から"capital stock"すなわち資本ストックと考えられるような場合には，ただ単に"stock"したがってまた"fonds"ではなく"fonds capital"というフランス語に置き換えているのは，そうしたグルネーの概念規定における考え方に由来すると解することができる[18]．

　要約しよう．グルネーはチャイルドの『新商業講話』のなかで用いたタームを吟味・検討したうえで，貨幣（stocks/argent）と資本ストックないし資本的資財（stock/capital stock）とを意図的に峻別している．なぜなら，後者が富の形成過程の理解を可能とする要素であるからにほかならない．貨幣の姿をまとった資本すなわち「遊休貨幣（dead stcoks）」[19]は生産や流通などに実際に投入されていない資本の一姿態と考えることができるが，しかしながらそれが企業者の手にわたり，かれまたは彼女の裁量にゆだねられて土地や建物，商品または財を生産するのに必要な原材料，製造器具類といった資財的資本ないし実物資産（ストック）のかたちで生産過程に投入されるとと

---

18) *Idem*, pp. xlix-l. ちなみに，チャイルドにあっては"capital stock"という術語は，これと同義と思われる"stock"を加えても数回しか登場しないのに対して，グルネーの仏語訳では10回を超える．ほかにもチャイルドの著作には「合資」とか「共同出資」を意味する"joint-stock"というタームも登場するが，グルネーはこれに"fonds uni"という仏語を充てている．

19) *Idem*, p. l. ちなみに，テュルゴーが『諸省察』第73節でいう主旨も基本的に同じと解釈できよう．すなわち，「貨幣は，〔それ自体では〕金や銀といった素材的実体と考えられるにしても，何ものも生み出さない．しかし，貨幣的資本が〔土地の〕耕作，製造，商取引への前貸しとして用いられると，何がしかの利潤を産出する」（Turgot [1766b], p. 578）．しかるに，アントイン・E. マーフィーが「テュルゴーにあっては資本と貨幣の前貸しは同義であるかのようである」（Murphy [2004], p. 18）というのは正しい解釈とはいえないであろう．

もに，労働の対価としての労働賃金の支払いに用いられる．テュルゴーの師グルネーにとって，これらの貨幣的資産の使途ないし使用方法は決定的重要性をもっている．それというのも，貨幣から実物資産へと転化をとげた瞬間から，貨幣的資産は単に資本の所有者すなわち「資本家」にのみ帰属するのでなく，企業活動を計画し管理・運営する経済主体すなわち「企業者」の手にあって国家を富裕にする資源として，いわば国家レベルの役割を演じることになるからにほかならない．企業者の私的な富（財産）が社会全体（マクロ）の経済的富（財産）へと転じるという論法である[20]．

このようにして定位された「新しい富の概念」としての資本こそ，グルネーのいうところの「商業学」の，したがってまた経済学説の根幹をなすものであり，富の形成と分配，別言すれば，財または商品の生産と流通という商業社会の存続に必要不可欠の経済循環を「資本の循環」と呼び，商品売買にともなう交換手段や支払い手段としての貨幣の流通と明確に区別したのである．ここに「新しい富の概念」としての資本に固有の分析を必要とする理論的根拠があたえられる．けだし，グルネーおよびテュルゴーをはじめとするかれの「支持者たち（パルチザン）（partisans de Gournay）」が18世紀フランスの経済学研究の発展において演じた役割はきわめて大きかったのである．

(3) 資本概念の成立

テュルゴーがかれの師を悼んで著した「ヴァンサン・ド・グルネー頌」のなかで，「〔グルネー氏は〕チャイルドの著書〔『新商業講話』〕の仏語訳に興味ある膨大な注釈を付け加えた．同氏はこの注釈のなかでチャイルドの説く諸原理をふかく吟味・検討したうえで，商業〔経済活動〕のなかでもっとも重大な諸問題にそれらの諸原理を適用することによってその解明にこれ努めたのであった」[21]というとき，グルネーの経済思想や経済学説への評価がい

---

20) Meyssonnier [2008], p. li.
21) Turgot [1759], p. 612. なお，テュルゴーの叙述の解釈については，Schelle [1897], p. 372 をあわせて参照されたい．

かに高く，またその影響がいかに大きかったかをうかがい知ることができる．手塚壽郎がグルネーをして「佛蘭西の經濟學史上に於る地位を重からしむるものは佛蘭西の國政に效績を殘したる人々，就中チルゴー〔テュルゴー〕に少なからぬ影響を與へたること」[22]の意味のなかに，上述するような事情をふくむと考えても間違いではあるまい．

だがしかし，テュルゴーの特筆すべき貢献は師グルネーの経済学説をただ単に継承・発展しただけでなく，これを「完成」したところにある．とりわけ資本理論がそれであり，そのことはまた「新しい富の概念」としての資本理論の実質上の「成立」といってよく，経済学の古典形成に大きな足跡をとどめる重大かつ貴重な貢献といって過言ではない．その最大のポイントは，グルネーの資本概念をよりいっそう厳密に定義したうえで，そのような資本と社会全体の富の形成（生産）と分配（流通）との関係をより組織立って，つまり体系的に説明しようと試みたところにある．それによれば，テュルゴーのいうところの「資本」とは一にかかって貨幣的資本であり，『諸省察』第29節「資本一般および貨幣収入」のなかで「資本一般」についてつぎのように説明している——．

　　人は労働や土地所有によらなくても富裕になるいまひとつの手段があるが，わたし〔は〕この間そのような手段について論じてこなかった〔中略〕．その方法とは，かれの資本で，あるいはこういってよければ，その保有する貨幣を貸し付けることによって生み出す利子で生活する方法である[23]．

ここで注目すべきは，テュルゴーがグルネーの自作ではあるが結果的に採用しなかった「資本家」というネオロジズムを復活させていることである．しかしその場合，グルネーのいわゆる「貨幣の所有者（possesseur d'argent）」

22）　手塚 [1927] 其一，42ページ．
23）　Turgot [1766b], p. 564.

ではなく,「資本の所有者 (possesseur de capital)」と明確な定義をあたえたことである[24]. すなわち,テュルゴーのいわゆる資本家とは一義的には資本の所有者であり,かれの所有する資本を企業者に提供するする投資家または出資者としての機能を担う経済主体と定義される. テュルゴーはこのことを『諸省察』の第95節でつぎのようにのべている. すなわち,

> 貨幣を貸し付ける資本家は富の生産に絶対的に必要な品物を取り扱う商人 (négociant) であると見做さなくてはならない[25].

そのように考えられるとすれば,テュルゴーが第56節「動産的富は土地それ自体と交換可能な価値を有する」のなかで行っている説明は至極もっともといわなくてはならないであろう——.

> 土地の耕作あるいはさまざまの産業や商業のあらゆる分野にあっては,膨大な**資本** (capitaux) が駆けめぐっている. 資本はまずあらゆる職業階級の各分野の企業者によって前貸しされたものであるから,一定の利潤をともなって企業者のもとに年々回収されなくてはならない. このよ

---

24) *Idem*, p. 607.
25) *Idem*, p. 598. ちなみに,アントイン・E. マーフィーが「ローとテュルゴー」と題する論文で用いた最初の英訳 (*Reflections on the Formation and Distribution of Wealth by Turgot, Comptroller General of the Finances of France, 1774, 1775 and 1776*, by Anderson and Richardson, London, 1793) では,引用文中の "négociant" を "dealer" と訳出している (Murphy [2004], pp. 21 and 26). その意味するところは,貨幣を貸し付ける資本家が単なる貨幣取引を仲介する broker ではなく,自己の勘定と危険負担によって企業者に資金を提供する経済主体であることである. この点,例えば原文に忠実なミークの手になる英訳の, "one who trades in a commodity" (Meek [1973], p. 178) よりも積極的な語義をもつと考えられる. しかしながら,ここでより大切なことは, "négociant" であれ, "dealer" であれ,貨幣を貸し付ける資本家の機能は,ただ単に貨幣を貸し付け,その見返りに利子収入を受け取るという行為を超えた,より積極的な経済活動——農業,工業,商業への資本前貸しあるいは投資行為を念頭に置いて考えなくてはならないのであるが,ここでは示唆するにとどめのちに立ちもどることにしたい.

うな資本の前貸しと回収の継続こそが**貨幣の循環と呼ぶべきもの**を構成する〔中略〕．貨幣の循環はゆたかで有益であり，社会のさまざまの職業を活発にする〔中略〕．ここに〔貨幣の循環を〕動物の体内の血液循環と比較考量する大きな理由がある[26]（文中のゴチック体は原文イタリック体．以下同）．

以上を要約すれば，テュルゴーの学説はケネーとは異なって，新しい富の概念である資本が貨幣的資本であり，その一般規定をあたえたうえで資本の所有者である資本家の生産および流通過程における双方の機能を明確に規定した点でエポック・メイキングと評価しなくてはならない．そればかりか，テュルゴーの資本理論はさらに進んで資本の形成と蓄積によって社会的富の形成と分配の根拠を明らかにする構成となっているところにこそ，その核心がある．それはまた資本を媒介とする社会的生産・流通システムの形成とその運動のメカニズムを解明することでもある．

---

[26] Turgot [1766b], p. 575. 文献史上，貨幣の循環を動物の血液循環に明示的にたとえたのはテュルゴーがはじめてであった．従来はイングランド出身のウィリアム・ハーヴェイらの血液循環論に着想を得て，医師であるケネーが『経済表』で用いたとする解釈が「通説」とされてきた．だが，血液循環論についてはハーヴェイよりも以前に，ジャン・カルヴァンとかれの忠実な信徒による神権政治の犠牲者であるイスパニア出身のカトリック神学者・医学者・人文学者ミーケル・セルヴェートゥス（ミカエル・セウェートゥスともいう）の名を逸することができないが，それだけではない．そもそも当のケネーにしてからが血液循環論よりもむしろ，フランス中部の商業都市リヨンの名門グロイエ家の所蔵する珍品や研究書の数々――グロイエ・コレクション (Collection Grollier)――に着想を受けた結果であるといわれており，イングランドの医学者云々のくだりはフィジオクラート派の面々がのちにケネーを神の如くに持ち上げるために創作した神話にすぎない――という，ロイク・シャルルやハンス・リーターらの研究の功も手伝って「通説」はその見直しを余儀なくされている．なお，以上に関しては，さしあたり，Loïc Charles, "The Virtual History of the 〈Tableau Économique〉", *European Journal of the History of Economic Thought*, 10/4, 2003; Hans Rieter, "Quesnay's Tableau Économique als Uhren-Analogie", *Studien zur Entwicklung der ökonomischen theorie*, IX, Berlin, 1990 を参照されたい．このほかに，Murphy [2009a], p. 124; 中川 [2011], 91-3 ページもあわせて参照されたい．

3. 資本の形成・蓄積の分析と理論構成

(1) 資本の形成と蓄積

すでにみたように，テュルゴーは『諸省察』第29節で「資本の一般規定」を論じたのち，後半のほとんどを資本の形成とその運動の説明に割いている．しかしながら，かれの説明はひどく晦渋というわけではないけれども，あまり明快とはいえない[27]．とはいえそれでも，テュルゴーの所説に即して内容を摘要すれば，資本の形成と蓄積の要諦を論理整合的に解説していることは明らかである．そこで以下，「資本とは何か，それはどこから，どのように生まれるのか」という資本の形成の面からみていくことにしたい．まずテュルゴーの資本理論の構成を摘要すれば，その特徴点は，第29節で資本を定義したのちただちに資本の立ち入った分析を行わず，その前提として商品貨幣説的観点から商品の貨幣への転化について論じる（第30〜48節），そしてそのうえで「資本を形成するために蓄積された生産物の貯蔵について」と題された第49節のなかではじめて「資本の形成」を説明するという流れになっている．その要点は資本が「節約（épargne）」によって形成されるという

---

[27] テュルゴーの友人モルレは「明快さは彼〔テュルゴー〕の取り柄ではなかった」(Morellet [1821], p. 54. 訳231ページ) といって，その理由をテュルゴーの性格の一面である「完璧主義」にもとめている．それによると，テュルゴーは「仕事にかかったり，書いたり，実行したりする段になると〔中略〕細かいところにまでこだわる性格上，万事思いどおり完璧にしようとした」ため，「ひどく晦渋というわけではないにしても，あまり明快ではなく，ひとに教えるのに適してもいなかった」．モルレはそうしたテュルゴーの性格を「己にたいする厳しさ」のあらわれと形容しているが，それがために「貴重な時間を無駄にする」こととなり，財務総監在任中にも「ずっと目についたし，おそらくはそれが彼の〔財務総監職〕引退の一因となったのであろう」(Idem. 訳231-2ページ) といい及ぶ．ともあれいずれにしても，テュルゴーの議論の流れを尊重すれば，第29節で資本一般を論じる前に，かれの「人類史」にある「狩猟」，「牧畜」，「農業」につぐ「商業」社会にふれるのも一考であったろう．かれが商業社会の富を形成し分配する主要な担い手である「資本一般」からはじめたことについていえば，やや唐突の感を禁じ得ないし，結果として議論の筋があい前後している箇所もすくなからず見受けられる．

ところにある[28]. それゆえ,「節約の精神は一国の資本を増大する傾向を有する」[29]とテュルゴーはいうのであるが, つづく第50節「動産的富. 貨幣

---

28) Turgot [1766b], p. 562. ちなみに, ミークは『諸省察』第29節を「〔テュルゴーの〕歴史的(および理論的) 出発点であった農業社会から, とりわけかれの研究の主要な関心である資本家もしくは企業者社会 (capitalist or entrepreneurial society) への決定的な転化」をなすものと解釈している (Meek [1973], p. 21. なお, ここでは詳述しないが, 次節で取り上げる予定の渡辺[1967]もミークにきわめて類似したテュルゴー解釈をしている). 例えば, 若きテュルゴーの論文「人類史」における狩猟, 牧畜, 農業そして商業という人類社会の発展段階に類似する記述が『諸省察』のはじめの諸節で展開しているので, ミークのいうように, マルクス主義的な「歴史＝理論分析」をテュルゴーが行っているといった解釈が成り立つと考えられないではない. たしかにテュルゴー自身は"わが親愛なるドクトゥル"ケネーとその弟子たちとは異なって, 人間社会が一定不変ではなく変化するものとみているとはいえ, 狩猟社会から牧畜社会へ, 牧畜社会から農業社会への段階移行の必然性を説いているわけではないし, ましてや農業社会のつぎに到来するのが商業社会——ミークのいわゆる「資本家もしくは企業者社会」——であるという証明はこれを行っているわけではない. テュルゴーは前掲論文「人類史」や「人間精神の継続的進歩に関する哲学的素描」, あるいはそのベースとなったモンテスキューらの, キリスト教神学のくびきを逃れて経験的考察と結びついた啓蒙思想の指導理念である「人類の進歩」に依拠したことを否定しないが, それはあくまでも理論的分析のための「作業仮説」である (テュルゴーの歴史観の解釈については, 出口 [1942b] が参考になる). それゆえ, 一見すると「歴史分析」——ミークや出口にいわせると「非歴史的」啓蒙思想の「限界」に規定された「歴史分析」ということになるのであろう——と思われるテュルゴーの記述も, じつのところ理論的抽象のレベルの相違と考えられる. その最大のポイントは, イングランドの思想家・医師ジョン・ロックが自著『人間悟性論 (*An Essay concerning Human Understanding*, 1689)』のなかでかれ独自の経験主義にもとづいて定式化した "TABVLA RASA (tableau blanc/blank slate)" から, もしくはもっとも単純なものから出発してより複雑なものへと移行する論証的認識の手続きの採用という点にあり, その顕著な事例をリシャール・カンティヨンのケースにももとめることができる. かれが『商業一般の本性に関する試論』のなかで論じている, 地主(土地所有者)階級を中心とする原初的な経済——「監督経済 (économie dirigée)」,「交換経済 (économie d'échange)」,「市場経済 (économie du marché)」, さらには「閉鎖経済 (économie fermée)」や「開放経済 (économie ouverte)」は, 歴史分析というよりはむしろ理論分析のための作業モデルとその論証手続きとみるべきであろう. テュルゴーもそうした分析手法にある程度まで倣って議論を進めたと考えてさしつかえないであろう. ちなみに, ここでいうカンティヨンの経済理論の分析手法の意義と問題点については, さしあたり, Brewer [1986]; Murphy [1997] を参照されたい. また, 中川 [2006/2007] もあわせて参照されたい.

29) Turgot [1766b], p. 594.

の蓄積」では「節約」がつぎのふたつの方法でなされることを明らかにする．すなわち，そのひとつは「動産的富（richesses mobilières）」の保有であり，いまひとつは「貨幣の蓄積（amas d'argent）」である．前者はその保有する人間たちによって「消費されなかった年生産物〔の超過分〕を蓄えることから生まれる」もの——家具，建物，食器類，貯蔵商品，家畜，それに奴隷などが，それである．テュルゴーは動産的富を「すべての営利的労働にとっての不可欠の前提条件」と規定しながらも，それはしかし「貨幣を知る以前（avant de connaître l'argent）」，すなわち貨幣が出現する以前のものであって，貨幣の出現後の節約（または貯蓄）はもはや素材の形態ではなく貨幣の形態で行われるというのである[30]．

みられるように，テュルゴーは貨幣が資本の形成・蓄積過程で決定的な役割を演じることを主張したものといってよい．たしかにテュルゴーは土地が「あらゆる富の最初の，そして唯一の源泉」[31]であるとのべている箇所もあるにはある．だがそれは「貨幣を知る以前」の「農業社会」にあってのことであり，かたや貨幣を前提とする「商業社会」においては土地も生産要素のひとつにすぎず，その価値の評価はのちにみるとおり「地価収益率（denier du prix des terres）」が基準となるという[32]．このことは土地の価値や動産的富も生産要素として貨幣タームで尺度されるということを言明したに等しい．そしてそのうえで，テュルゴーは『諸省察』の第58節以下にあって「貨幣的資本」の使用方法ないし使途を5つに整理し，それぞれの解説を行っているが，こうした貨幣的資本の使途こそがテュルゴーのいわゆる「資本前貸し」に相当する[33]．

すなわち，①土地ストックの購入，②工業ないし製造業への投資，③農業への投資，④商業への投資および⑤貨幣貸付——の5つである．いまこれら

---

30) *Idem*, pp. 575-6.
31) *Idem*, p. 564. なお，関連する記述として，第7節（*Idem*, p. 538）および第69節（*Idem*, pp. 576-6）も参照されたい．
32) *Idem*, pp. 566-7.
33) *Idem*, p. 567 et suivre.

の使途を摘要すれば，①は貨幣的資本の土地ストックへの転化にすぎず，それ自体新たな収入を生み出すわけではない．しかしそうとはいえ，新たな土地所有者がその保有する土地ストックの全部または一部を借地農業者に貸し付けるとすれば，それによって新たな収入（地代）を生み出すから，土地ストックの購入もまた広い意味で「前貸し」すなわち「投資」といわなくてはならない．つづく②，③および④はそれぞれ産業ないし工業，農業，商業への資本の直接投下であると考えてよい．つまり，貨幣的資本は前貸しされる産業企業の特性に応じた資本ストックへと転化し，それぞれ特殊固有の活動のなかから新たな収入を生む．企業利潤である．そして最後の貨幣の貸付（⑤）であるが，これも土地ストックの購入（①）と同じように，それ自身産業への資本の直接的投下または出資——資財的資本あるいは生産的資本への転化を意味するものではない．それというのも，投資または消費を目的として「節約〔または貯蓄〕された貨幣」を使用する可能性のある人間に対する貸付を意味するとはかならずしもいえないからである．しかし，資本所有者は自らの所有する資金を必要とする企業者にこれを貸し付けることによって『諸省察』第29節にいう利子収入を得る．

このように資本には種々異なるかたちで用いられる方法があり，それによって地代，利潤それに利子を得るのであるが，つき詰めていえば，そのいずれの使途にあっても，資本の所有者である資本家とは一義的にはかれの所有する貨幣を企業者に提供する投資家または出資者としての機能を担う経済主体である．これに対して企業者はといえば，資本家から得た資本を自らその危険を承知のうえで何がしかの産業に「前貸し」して自らの事業を行い，一定の利潤とともに前貸し資本を回収するという点では，カンティヨン流の経営者ないしマネージャー的機能を担う経済主体であるといってよい[34]．それ

---

34) *Idem*, p. 575. イギリスの経済学者ピーター・C. ドゥーリーは，カンティヨンの『試論』に登場する企業者は「企業者の定義として広く受け容れられているリスクテイカー (risk-taker)」(Dooley [2005], p. 63) であるという．その意味するところは，バート・F. ホーゼリッツのいうようにカンティヨンの企業者が「自ら冒険を冒して」商品の「流通と交換と生産の調整を行う」(Hoselitz [1951], p. 213) というところに

ゆえ，資本家と企業者との関係はその企業者が農業，工業（それにある程度まで商業）を問わず相互依存的である．

別言すれば，富の形成したがってまた諸商品ないし諸財の生産は，資本家の保有する貨幣的資本が企業者への持ち手変換と資本前貸し——チャイルドやグルネーの表現を借りるならば「資本ストック」をとおしてのみ行われるということでもある．先に紹介した「貨幣を貸し付ける資本家は富の生産に必要な品物を取り扱う商人と見做さなくてはならない」[35]というテュルゴーの説明は，このような意味において理解すべきであろうと思われる．要するに，テュルゴーの資本理論は貨幣から出発しながらも，結果として生産資本の理論に新たな光をあてることになるといってよいし，②，③，④の使途もその性質上同じ成果を生み出すものと考えることができるのである．だから，テュルゴーは自著の第58節においてつぎのようにいうのである．

> あらゆる貨幣的資本（tout capital en argent），あるいは何がしかの価値の総額は，その〔事業活動によって生み出される〕額と一定割合で等価となる収入を生み出す土地と等しい価値をもっている．資本の第1の使途は土地ストック（fonds de terre）の購入である〔中略〕．自ら所有する

ある．テュルゴーの企業者論はカンティヨン的な企業者の機能に加えて，「生産の計画者としての機能」（*Idem*）を併せもつといってテュルゴーをきわめて高く評価している．もっとも「生産の計画者」としての企業者を論じたのはテュルゴーがはじめてではなく，フィジオクラート派の論客ニコラ・ボード神父を嚆矢とする．それにもかかわらず，テュルゴー説が評価される理由のひとつは，同神父が農業に限定して「持論」を展開したのに対して，テュルゴーの企業者論は農業のみならず，工業，商業などの広い範囲の企業者を対象とし，かつそのような企業者と資本家との相互関連を分析したことをあげている．たしかにホーゼリッツの議論に一理あると考えられるものの，しかしアントニー・ブリュワーは，ホーゼリッツの企業者論は「機械的」にすぎるといってつぎのように反論する．すなわち企業者が「リスクテイクするのは，かれ〔または彼女〕が自立した取引を行い，したがってまた自らが主体的に〔企業活動を〕意思決定し，計画を作成しているからにほかならない」（Brewer [1986], p. 51）．そうであるとすれば，テュルゴーがさしあたりカンティヨン流の企業者論を思い描いていたといっても間違いではないと思われる．

35) Turgot [1766b], p. 598.

土地の収入〔地代〕によってであろうが，自己の労働あるいは勤勉による賃金・報酬（salaires）によってであろうが，年々歳々自らの消費する以上の，より多くの価値（plus de valeurs）を受け取る人間たちは，たとえそれがだれであろうと，その超過分（superflu）をそこから留保し蓄積することが可能である．このようにして蓄積された価値を**資本**という[36]．

そうであるとすれば，テュルゴーが第70節でつぎのようにいうのはその帰結といえるかもしれない．すなわち，

> あらゆる企業にとって，資本（capitaux）は労働や勤勉と同じように必要なものであるから，勤勉な人間〔企業者〕はその事業の生み出す利潤を，かれに資金（fonds）を提供する資本家（capitaliste）と進んで分かち合う[37]．

ここで何にもまして留意すべきは以下の諸点である．第1にテュルゴーのいう「超過分」を蓄積するのは土地所有者に限られるわけではなく，商業や工業の企業者もまたそうした行為に及ぶといって資本蓄積を「一般化（généralisation）」していることである．そこでは土地と「動産的富」――より厳密にいうなら「蓄積された動産的富」したがってまた資本ストック――との間の区別はもはや存在せず，両者はともに生産要素として生産過程において必要不可欠の役割を演じると考えられるのである．テュルゴーが資本家と企業者との相互関係を明らかにしながらも，『諸省察』第63節以下では単

---

36) *Idem*, p. 567. この点については，Murphy [2008], pp. 146-7 もあわせて参照されたい．

37) Turgot [1766b], p. 576. テュルゴーはこれに先立つ第51節では「必要（nécessaire）」の代わりに「必要不可欠の前提（préalable indispensable）」という表現を用いている（*Idem*, p. 563）．しかし，行論上このふたつの表現はほとんど同義であり，両者の間には基本的な相違はないと考える．

なる資本家でも単なる企業者でもない——いわば両方の経済機能を併せもつ「土地耕作資本家的企業者（capitaliste-entrepreneur de culture）」であるとか，あるいはまた「工業企業者（capitaliste-entrepreneur d'industrie）」といったネオロジズムを考案したのも，そうした意味においてであるとみてよいであろう[38]．要するに，それはまた一方においてリシャール・カンティヨンの「企業者論（théorie entrepreneuriale/entrepreneurial theory）」を踏襲して自らはその事業や企業の所有権を主張しない「経営者」と定義しつつも，他方同時にグルネーの「資本家」論を継承・発展させ，いわば両者の機能を一体化した企業のオーナーシップないし所有権（ownership）に言及したものと考えられる[39]．テュルゴーはこのような企業の所有と経営を一体化した資本家概念を，当時のフランス経済の実態——具体的には大規模農業経営者——に即して新たに考案したかもしれないが，かれ独自のネオロジズムとして評価しなければならないであろう．ただし，それがすくなくとも資本蓄積の理論を念頭に置いていたであろうこともまたたしかなことである．

　第2は，土地または土地ストックが資本と同様に生産要素として規定できるとすれば，その性質がともに同等のものでなければならない，という点に関する問題である．テュルゴーのいうとおりであるとすれば，はたして土地

---

38) *Idem*, pp. 568-9. テュルゴーが「農業企業（entreprise d'agriculture）」あるいは「土地耕作資本家的企業者」という場合，それは基本的に大規模借地農業者を指していると考えてよい．先に示唆するように，テュルゴーの資本ないし資本家の理論は，生産要素としての資本概念の厳密化とともに，主要な生産の担い手として企業者の経済機能をあわせて論じているところに際立ったオリジナリティがあり，この点，ケネーのそれと峻別する必要がある（Ravix et Romani [1997], pp. 22-3）．なお，テュルゴーの農業企業者論に関する見解については，前出テュルゴー論文「大規模耕作および小規模耕作の諸性質」（Turgot [1767d]）もあわせて参照されたい．ちなみに，テュルゴーの考案した「資本家的企業者」というネオロジズムは，後世の経済学研究者——とくに「企業者（undertaker）」という言葉が死語と化したドーバー海峡対岸のアルビオン島の研究者にあっては，グルネー，テュルゴーのネオロジズムである「資本家」と同義と解釈されるようになる．アダム・スミスをはじめカール・マルクスに至る名だたる経済学の研究者はすべて，ひとりの例外もなく，グルネーおよびテュルゴーのネオロジズムの恩恵にあずかるところ大といわなくてはならない．

39) Jessua [1991], pp. 102-3. なお，中川 [2010] もあわせて参照されたい．

第2章　テュルゴー資本理論の基本構成と展開　　　　　　　　　　83

ストックはどのようにして生産要素としての同質性を有するのであろうか．それを解く鍵が前記の「地価収益率」であった．テュルゴーは第57節「動産的富全体もしくはそれらが交換される価値とその収入との比率による土地の評価．この比率は地価収益率（denier du prix des terres）と呼ばれる」のなかで土地ストックの価格形成のロジックをつぎのように論じている．すなわち，

　　詰まるところ，土地ストックの市場価格（prix courant）とは，そこから生じる収入を何倍かしたものにすぎない〔中略〕．土地の市場価格は土地ストックが生み出す1年間の収入〔地代〕の価値に対する**比率**〔または倍率〕（denier）によって決定される．そして，このように土地ストックの生み出す収入によって〔土地の市場価格を〕除した比率は**地価収益率**と呼ばれる．いま仮に人が土地ストックを取得するために，それが生み出す収入の20，30あるいは40倍の〔20，30あるいは40年分に相当する〕金額を支払うとすれば，土地はドゥニエ20あるいはドゥニエ30または40〔土地ストックは20，30あるいは40年分の収入に相当する価格〕で売られるという．さらに明らかなことは，この価格あるいはドゥニエは，土地を売り買いする人間たちの意向に程度の差こそあれ依存するということである．それはまた他のあらゆる商品の価格が需要と供給の関係に応じて変動するのと同じことである[40]．

40）　Turgot [1766b], pp. 566-7. テュルゴーがここで17世紀フランスの大劇作家モリエールの作品にも登場する"denier du prix des terres"と古風な表現を使っていることはきわめて興味ぶかい．テュルゴーからみても1世紀以上も前の時代に遡って通流していた言葉であるからである（ミークはこの仏語を，サー・ウィリアム・ペティの作品にも登場するイングランド伝来の"number of years' purchase of the land（土地購入年数）"と英訳している（Meek [1974], p. 149）．なお，うえの引用文中〔　〕内はミーク訳の拙訳を示す）．これを今日のタームに置き換えていいあらわせば，証券用語の株価収益率（price-earning ratio）――すなわち，株価÷1株当たり当期純利益，または株式時価総額÷当期純利益――に相当し，そしてより一般的な表現を用いれば「資本収益率（taux de rendement du capital）」という語義のタームである．

以上のことから示唆されるように，テュルゴーにあっては土地もまた資本の一形態にすぎないということになる．そのことはまた，たとえそれがマタイによる福音書第27章7, 8節（EVANGELIVM SECVNDVM MATTH-

---

ちなみに，テュルゴーの時代に「ドゥニエ10または20で貸し付ける（prêter au denier dix ou vingt）」といえば，とりも直さず「10パーセンないし5パーセントの利子率で貸し付ける（prêter à l'intérêt de 10 ou 5 pour cent）」ということにほかならない．以上の点については，さしあたりJessua[1991], p. 106を参照されたい．なお，ここでは詳細に及ばないけれども，如上の第57節の記述はフィジオクラート派とテュルゴーとの土地所有観の相違を考えるうえで示唆にとむ．山口正太郎のいうように，フィジオクラート派の場合，土地所有権は「自然秩序」にもとづく「神の摂理」によって定められたものであり，「人爲の秩序によって初めて認められたものではない」（山口［1930］, 73ページ）のに対して，テュルゴーの場合には，土地は生産要素のひとつにすぎず，ために売買の対象となると看做している．テュルゴーは土地所有について『諸省察』第17節でつぎのようにのべている——．「耕作者が土地所有者を必要とするのは，土地所有者すなわち原初的耕作者およびその相続人に〔中略〕土地の所有権を保証するさまざまの人的契約〔取決め〕や民事上のこと（en vertu des conventions humaines et des lois civiles）でしかないのである」（Turgot [1766b], pp. 542-3）．その意味で，山口が「〔テュルゴーが〕重農學派の根本主張たる自然の秩序には常に無思慮であり，人爲の秩序のみを眼中に置いてゐたのである」（山口［1930］, 73ページ）というのは正しいであろう．ただうえに引用した「さまざまの人的契約〔取決め〕や民事上の法律」のくだりについて，デュポンが『諸省察』の草稿を『市民日誌』に掲載するさい，"humaines"および"civiles"の形容詞を「故意に省いた」というのは山口の説くとおりであるにしても，「人類の契約と人々の法律」（同上）と訳出したのは，明らかな誤訳というばかりか，当の山口自身が無自覚的にデュポンと同じ土俵で議論をするという致命的な誤りを犯しているといわなくてはならない．とくに"civile"，すなわちその語源となったラテン語の単語"civicus"は元来「人々」というよりはむしろ，爲政者や聖職者に対する"民間人（privé）"の意味に近く，フランス革命後はその意がよりいっそう強まることは，よく知られている．"市民"や"公民"や"国民"を意味する"citoyen"それに"市民社会（société civile）"という単語の通用がその一例であり，それにまた，時の執政官ナポレオン・ボナパルト——かれもまた往時"Citoyen consul（執政どの）"と呼ばれた——が，民事上の一連の法律を集大成した初の法律集を『民法典（Code Civil des Français）』と命名したのはその顕著なあらわれである．テュルゴーは商業社会を「自然の秩序に基き神の摂理によって定められたもの」ではなく，「人爲の秩序」によってはじめて成立することを的確にのべていると評してよいであろう．前章でみたように，テュルゴーは聖職者の道を断念したとはいえ敬虔なカトリック教徒であることに変わりなかったが，かれの立論はあくまでも世俗的な商取引をめぐる「人爲の秩序」の論理整合性を重視するものであって，これに比べるならデュポンのほうこそ，はるかに聖職者然としている．ただし按ずるに，わがデュポン師の図は，いかに持ち

AEVM, XXVII, 7 et 8）にいう"陶器職人の畑（ager figuli）"または"流血の地（Acheldemach; ager sanguinis）"であろうと——カトリック教会・修道院などの宗教関係者，あるいはかれら以上に「神の摂理（providentia dei）」に自らの教義のバックボーンをもとめたフィジオクラート派の面々（とくにデュポン）にとってはまことにもって忌ま忌ましいことではあろうけれど——ひとつの例外もなく，同一のルールに従うという資本の経済的性質あるいは資本の本性に変更を加えることを要求するものでは毛頭ない．そしてテュルゴーがここでいう資本の本性の意味するところはその「報酬（rémunération）」のなかに見出されるということである．利子収入がそれである．テュルゴーが商業社会における経済的相互関係の研究のなかに採り入れた新たな視点こそ，資本・利子の関係を理論的に考察するためのものであった．既述のようにテュルゴーは土地と労働について，収入を得る「第3の手段」として資本概念を導出したが，その資本がいまや土地に対して自らを律するルールに従うことを要求し，文字どおり資本・利子関係として社会的生産と流通をトータルに律するといってよいのである．

(2) 資本・利子関係の分析

　テュルゴーは『諸省察』第71節で貨幣的資本の5番目の使途である利付貸付における貸し手と借り手の関係についてつぎのように記している——．

　　有利子貸付は明らかにひとつの商取引にほかならない．この取引では，貸し手はその保有する貨幣の**使用権**を売る人間のことであり，借り手は

　前の大声を精一杯張り上げて"梵の真言（mantra）"を唱えようとも，故事にいう「沐猴ニシテ冠ス」（「史記」項羽本紀より）のようなものであるかもしれない．そもそも，テュルゴーのいわゆる"conventions"なり"lois"なりはユダヤ教徒の"Talmūd"でもなければ"Torah"でもない．いわんやキリスト教徒なかんずくプロテスタント教徒のこのんで用いるタームの"TESTAMENTVM"とはおよそ異なる人間と人間との間の「契約」であり，世俗社会を律する「法律」である．なお，以上の点については，本書の付論2で詳説しているので参照されたい．

これを買う人間のことである．この関係はあたかも土地所有者とその借地人が貸借に供される土地ストックの**使用権**を売り買いするのと同様である[41]．

はたしてテュルゴーの説明のとおりであるとすれば，利子率とは上記の地価収益率の逆数であり，それゆえ利子率が低ければ（または高ければ）それだけ地価収益率したがってまた不動産で表現される資本収益率（taux de rendement du capital foncier）は高くなる（または低くなる）であろう．テュルゴーの説明が正しいとすれば，いまここで何よりもまず問われなくてはならない問題は，利子率がどのようにして決定されるのか——ということであるが，『諸省察』第72節「利子率に関する誤った見解」におけるテュルゴーの説明によると，利子率は一義的にはつぎのような原則に即して決定されることになる．

〔貨幣貸付〕の対価は他のあらゆる商品と同じように，売り手と買い手の間の交渉を通じる需要と供給のバランスによって決定される[42]．

そのうえでテュルゴーは貨幣の貸し手が借り手との間で金銭貸借取引を行うさいの動機を以下のように規定する——．

貨幣所有者たちは，〔貸付先〕企業が満足すべき成果を上げない場合に資本がこうむる危険を，労働をせずに確実な利益を享受するメリットとバンランスさせる．そしてそれが解決されるとするならば一定程度の利潤またはかれらの貨幣に対する利子を要求する．あるいは借り手が提供する利子と引換えに貸付に同意する〔中略〕．貸し手はかれら〔借り手〕にはまったく無関心である．前者は自らの受け取るであろう利子とかれ

---

41) Turgot [1766b], p. 577.
42) *Idem*.

第 2 章　テュルゴー資本理論の基本構成と展開　　　　　　　　　　87

の資本の安全性のふたつのことしか眼中にない．貸し手はもはや借り手の行使する**使用権**を思い煩うことはない．むしろ商人が販売する生活日用品の買い手が行使する**使用権**を気にかけるほうが強いのである[43]．

それゆえ，利子が貸し手にとって正当性をもつのはつぎのような事実による．テュルゴーは第 74 節「貨幣利子の真の基礎」の一節で以下のようにのべていることはきわめて示唆にとむ．すなわち，

> 〔貸し手〕の貨幣はかれのもである．貨幣が貸し手のものである以上，これを手元に置くかどかは，かれの自由である．自ら保有する貨幣を貸し出す義務を課すものは何もない．したがって，もしかれが自己の貨幣を貸し出すとすれば，自らののぞむ何らかの条件でこれを行うことができる[44]．

つぎに借り手の行動に目を転じると，借り手の貸出可能資金への需要はどのように決まるのであろうか．テュルゴーはこのことを「貨幣貸付利子に関する誤った見解」と題された前出第 72 節の一節でつぎのように説明している．

> 人はあらゆる種類の目的と動機から資金を借り入れる〔中略〕．貨幣があれば手にすることができる利潤は，借り手が利子を見返りに資金を借り入れるもっともよく見かける動機のひとつである[45]．

別言すれば，利潤は利子の基礎ではない．だからこそ，テュルゴーは『諸省察』の第 75 節「利子率ははあらゆる商品の価格と同様に交渉の流れによ

---

43)　*Idem*, pp. 576-7.
44)　*Idem*, p. 580.
45)　*Idem*, p. 577.

ってのみ決定されるであろう」でこのようにいうのである．

　貸し付けられた貨幣の利子（l'intérêt de l'argent prêté）は需要と供給とのバランスによって決定される．それゆえ，貨幣を需要する借り手が多ければ多いほど，貨幣利子はそれだけ高騰し，貸付を行う貨幣の所有者が多ければ多いほど，利子は低落する〔中略〕．それは，他のあらゆる商品と同じように，自主的に決定される市場価格である．この価格は貸し手が自らの資本の喪失に備えた安全性（sureté）〔の程度〕に応じて多少なりとも変動する[46]．

　ここで留意すべきは最後のセンテンスの含意である．テュルゴーは利子率が資本支出やその用途のタイプに応じて「変動」すると明確にのべているが，しかしかれがここで示しているのは，さまざまの利子の間の序列（hiérarchie des taux de l'intérêt）の原則ないし金利体系と，そこでのあい異なる利子率間の相互関係が経済活動において演じる役割を理解する鍵が存在するということである．さまざまの利子率の間の序列ないし金利体系は，人がさまざまに思い描く資本支出の，したがってまたその使途の形態にとって要請される収益率の水準をそれぞれに決定する．そのなかでもっとも低い期待収益率は土地投資に対応する収益率であるが，テュルゴーは第84節「土地に投下された貨幣は〔他の資本使途に比較して〕よりすくない利益をもたらすであろう」のなかの一節で以上のことをこう説明している．すなわち，

---

46) *Idem*, pp. 580-1. テュルゴーがここでいう「安全性」とは，資金の借り手の返済能力――現代的な用語でこれを表現し直せば，「信用力（crédibilité/creditworthness）」のことである．テュルゴーの考えでは，利子率は借り手の信用力と資金の需給バランスのふたつの要因によって決定されるといってよいであろう．テュルゴーがこのすぐあとでつぎのようにいうのはけだし当然である．すなわち，借り手たちの「安全性〔信用力〕」が等しければ，利子率は資金量の多さと資金需要に応じて決定されるであろう」（*Idem*, p. 581）．

返済能力が十分な借地農業者に賃貸されている土地の購入に自らの貨幣を投じる人間は，それ〔収入〕を受け取るのにごく僅かな労力をしか要せず，しかも自らの嗜好にまかせて自由に支出することが可能な収入を手にする．そのうえかれは土地を所有することによって，数ある資産のなかでも種々さまざまの不測の事態に対してもっとも安全な資産の所有者であるというメリットを享受する[47]．

テュルゴーの理解では，土地は"リスクフリー（sans danger/risk-free）"とはいえないまでも，18世紀には第一級の「安全資産（bien assuré/safety asset）」であったから，土地の生み出す収益率がもっとも低くなるのは理の当然といってよいであろう．それゆえ，貸し出された貨幣の利子率は，土地，ついで工業，商業などさまざまの経済分野の企業者の投入した資本の順に応じて漸次高くなっていくというのである．それはまた企業者の投入した資本が土地ストックに投下されるよりもはるかに"危険度が高い（dangereux/risky）"ということでもある．テュルゴーをしてこれを語らしめるならば以下のとおりである．すなわち，

> 貨幣を借り入れた債務者が返済不能になれば，かれ〔貸し手〕は資本を失う可能性が生じる〔中略〕．もしも資本の貸し手が〔借地農業者が土地所有者に支払う借地料（地代）に〕等しい収入を生み出す土地を購入することが可能であるとすれば，かれは土地の購入を選択するであろう[48]．

要するに，種々さまざまの利子率間の序列は土地に投下された資本収益を参照点とし，他の使途に投下される貸出可能な資本の利子率は，それが生み出す収入と危険度に応じて土地収入に一定のプレミアムを付加するかたちで形成されることになる．だから，テュルゴーは第86節「土地耕作，製造，

---

47) *Idem*, p. 590.
48) *Idem*.

商業企業に投下された貨幣は貸し出された貨幣の利子よりも多く〔の収入〕を生み出すであろう」のなかの一節でつぎのようにいうのであるのであるが，それはまたここでの結論といってよいであろうように思われる．

> 農業，製造業，商業に用いられた貨幣は，これらに使用されたのと同額の資本を土地に投下して得る収入，もしくはこれと同額の貨幣の貸し付けから生じる利子よりも多くの利潤をもたらすであろう．なぜなら，農業，製造業，商業における資本の使途は，前貸し資本のほか，多くの勤勉と労働を必要とするので，仮にもしそれらがより多くの利益を生まなくとも，何がしかのこと〔事業〕を行えば享受することができるのと等しくなる収入を確保するに如くはないからである．これによって，企業者は年々歳々自らの手にする資本〔中略〕の利子〔に相当する額〕に加えて，かれの勤勉，労働，資質，リスクを償い，それにまた，企業者が負担している前貸しの年ごとの償却分（dépérissement annuel des avances）を支弁する利潤を確保しなければならないのである[49]．

(3) 貨幣利子率の役割

テュルゴーの利子率に関する議論が以上のように整理できるとすれば，残る課題は利子率の間に形成されるハイアラキーないし金利体系が資本の生産・流通として処理される富の形成と分配の過程においてどのような役割を演じるか——を分析し，そのインプリケーションを解析するところにあるといってよいであろう．そのさいのヒントとなるのが，『諸省察』第88節「貸し付けられた貨幣の市場利子率は資本の寒暖計と見做すことができる．それは一国がその土地耕作，工業ないし製造業および商業の企業に供給可能な

---

[49] *Idem*, p. 591. ちなみに，テュルゴーは1767年5月25日にデイヴィッド・ヒュームに送った書簡のなかでこういっている．「〔商品の基本価値とは〕その商品を販売する人間が必要とする費用」のことであり，「材料費，かれの労働の報酬，労働賃金それに利潤」から構成される——つまり「資本の前貸し費用，労働賃金それに利潤」（Turgot [1767a], p. 662）の3つからなる．

〔資本の多寡の〕度合いを測量する尺度である」におけるつぎの一節である．テュルゴーはいう．

> 貸し付られた貨幣の市場利子率は資本の多寡を計る寒暖計（thermomètre de l'abondance et la rareté des capitaux）と見做すことができる〔中略〕．あらゆる企業の活動を活発にするのは資本が豊富に存在するということであり，貨幣利子率が低位であるということは資本が豊富であることの結果（effet）であると同時に，その指標（indice）でもある[50]．

それゆえ，利子率は資本の社会的配分の，したがってまた生産資源の社会的配分の機能をもつと考えられるし，実際にもこれまでみてきたテュルゴーの議論に思いを致せば，当然の帰結といってよい．そこにきてテュルゴーは前記第88節の有名なパラグラフに加えて，貨幣利子率が有する資本配分の，つまり生産資源の社会的配分機能を鮮明に描写していると考えてよいであろう．すなわち，

> もしも利子率が5パーセントであると仮定すれば，その生産物が5パーセントの利潤に満たず，加えて耕作者の前貸しを補充し，かれの勤勉の成果を回収できないあらゆる土地は耕作されず放置（en fiche）されるであろう．5パーセントの利潤を生まないばかりか，企業者の労苦と危

---

50) Turgot [1766b], p. 592. このパラグラフのあとテュルゴーはつぎのようにつづける．すなわち，「〔利子率が5パーセントの国の〕隣国では利子率が2パーセントであると仮定すれば，この国ではあらゆる種類の商業——5パーセントの国では締め出された商取引をふくむ——が営まれるだけでなく，その製造業者や商品取扱業者（négociants）たちは，高利子率の隣国よりもすくない利潤でそれぞれが満足することができるので，あらゆる市場でより低い対価（à plus bas prix）でさまざまの商品を生産するであろう．それにまた，特殊事情によるか，もしくは利子率が5パーセントの隣国では輸送費があまりに高騰して商取引を持続する術をもたないなどの諸々の事情によって締め出された（exclusif）商取引がこの国に引き寄せられるであろう」（Idem, p. 593）．ここでのテュルゴーの解説は師グルネーの所説——グルネーの持論であった「法定利子」の擁護をのぞく——を髣髴とさせる点で興味ぶかい．

険に対する報酬に報いることのない製造業，商業はすべて存続しないことになろう．その場合，利子率はあらゆる労働，土地の耕作〔農業〕，工業，商業の活動を停止させるに足りる以上の水準にあると見做すことができる．利子率は，ある広大な地方（contrée）を浸す海原のようなものである．山々の頂上が水面に浮かび，肥沃で耕作された島々をかたちづくる．もしも潮が沖合に引き，海面の水位が下がっていけば，やがては平地が，ついで草木や渓谷が姿をみせ，そしてさまざまの生産が行き渡る〔中略〕．広大な浜辺を耕作するかはどうか〔の判断〕は，水かさが増すか減じるかするだけで十分なのである[51]．

テュルゴーがここで大地を浸す水位の変化を利子率の変動にたとえていることに疑問の余地はない．しかもテュルゴーにしてみれば利子率が低ければそれだけ経済の成長率を高める効果があるから，企業者は自らの投資活動を積極化するというように主張していると解釈することができる．すなわち，テュルゴーは利子率が収益の限度としてさまざまの企業の投資を調整する投資選択の基準となるということを明らかにしている，といい換えることが可能であろう．ここで投資選択基準というのは，その投資収益が実勢（市場）利子率を上回るか，さもなければこれと等しくなる投資（資本による前貸し）だけが行われる，という意味においてそういえるのである[52]．それゆえ，

---

51) *Idem*, pp. 592-3.
52) Murphy [2004], p. 19; [2009b], p. 148. それと同時に，ここでのテュルゴーの所説についていまひとつ留意すべき点がある．それはテュルゴーの企業間間の「競争（compétition）」に関する独自の考え方である．そういうのはラヴィックス／ロマーニである．それによれば，テュルゴーにあっては企業者間の競争はただ単に市場段階（流通過程）に限定されるわけではなく，かれらの企業活動（生産過程をふくむ）全体から生じる収益期待のプロセスを包摂する広い概念である．それゆえ企業者は，かれらが事前に期待したよりも高い利潤が市場段階で達成できる，あるいは反対に期待値以下の利潤しか達成できないと判断すれば，次回の企業活動の最初の段階で生産計画を変更することになる．かれらの収益期待の修正は市場における流通過程での当該商品の「金銭上の価値（valeurs vénales）」すなわち期待される販売価格ひいては市場価格を修正することによって——これをひるがえっていうなら，市場での財または

第2章　テュルゴー資本理論の基本構成と展開　　　　　　　　　　93

農業生産のために耕作される土地の収益率が経済活動全体における指標性の高い金利——今日風に表現すれば指標金利 (taux d'intérêt-phare/benchmark interest rate) ——として投資の選択のさいに広く参照されることになる．

　　商品の需要がその供給者である資本の期待以上もしくは期待どおりでなかったがゆえに，つぎの市場段階で前貸しされる資本ストックの数量，したがって財または商品の生産量を調整する資本間の競争に反映されるというのである．それゆえ，ラヴィックス／ロマーニは，テュルゴーにとっての問題関心は価格競争ではなく資本の競争関係にあるという．このことを端的に示す記述が，『諸省察』第87節のなかでテュルゴーの指摘したつぎのパラグラフである．すなわち，「何がしかの数量の貨幣の使途から生じる利潤が増加する，もしくは減少するやいなや，資本は〔より多くの利潤を期待して他の使途に用いられている〕資金を引き揚げて〔より多くの利潤の期待できる〕他の産業部門に投じるであろう．このことは資本の年生産物に対する関係を必然的に変化させることになる」(Turgot [1766b], p. 592)．別言するなら，財または商品の価格（あるいは価格変動）とは，当該財または商品を生産し，これを市場に供給する資本間の競争によって生み出される現象であり，したがってまた異なる産業部門間の資本の移動は前貸しされ，資本ストックと生産的労働によって生産される財または商品の価格を修正する実質的なプロセスであり，そしてそのような資本移動がつづく限り，市場段階では財または商品の価格は絶えず変動することになる．もっとも，テュルゴーが資本移動を論じるさい，固定・流動資本の区別を念頭に置いていたかどうか分明あたわざるところである．ラヴィックス／ロマーニもこの点については言及を避けている．仮にテュルゴーが両者を明確に区別していたとすれば，ある部門から他の部門へと移動するのは，さしあたりは流動資本部分（すくなくともその一部）であり，あるいは利子率の水準いかんでは借り入れた資金をこれにふくめることができる．これに対して，固定資本はいわゆる「埋没費用 (sunk cost)」の制約ゆえに，たとえ高収益あるいは超過利潤が期待できるとしても，一方から他方への移動がただちに可能というわけではない，という問題に陥ることになるのであるがいまは問わない．ともあれそれにしても，いまさしあたりラヴィックス／ロマーニのいうように考えられるとすれば，テュルゴーによって提起された資本の競争のプロセスは，以下の事情を考える限り，アダム・スミスのそれとは対応することはない．すなわち，ラヴィクス／ロマーニのいう事情とは「金銭上の価値が〔財または商品にふくまれる〕基本価値 (valeur fondamentale)」——リシャール・カンティヨンの"内在価値 (valeur intrinsèque)"，スミスがのちに"自然価格 (natural price)"と命名した概念であり，つき詰めていえば今日の"長期均衡価格 (long-tem equilibrium price)"に相当する——に「**実質的に** (réellement) 収斂（しゅうれん）するということや，さまざまの市場での流通取引が**正常に**成立 (véritablement soldés) しているということ，すなわち生産された商品が結果として市場ですべて販売される，ということを当然の帰結としない」（以上，Ravix et Romani [1997], p. 51. ただし引用文中のゴチック体は原文イタリック体を示す）ということである．逆からいうなら，テュルゴーにとって「さまざまの市場での流通取引が正常に成立している」状態を市場が均衡状態 (équilibré/equi-

要するに，土地の耕作もしくは農業をのぞく他のあらゆる産業に投下される資本収益率は，企業者や資本家たちがそれらの産業に投資する判断基準として不動産投資との関係を示す指標ということになる．

　以上のことを現代的表現に即して別言するならば，貨幣利子率とは資本収益率の逆数であり，しかも後者はそれ自身，さまざまに異なる各種貨幣〔ないし資本〕市場での資金供給に対する需要によって行使される動因関数を指すのである．それゆえ，テュルゴーは市場間の相互依存関係の分析に歩を進めることになる．かれはいう――．ある産業部門での資本が高い収益率をあげるとすれば――つまり「超過部分（supeflu）」を手にするとすれば，当該部門での資金需要は増大する．その結果，この部門での貨幣利子率は上昇し，投資収益率は低下する．そのような事態が出来すれば，やがて裁定が働き収益率がより有利となるようあらゆる性質の投資分野を種々さまざまに考え直さなくてはならなくなるであろう．それはまた諸金利間の序列を新たに形成するプロセスのはじまりと解釈することができる[53]．

　このようにテュルゴーは貨幣が資本蓄積の全過程においてきわめて重要な役割を演じること，それに貨幣利子率が低ければ低いほど，それだけ商業（経済活動全般）において投資が促進されることを明らかにしていると考えられる．そのことは何よりもまず，かれが『諸省察』のなかで社会的分業に

---

　　 librium）にあるというのであるが，それはまた資本移動がない状態，つまりあらゆる資本が社会的に適正に配分されていることの，したがってまた財市場と貨幣市場とがともに均衡状態にあることの「当然の帰結」と同義であると考えてよいであろう．

53）　ここでの記述は，Jessua [1991], pp. 113-4; Ravix et Romani [1997], p. 56 を参考にした．ちなみに，クロード・ジェシュアは先に引用した第88節の一節にみられるテュルゴーの考え方を評して「テュルゴーは結果的にレオン・ヴァルラス〔ワルラス〕によって厳密に定式化される一般経済均衡理論を目指している」（Jessua [1991], p. 111）とのべている．ジェシュアは自説を補強するためにテュルゴーが『諸省察』を上梓した翌年1767年に作成した「グラスラン氏の草稿に関する所見（Observations sur le mémoire de M. Graslin)」のつぎの一節を引用してその例証とする――．「食料品の貨幣によって取引が実際に成立した金銭的価格〔市場価格〕，所得，賃金価格，人口は，それぞれが相互に依存し合い結びついた，そして自然のバランスに即して自ら釣り合いを保っている（en équilibre）事象である」（Turgot [1767c], p. 634）．

第2章　テュルゴー資本理論の基本構成と展開

よって特徴づけられる商品交換の経済システム——近代的市場経済システムないし資本主義経済システム——を描いていることを意味するが，そのような社会経済システムにあっては貨幣の使用が「一般化」しているからにほかならない．けだし，テュルゴーが『諸省察』最終の，第100節「貨幣がたとえ節約の直接の対象であり，しかもいうならば資本形成における第1の素材であっても，貨幣はその性質上，資本全体のごく些細な一部分を構成するにすぎない」のなかで以下のようにいうのはある意味では当然であるかもしれない．テュルゴーはいう——．

　　貨幣は現存する資本全体のなかでは何の役割も演じないものの，資本の形成には大いに貢献している．ほとんどすべての節約〔または貯蓄〕は貨幣によってのみ行われるからである．収入〔地代〕が土地所有者に支払われるのは，そして前貸しとその利潤があらゆる〔産業〕分野の企業者たちによって回収されるのも貨幣の形態においてである．したがって，土地所有者や企業者が節約〔貯蓄〕するのは貨幣の形態においてであり，年ごとの資本の増加〔または資本の蓄積〕もまた貨幣のかたちであらわれる[54]．

---

54) Turgot [1766b], p. 601. このあとすぐテュルゴーは「しかしながら」といってつぎのように記している——．「しかしながら，企業者はすべて，貨幣をかれらの企業の依存するさまざまにあい異なる資産 (différentes natures d'effets) に即座に (sur-le-champ) 転化するほかの使途に用いることはない．こうしてこの貨幣は流通に復帰する．そして大部分の資本は，既述のように，さまざまに異なる性質の資産のなかに存在するのである」(Idem. なお，文中の "sur-le-champ" は，英語の "immediately"，"directly"，"automatically" のように訳出することもできるが，ここではあえて逐語訳した)．同様の記述は，テュルゴーが1767年に執筆したという農村フィジオクラート派のジャン・ニコラ・マルスラン・ゲリノー・サン=ペラヴィに対する批判を旨とする論文「サン=ペラヴィ氏の草稿に関する所見 (Observations sur le mémoire de M. Saint-Péravy)」のなかでも認められる．すなわち，「節約〔貯蓄〕が手元にある一定額の貨幣を流通から引き出すことによって行われるとすれば，貨幣の価値は低下する，というのはすこぶる根拠に乏しい (très gratuitement) 仮説である．それらの貨幣は即座に (sur-le-champ)〔流通に〕復帰する〔中略〕．ここで熟考を要するのは，ただ節約された貨幣の使途だけである」(Turgot [1767b], p. 656)．

もちろんだからといって，貨幣の追加供給が財市場や貨幣市場で貨幣価値を低下させるということはつねに正しいとはいえまい．テュルゴーがここでいう貨幣とは，通常の商取引に用いられる貨幣——交換手段，支払手段としての貨幣——ではなく，「節約（貯蓄）された貨幣」のことであり，資本前貸し，すなわち資本ストックに転化するのに不可欠の貨幣である．いい換えると，財市場における貨幣は「支出された貨幣」であって，「節約された貨

この一文においてテュルゴーは一見するとサン=ペラヴィの議論——見ようによっては現代のマクロ経済学のテキストにいう「貯蓄のパラドックス（pardox of thrift）」または「集団のパラドックス（paradox of aggregation）」に通じる議論——に対する反論を行っていると考えられないでもない．だが，デュポンが『諸省察』のオリジナル原稿を『市民日誌』に掲載するさい自らの所見を「脚注」のかたちでつぎのように記したことに思いを致せば，デュポンやフィジオクラート派がテュルゴーのいわゆる貨幣形態であれ，ストックの形態であれ，そもそも「資本の蓄積」はこれをまったく認めようとしないこの派の持論への反批判であったことが容易に推察できる．デュポンはいう——．「収入の支出を節約することによってではなく，支出を有効に用いることによってこそ，資本は形成されるのである」（Turgot [1766b], pp. 582-3. ただし，引用文は『テュルゴー全集』の編集者シェルによる脚注からのものである）．この点は山口正太郎の指摘するように「資本の形成は決して消極的な蓄積によるのではなく，寧ろ積極的な支出，即ち生産的支出によるものであり之を巧妙に使用することによる．デュポンは斯様に考へ，チュルゴー〔テュルゴー〕の蓄積の観念を以下此の意味に解釈すべしと注意してゐる．尤もチュルゴーも有効な積極的支出の必要は認めてゐるのではあるが，彼の蓄積の観念はデュポンの如く解釈することは不可であって，矢張普通の意味の蓄積，所得の餘剰の貯蓄 épargne とすべきである」（山口 [1930]，91ページ）．それゆえ，「チュルゴーの蓄積を，生産的支出の義に解すべしと〔デュポンが〕云ふのはチュルゴー學説の體系を破壊する」（同上）ことに等しいのである．以上のことから示唆されるように，テュルゴーのフィジオクラート派への反論は的を射ているといえるが，しかし同時にまたかれが貨幣の資本への転化を「即座に（または「ダイレクトに」，「即時に」，「自動的に」）」行われるように考えているところに，かれの資本形成・蓄積論のもつ難点のひとつがある．テュルゴーの『諸省察』が『市民日誌』に掲載されてから7年後に出版されたアダム・スミスの著書『国富論』第2編第3章のなかに，貯蓄を資本蓄積の「直接の原因（immediate cause）」（Smith [1776], p. 321. 訳307ページ）というのをはじめ，テュルゴーとほとんど変わらない，あるいは同様の趣旨と考えてさしつかえない．のちにくわしくみるように，スミスは貯蓄や資本蓄積に言及するとき，テュルゴーの名を明記しないけれども，かれの資本理論に着想を得たことは明白であり，それゆえにこそスミスもまた結果としてテュルゴーと同様の陥穽に陥っていると考えられる．なお，この点については次章脚注32もあわせて参照されたい．

第2章　テュルゴー資本理論の基本構成と展開

幣」ではない．テュルゴーによると，貨幣（または資本）市場における貨幣こそが「節約された貨幣」であり，かれはこれを称して「資本」と命名したのである．なるほどテュルゴーはいくつかの例証によって財市場における財価格と貨幣市場における貨幣利子率とが同時に低下する場合も想定できないことはないとのべている．しかしながら，テュルゴー流の解釈に即してさらにいえば，一国の経済成長は「節約された貨幣」の，したがってまた資本の蓄積なくして実現されないこともまたたしかなことである．実際にものちにみるように，アントニー・ブリュワーがテュルゴーを「最初の古典経済学者」または「古典経済学の創始者」といって高い評価をあたえる一半の理由もこの点にもとめられなければならないといっても決して誇張とはいえないであろう[55]．

　要約しよう．貨幣形態での節約が可能である——そしてこれこそが貯蓄形成の様式である——そういって貨幣機能の積極性を強調するテュルゴーの資本理論の体系は，いわばその当然の帰結としてフランソワ・ケネーやフィジオクラート派，さらに遡ればリシャール・カンティヨン，ピエール・ル・プザン・ド・ボワギルベール（またはボアギュベール）のそれと大きく異なることは明らかであろう．ここにテュルゴーが『諸省察』で提示した経済学説の経済学の古典形成への最大の貢献があるといわなくてはならない．言葉を

---

[55] Brewer [1986], p. 186; [2010], pp. 7-8. この点，山口が「重農學派よりアダム，スミスへの過渡期の最大著作たるチュルゴー〔テュルゴー〕の『富の形成と分配』〔『諸省察』〕は經濟學史上の注目すべき著述として看過することを許されざるものである」（山口 [1930], 98ページ）というのは正しいであろう．ただし，それが山口の評価するような「グールネー〔グルネー〕の商業重視の思想と，ケネーの重農思想とが，相混じてチュルゴーの頭腦を支配し，彼の『富の形成と分配』にも此二思想の交流が表現されたものと考へられる」（同上），といえるかどうか，しかも山口はその根拠をテュルゴーの「〔グルネーとケネーのふたりの〕弟子であったことを生涯の誉れとするものである」（Turgot [1766a], p. 506）というくだりにもとめつつ「チュルゴーによつては重商，重農主義の根本思想が綜合され，更に一段の高所に齋されたものである」（山口 [1930], 83ページ）というのであるが，しかしながらこれまでみてきたところからも明らかのように，そして次章でくわしく検討するように，山口の所説にはにわかに承服することはできない．

換えていうなら，テュルゴーは「ケネーの『経済表』の経済理論を継承・発展させた」人物といったこれまでなかば定説化していた評価は見当はずれである．テュルゴーこそは言葉の正しい意味においてケネーやフィジオラート派の教理に一歩も二歩も先んじた，すぐれてオリジナリティにとむ経済学説を構築した人物であった[56]．テュルゴー学説の革新性，経済学の古典形成における貢献と意義は一にかかってこの点にもとめられる，といってもすこしも過言ではあるまい．

---

56) 本章前節でも紹介したように，そして本節でもみてきたテュルゴーの資本理論を考えれば，かれは「正統フィジオクラート派」では決してなかったし，ましてやかれの資本理論ひいては経済学説は，前章脚注7で示唆するように，そして次章で検討する渡辺恭彦の研究にあるようなケネーの『経済表』の継承・発展したものとは決していえないであろう．むしろテュルゴーがケネーやフィジオクラート派はもとより，ほぼ同時代人のスミスをはるかに超えるすぐれて現代的視点を提示していることはたしかなことであるし，それはいまとりあえず資本理論に限ってみても，テュルゴーは一国の富の形成と分配が資本の生産と流通によって処理されること，そして資本が経済主体の間の相互依存関係を新たに形成するということを明らかにしたと評してよい．要するに，「新しい富の概念」としての資本による社会関係の経済分析は，ひとえにテュルゴーの，ひいてはかれがメントールと慕ったヴァンサン・ド・グルネーの学説を継承・発展させて構築した独自の理論の功績に帰するといってよく，フィジオクラート派のなし得なかった——というよりは，むしろそうした視点を最後までもち得なかったところである．しかるに，初期テュルゴーの歴史観についての興味ある研究業績を残した出口勇藏ではあるが，かれがテュルゴーを「ヴォルテールの同時代人であり，重農學派の完成者」（出口［1942b］，81ページ）というのは，デュポンらの金科玉条とするケネー流の所得流通フロー論をテュルゴー自身がさほど重視していない以上，何をもってフィジオクラシーの「完成者」というのか定かではないし，どうみても適切とはいいがたい．

第3章
テュルゴー資本理論の諸問題

　前章では，テュルゴーの資本理論およびこれに関連した経済分析についてみてきた．貨幣の積極的機能にもとづく資本概念の定位および資本による生産と蓄積の詳細かつ包括的分析は，近代経済学の分析対象である市場経済ないし資本主義経済の本質的な理解の方向性を明確に示し，その完成へと導くものであった．すくなくとも，資本とその運動の分析をもって市場経済の核心の理論を先取りして示したことだけはたしかである．テュルゴーが「古典経済学の創始者」，「最初の古典経済学者」であるという評価もそのような意味で理解されるべきであろう．もちろん，だからといってテュルゴーの資本理論にまったく問題がないかといえばかならずしもそうとはいえない．そこで本章ではテュルゴーの資本理論にみられる問題点を検討することによって経済学の古典形成における意義と限界を明らかにしたい．

1. 貨幣的資本と前貸し（資本ストック）に関する問題

　テュルゴー資本理論にみられる第1の問題点は資本と前貸しとの関係を解説する部分にあり，このことはテュルゴーとフランソワ・ケネーとの間の経済思想や経済理論の継承関係をあらためて問うことでもある．もっとも，この問題はこの間何度か示唆してきたので，無用の重複を避け結論を先取りしていうなら，テュルゴーの資本概念とは，概していえば，かれのメントールであるジャック・ヴァンサン・ド・グルネーの経済学説を継承・発展させた

ものであった．そしてその最大のポイントは，例えばジョエル=トマ・ラヴィックスやポール=マリ・ロマーニが的確に指摘するように，テュルゴーが資本を一義的には貨幣の形態によって定義している点にある[1]．

　これに対して，テュルゴーのいわゆる資本の前貸しとは，ケネーやフィジオクラート派のそれとは異なり，節約（貯蓄）され蓄積された貨幣の，すなわち資本の使途の一形態にすぎない．資本とは一義的には貨幣的資本であり，前貸しとは資本ストック——すなわち貨幣的資本が農業，工業，商業などの産業分野に投資されてストック（資財）へとその姿を変えたものである．そしてそのさいとくに注意を要する点は，テュルゴーにあっては工業や商業における動産的富——より厳密にいえば「蓄積された動産的富」——と土地ストックとの間に差異を認めることなく，ともに生産要素として生産・流通過程において必要かつ不可欠の役割を演ずるというところにある．テュルゴーが以上のことを資本の5つの使途ないし使用方法として明確に論じていることは，すでにみたとおりであり，かれは『諸省察』第82節で資本の使途をつぎのように整理している．

　　最初の資本の使用方法は，何がしかの収入〔地代〕をもたらす土地ストックの購入である．第2の方法はかれ〔資本家〕の貨幣を土地の耕作に従事する土地耕作企業〔企業者的借地農業者〕に投じることである〔中略〕第3はかれの貨幣を工業または製造業の企業に投資することである．第4は商業企業に貨幣を投じることである．そして第5は貨幣を必要とする人間に対して利子を取ってかれ自らの保有する貨幣を貸し付ける方法である[2]．

　これら5つの資本の使途ないし使用方法のうち，農業，工業，商業への投資は貨幣の前貸し（資本ストックないし生産財）への転化であり，しかもそ

---

1) Ravix et Romani [1996], pp. 51-2.
2) Turgot [1766b], p. 589.

第3章　テュルゴー資本理論の諸問題　　　101

れらがいずれも利潤によって動機づけられる限り同等であるとされる．これらとは対照的に，第1および最後の第5の使途は産業へのダイレクトの投資を意味するものではないが，それぞれ地代および利子を収入として手にすることになる．はたして資本の使途——資本前貸しをそのように解釈することが許されるとすれば，貨幣的資本と資本ストックとの間の関係を以下のような図式（schéma）によって表現することができよう．

まず農業，工業に貨幣資本が前貸しされる場合であるが，そこにはつぎのようなプロセスが成立すると考えられる．すなわち，

$$A \text{——} M \; (\cdots\cdots P \cdots\cdots) \; M' \text{——} A' \tag{1}$$

（A: argent（貨幣），M: marchandises（資本ストックまたは生産に必要な諸商品および労働者），P: processus de production（生産過程），M': produits finaux（完成品）．ただし $M \neq M' (= M + \Delta M)$，$A \neq A' (= A + \Delta A)$ とする）

農業部門や工業部門の企業者——農業または土地耕作企業（企業者的借地農業者），工業企業者——は，資本家から貨幣（A）を借り入れて市場でこれを投下し自らの企業活動に必要な資本ストック（M）を購入する．つぎに資本ストックと労働者の「生産的労働」と結合して生産過程（P）で完成品（M'）を生産する．そしてこの完成品を市場で販売して投下資本を一定の利潤とともに貨幣（A'）として回収する．企業者は自らの利潤（ΔA）の一部を，かれに資金を提供した資本家に対して資本の使用権の対価としての利子を支払うことになる（したがって，$\Delta A =$ 企業利潤＋貨幣利子）．ひるがえっていえば，資本家の取得する利子収入は企業者の手にする企業利潤の一部をなすものの，利潤それ自体は企業者の企業活動の過程で資本ストックと生産的労働とによって生み出される「超過部分（superflu）」もしくは「純生産物（produit net）」であり，これが企業者と資本家の間で分配される．

つぎに商業部門の企業者の場合も，(1)と基本的に同じと考えることがで

きる．いま商業部門の企業者——商業企業者あるいは企業者的商人の企業活動を以下のように表現する．

$$A \text{——} M \text{——} A' \tag{2}$$
　　（ただし，$A' = A + \mathit{\Delta} A$）

　商業部門の企業者あるいは企業者的商人もまた，資本家から借り入れた貨幣を財または商品市場に投じて自らの必要とする諸物を購入する．ところが，それらは企業者的借地農業者や工業企業者とは違って，ある財もしくは商品の生産のためのものではなく，一定のタイムラグをともなって同一市場または他の市場で販売するためのものである．総じていえば，"売るために買う（acheter pour vendre）"が，その要諦である．企業者的商人はそのいずれの場合であろうとも，自らの購入した財または商品を販売して回収して得た貨幣のうちから資本家に元利金を返済する．残余が自らの企業活動の「利潤」として手元に留め置かれることになる．だが，かれの利潤は企業者的借地農業者や工業企業者のそれとは異なり，純生産物もしくは超過部分の分配ではなく，企業者それぞれの行う企業活動から生まれる「報酬（rémunération）」であり，これを自らの企業利潤とするのである．

　これに対して，土地ストックの購入は貨幣を保有する資本家（貨幣貸付資本家）のそれと同様に，それ自体では純生産物を生み出す資本ストック（生産財）ではない．けれども，土地ストックや資本を企業者に賃貸することによって企業者の生み出す純生産物の一部を地代，利子として手にすることが可能である．そのプロセスはこれをテュルゴーが『諸省察』第29節で導出した「資本の一般定式」に即して一般化すればつぎのとおりである．

$$A \cdots\cdots A' \tag{3}$$
　　（ただし，$A' = A + \mathit{\Delta} A$）

第3章　テュルゴー資本理論の諸問題

　この場合，土地所有者なり資本所有者なりは，かれらが生産的な行為の蚊帳の外にあって，いうところの「労働をともなわない所得」——不労所得を手にするというわけでは決してない．それどころか，ラヴィックス／ロマーニのいうように，かれらの活動もまた農業，工業，商業などの産業分野における企業者がそうであるように，土地ストックの購入なり貨幣の貸付，したがってまた土地ストックや貨幣的資本の使用権の販売をめぐって競争をしているのであって，土地ストックなり貨幣なりを所有することは，農業，工業，商業における投資の，いうなれば「代替（alternatifs）」[3]と考えるべきである．はたしていまそのように考えることが可能であるとすれば，土地所有者なり貨幣貸付資本家なりの所有する土地ストックや貨幣はいわば「潜在的」資本ストックであり，かれらもまた自ら所有する土地ストックや貨幣を用いて農業なり工業なり商業なりで企業者的活動を行うことがあり得るとみるべきであろう．テュルゴーのいう貨幣を貸し付ける資本家すなわち貨幣貸付資本家が「富の生産に絶対的に必要な商品を取り扱う商人と見做さなくてはならない」ということの意味は，以上のように理解することができるであろう．そしてこれをさらにつき詰めていうならば，資本は究極的には貨幣のかたちで定義される貨幣的資本であり，だからまたテュルゴーが『諸省察』第29節において，上記の(1)や(2)のような資本ではなく，あくまでも(3)のようなかたち表現される貨幣的資本を「資本一般（capital en général）」したがってまた「資本の一般定式」と定義したのである．

　だが，それにもかかわらずアントイン・E. マーフィーは「ローとテュルゴー（Law and Turgot: The importance of money）」と題する論文のなかで，テュルゴーにとっては「資本と前貸し貨幣は同義のようにみえる」[4]とのべている．また，渡辺恭彦も「テュルゴーの資本の概念にもケネーの影響とみられる素材主義的観点がまとわりついている」といってその根拠を以下のよ

---

3) Ravix et Romani [1996], p. 52.
4) Murphy [2004], p. 18. マーフィーの見解については，ほかにも，Murphy [2009b], pp. 145-7 を参照されたい．

うに指摘している．すなわち，「『資本』を『蓄積された動産の富』と規定する方法や，貨幣資本総量を土地の等価物と考えたり貸付貨幣資本を一国の資本総額から控除しようとしたりする考え方がそれを示している」[5]．

マーフィーがテュルゴーにあっては「資本と前貸し貨幣は同義のようにみえる」という場合に，『諸省察』第59節の表題である「他の〔2番目の〕貨幣の使途は製造業および工業の企業者への前貸しである」[6]をその理由としてあげているのであるが，明らかな誤解にもとづく解釈であるといわなくてはならない．既述のようにテュルゴーがここで論じているのは，資本が資本家から企業者へと持ち手を変えて，後者が借り入れた貨幣をもって自らの企業活動に必要な生産的資財したがってまた資本ストックを購入するありようである．そこでは工業ないし製造業の資本の使途を論じているものの，つづく第62から65節では土地耕作企業ないし農業企業，さらに第66節以下3つの節では商業企業における資本の使途である資本ストックを解説している．だからこそ，テュルゴーは「貨幣循環の真の概念」と題された第68節においてつぎのようにいうのである．

> 土地の耕作，あらゆる種類の製造業，商業のさまざまの分野では**大量の資本**（masse des capitaux）もしくは蓄積された動産的富（richesses mobilières accumulées）が駆けめぐっている．そしてこれらの資本もしくは〔動産的〕富は〔中略〕企業者によって前貸しされたものであるから，年々歳々一定の利潤とともにかれらのもとに回収されなくてはならない．すなわち，資本は〔前貸しの〕回収と，同じ企業が継続して企業活動を行うべくふたたび前貸しされるためのものである．そして利潤はさまざまの企業が程度の差こそあれ快適に存続するためのものである．こうした前貸しと回収の継続が**貨幣の循環**と呼ぶものを構成するのである[7]．

---

5) 渡辺［1967］，106ページ．
6) Turgot [1766b], p. 567.

第 3 章　テュルゴー資本理論の諸問題　　　　　　　　　　105

　以上の説明から容易に知れるように，テュルゴーが資本概念を貨幣形態で規定しようとする点で一貫しており，マーフィーのいうところの「資本と前貸し貨幣は同義」と考えていないことは明らかである．そしてそのことはまた渡辺がテュルゴーの資本概念にケネー流の「素材主義的観点がまとわりついている」とか，資本を「『蓄積された動産の富』と規定する仕方」があるとかという主張への有力な反証ともなろう[8]．テュルゴーの資本概念は貨幣形態を出発点としつつ，資本家の所有する貨幣が企業者の手に渡り市場でこれをそれぞれに固有の資本ストックに転化し，後者はこれを一定の利潤とともに市場で回収して前者に返済するというプロセスをたどることになるのであるが，このような貨幣の流通過程したがってまた資本の流通過程をテュルゴーは『諸省察』第95節でつぎのように説明していた．すなわち，「貨幣を貸し付ける資本家は富の生産に絶対的に必要な商品を取り扱う商人と見做さなくてはならない」と．

　マーフィーもこのパラグラフを引用していることからみて，テュルゴーの資本概念が，貨幣的資本－前貸し（資本ストック）－貨幣的資本へとその姿態を変えつつ富の形成と分配したがってまた商品の生産と流通の過程において積極的な役割を論じたことを知らないはずはない．だが，それにもかかわらずマーフィーがそのような誤った理解に立ち至ったのは，テュルゴーの資本概念の形成と成立について一言半句も割いていないことに起因するとみてよいであろう．しかも，この点はある程度まで渡辺のような解釈を生む共通の遠因となっていたといって誇張ではあるまい．

　すでにのべたように，テュルゴーの資本概念はかれのメントールであるヴァンサン・ド・グルネーの独創的な経済思想や経済理論に着想を得て精緻化

---

7)　*Idem*, p. 575.
8)　前章で詳述したように，テュルゴーは第50節で「節約」には「動産的富」の保有と「貨幣の蓄積」とのふたつの方式があるというのであるが，前者は貨幣を前提としない商業社会以前のものであり，貨幣を前提とする商業社会では貨幣の形態で蓄積が行われると明言していた（例えば，*Idem*, pp. 575-6）．渡辺の所説は，故意かどうかはともかく，そうしたテュルゴーの議論をまったく意に介さない謬言である．

されたものであった．そしてそのグルネーはといえば，サー・ジョサイア・チャイルドの『新商業講話 (*A New Discourse of Trade*)』の翻訳の過程でそのなかの章句から主要な論点を掬い上げ吟味・検討した末,「資本」という新しい富の概念を定位することに成功したのである．グルネーのネオロジスムである「資本家」というタームはその成果のひとつであり，テュルゴーが1753-54年に執筆したとされる「チャイルドの翻訳ノート〔注釈〕に関する所見 (Les remarques sur les notes qui accompagnent la traduction de Child)」や，1759年に死去したグルネーの追悼文「ヴァンサン・ド・グルネー頌 (Eloge de Vincent de Gournay)」をみれば疑問の余地はまったくない[9]．

しかるに，ケネーが『経済表 (*Tableau économique*)』中の所得流通フロー論をルイ15世の御前で披瀝したのは，グルネー死去のほぼ半年前の1758年の暮れも押し迫った時分のことであった．テュルゴーにあっては，師グルネーに引き合わせた友人のアンドレ・モルレがその『回想録 (*Mémoire*)』のなかで述懐するような「私はケネーをほとんど知りません (j'ai peu connu Quesnay)」ということはさすがにないにしても，経済学の分野の「知識を得たのは，商務監督官のグルネーさんや，その官庁で商務問題にもかかわっていた財務監督官トリュデーヌさん親子とつきあっていたおかげです」[10]ときっぱりいい切っているが，事はかくいうモルレだけでなく，かれの友人にも大なれ小なれ当てはまるとみてよいであろう．それにまた，モルレ神父がグルネーの死後，かれの生地であるフランス北東部のブルターニュ半島北岸の都市サン=マロ在住の未亡人クロチルドに送ったとされるチャイルド「『新商業講話』注釈」の草稿類が，津田内匠やシモーヌ・メイソニエの手によって発見され出版されているから，テュルゴーがグルネーから「得た〔経済学の分野の〕知識」をいまやはっきりと読み取ることができる[11]．

---

9) Turgot [1753-54a; 1759].
10) Morellet [1821], p. 515. 訳388ページ.
11) 先に記したように，グルネーが「貨幣の所有者 (possesseur d'argent)」として「資本家」を定義したのに対して，テュルゴーは「資本の所有者 (possesseur des capitaux)」とより厳密に定義している．だが，テュルゴーは例えばグルネーが「資

その最大のポイントは、グルネーがチャイルドの用いた術語を吟味・検討し、貨幣的資本と資本ストックとを意図的に峻別した点にあり、そのうえで後者を富の形成と流通の過程の理解を可能とする指標としたのである。すなわち、資本が貨幣のかたちから資本ストックないし資財的形態へと転化した瞬間から、貨幣的資産は単に貨幣の所有者、グルネーのいわゆる「資本家」にのみ帰属するのではなく、「企業者」の手にあって国家を富裕にする社会的資源として、いわば国家レベルの役割を演じることになるのである。別言すれば、個々の資本家や企業者の保有する「ミクロ的富」が一国を富裕にする「社会的資源」したがってまた「マクロ的富」へと転化するというのである。だからまた、グルネーがチャイルドの言葉を容認しつつ「富と〔資本〕ストックは同じものである」というのもゆえなしとしない[12]。しかるに、渡辺が「『資本』を『蓄積された動産の富』と規定」するテュルゴー批判は、はたしてグルネーの未発表草稿類を目にすることのできない時期——手塚壽郎の言葉を借りれば「グルネーの〔經濟思想の眞相〕が永遠に明白にならぬであらう」と思われていた時期——の所産であったことを割り引いたとしても、テュルゴーがチャイルドやグルネーの「蓄積された動産的富」の規定を継承・発展させて構築した独自の経済理論であることを読み取り理解することができなかった結果、その意義を完全に無視したものといわざるを得ないのである。

要するに、テュルゴーの功にあずかるところ大である貨幣形態の資本と資財または素材形態の資本を峻別する近代的な資本概念の形成と成立は、ケネーやフィジオクラート派との関連ではなく、「チャイルド—グルネー—テュ

本ストック (capital stock)」を意味する英単語にふったフランス語の "fonds capital" はこれを採用せず、ケネーに倣って "producere (生産する)"、"pecuniam alicui credere (貨幣を貸し付ける)" などを意味するフランス語の "avancer" を用いている。ただし、ケネーには後者に相当する思考は皆無といってよい。なお、以上の点に関しては、さしあたり、本書の付論Ⅰで詳説しているので参照されたい。

12) この点については、Meyssonnier [2008], pp. xlix-li を参照されたい。また、本書の付論Ⅰもあわせて参照されたい。

ルゴー」のラインで理解しなければならないということでもある[13]．

2. 資本利潤あるいは貨幣利子をめぐる問題

以上みてきたように，テュルゴーの資本理論はすぐれて現代的な意義を有するものであり，ケネーとフィジオクラート派の経済思想や経済学説の一歩も二歩も先を行くものと考えることが可能であるとはいえ，しかしそれでもなおテュルゴーがケネーの経済学説との相似性を，いい換えれば，『諸省察』がケネーの『経済表』の理論を継承・発展させたとする評価を完全に払拭するものではない[14]．前出渡辺論文のそれが顕著な事例であり，摘要すればつぎのとおりである．

渡辺はいう——．「テュルゴーは，あらゆる労働の分野における資本の形成を認めることによってケネーの重農主義的限界を超えようとした．しかし彼は，基本的にはケネーの純生産物を受け容れたため，農業以外の産業に利潤の存在と資本の形成を認めながらも，それらの利潤や資本は究極においては農業剰余すなわち純生産物の地代に転化したものにすぎない，と考えたのである」．それは，テュルゴーが「最初，ケネーの純生産物論に従って社会階級論を展開していたが，やがてあらゆる労働の生産性と全企業における資本蓄積の可能性を論ずるにいたるや，これを修正ないし発展させねばならなかった」ことの当然の帰結であった．しかも「テュルゴーが利子に対する課

---

13) アントニー・ブリュワーも，津田の編集・出版したグルネーの「注釈」をもとに資本概念の形成と成立におけるチャイルド，グルネーの貢献を評価している．さしあたり，Brewer [2010], pp. 27, 117-8 を参照されたい．
14) こうしたテュルゴー批判はすくなくないのであるが，その要点は，渡辺がいみじくもいうように，テュルゴー学説を一定程度評価しながらも，結果として「重農主義的限界」を超えられなかったとする点にある．ここでは逐一紹介できないが，テュルゴー学説とフィジオクラート派の教義との関連について紹介したものとして，さしあたり，Denis [1895]; Nys [1982]; Jessua [1991]; Perrot [1992]; Meyssonnier [1993]; Cartelier [2008]; Murphy [2009b] を参照されたい．また，櫻井 [2009] もあわせて参照されたい．

税を認めず,従って貨幣貸付資本家の階級帰属の『身分』と『富の性質』の両面に分けて考えているのも,ケネーの純生産物論,従ってまた土地単一課税の影響であろう」ともいう.だから,「テュルゴー自身,農業純生産物論と全企業における資本蓄積論とは相矛盾するものであることに気付きながら(原注),後者を前者の枠のなかに戻して,両者の調整を計ろうとしたのである」ということになるのである[15].

　渡辺の議論は難解である.その最大の難点は,渡辺がケネーの純生産物を「農業純生産物」と規定したうえで,あたかもテュルゴーがケネー説に倣いこの枠のなかに企業の資本蓄積論を戻して「両者の調整を計ろうとした」というところにあるが,まったくの誤解にもとづく議論といわなくてはならない.テュルゴーのこの点をめぐる議論は,「明快さは彼〔テュルゴー〕の取り柄ではなかった」というかれの友人アンドレ・モルレの批評に反して,「一言にして要を尽くす」とまではいえないにしても,いつになく「明快」そのものである.テュルゴーは『諸省察』第60節「工業企業における資本の使途〔前貸し〕とその回収および企業が受け取るべき利潤に関する説明」のなかで,皮革なめし工業企業者を例にとってつぎのようにのべていることは,渡辺のような誤解を解く有力な論拠を示していると考えられる.テュルゴーはいう──.

　　皮革なめし工業企業者の期待するのは,自らの皮革製品の販売によってかれの全前貸しのみならず,かれが資金(fonds)を手に入れるために労働を用いるとすれば,それと同じ貨幣価値を有するものを償うのに十分な利潤を手にすることである.そこに,かれの費やす労働,自己の負担する危険そしてかれの能力に対して適正に支払われるべき報酬が加算される.それというのも,利潤が〔他の分野の企業と〕変わらないとすれば,皮革なめし工業企業者はおそらくは労苦を惜しみ,〔かれが皮革

---

15) 以上,渡辺［1967］,106ページより引用.

なめし企業を営むのと〕同額の資本で取得することが可能な土地から生じる収入〔地代〕で生活する途を選択するであろう[16]．

ここでのテュルゴーの議論は，工業ないし製造業の企業者がその企業活動を維持・継続するうえで手に入れなければならない資本と労働を論じてのちのことであり，工業企業者の支出する資本の中身をこう説明していた．すなわち，製造設備に支出された前貸し資本，原材料の購入，労働者の賃金などが，それである[17]．また，企業者の労働はといえば，それは企業運営上の監督と，企業がもたらし，そして引き受けるさまざまの危険から構成される．企業者に支払われる報酬は，かれの労働に対するものといってよい．もしもそうでなければ，皮革なめし業を営む工業企業者は「労苦を惜しみ」「土地から生まれる収入で生活する途を選択する」ことになるはずである．けだし，テュルゴーがつぎのようにいうのは至極当然といわなくてはならない．

　皮革なめし工業企業者はかれの製品を販売することによって資本を回収すると同時に，かれの皮革製造を継続して操業し，これを持続するためにふたたび資本を用いて諸物を購入する．かれはかれの〔手にするであろう〕利潤から生活費を捻出し，かれが節約できるものはこれを蓄える．こうして，かれは資本を増加し，そしてさらに〔そうすることによって得るであろう〕利潤をさらに増大するためにかれの前貸し総額を増大させ，これをかれの企業に投じるのである[18]．

このパラグラフから読みとれるように，テュルゴーは工業ないし製造業企業者の利潤や報酬の源泉を明快に論じているが，このことは農業分野における企業者——農業資本家的企業者——のそれと対比すればよりいっそうクリ

---

16) Turgot [1766b], p. 569.
17) *Idem*, p. 568.
18) *Idem*, p. 569.

アになるであろう．テュルゴーはつづく第62節「他の〔3番目の〕資本の使途は農業企業への前貸しである．農業企業における資本の投入，回収および必要不可欠の利潤に関する説明」の一節でつぎのようにのべている．

　　相当額の資本を所有する人間〔資本家〕たちが，農業企業にかれらの資本を運用するために土地所有者から土地を多額の借地料を支払って借り，そして耕作に要するあらゆる前貸しを引き受ける〔としよう〕．これらの資本所有者たちのありようは製造業企業者たちのそれと同じであるに相違ない．資本所有者たちにはそうした企業者たちのように，企業の原前貸し（avances primitives）を行い，当初の耕作にさいして蒔く種子を購入することなどが必要となる．かれらは製造業企業者と同じように，資本すなわち原前貸しおよび年前貸し（avances annuelles）のすべてを超過した〔価値を有する〕ものを収穫しなくてはならない．第1はかれらが何ら労働をすることなしに自らの資本によって手にすることのできる収入に等しい利潤であり，2番目はかれらの労働，かれらの負う危険や勤勉への報酬であり，そして3番目にはかれらの資本もしくは原前貸しに入り用となる資金（fonds）である〔中略〕．これらすべては土地生産物から控除（prélevé）されなくてはならない．つまり，余剰生産物は耕作者がかれの土地に企業を設立して農地（champ）を耕作する許可をあたえた土地所有者への支払いに供せられる．これが借地料，土地所有者の収入〔地代〕，**純生産物**（produit net）である．それというのも，あらゆる種類の前貸しの回収，前貸しを行った人間の利潤を限度として土地が生み出すものはすべて，もしも耕作者がこれらを引き出さないとすれば，自らは他人の農場を耕作するためにかれの富と労苦を使うことを控えるであろうがゆえに，収入ではなく**耕作料を回収したもの**（rentrée des frais de culture）と看做すことができるからである[19]．

---

19) *Idem*, pp. 570-1. テュルゴーがこのパラグラフで論じていることは，かれの「利潤論」を考えるうえで重要な意味をもっている．詳細は他日にゆずり結論を急げば，テ

テュルゴーによれば，農業や工業セクターの企業者の利潤や報酬には決定的な相違が存在しないことを理解できるはずである．むしろここでは両者における相似性にこそ目を向けなければならない．それは工業ないし製造業の企業者が土地所有者から土地を借りて自己の企業活動を行うとすれば，企業者的借地農業者したがってまた農業企業者が土地所有者と借地契約を結んで農地を借り受ける場合と何ら変わるところがない，ということである．それというのも，この場合の両者のステイタスはともに単なる「借地人 (locataire)」でしかないからである．もしもそうであるとすれば，工業あるいは製造業セクターの企業者が土地所有者に支払う賃貸料は，土地の耕作者ないし農業企業者の支払う借地料と同じ性質のものといわなくてはならない（いまは土地の豊度や立地条件などはこれを考慮しない）．それにまた，製造業ないし工業企業者がもし仮に資本を借り入れて自らの企業活動を行うとすれば，かれが資金の出し手である貨幣貸付資本家に対して支払う貨幣利子と土地の賃貸料もしくは耕作料（地代）とを明示的に区別するのはますますむつかしくなるに相違あるまい．

　テュルゴーの議論をそのように解釈することが許されるとすれば，渡辺の

ュルゴーは資本概念を導出した結果，商品の基本価値（valeur fondamentale）を構成するものは土地と労働と資本の3つの生産要素であるとしたうえで，かれ独自の利潤論を導いているからである．かれは「サン゠ペラヴィ氏の草稿に関する所見」のなかでこういっている．すなわち，商品の基本価値とは「商品を販売する人間が〔その生産に〕必要とする費用」のことであり，「材料費，前貸し利子，労働賃金および工業〔企業者の〕報酬」(Turgot [1767b], p. 655) から構成される（同様の記述は，テュルゴーがデイヴィッド・ヒュームに送った1767年3月25日付書簡のなかにも認められる．Turgot [1767c], p. 663 参照）．それは別言すれば，前貸しの諸費用，労働賃金および企業者の報酬（利潤）の3つということであるが，そこには土地所有者に支払われる地代に相当する費用はふくまれない．テュルゴーにあっては，地代は企業者の利潤から差し引いた純生産物の処分可能な一分枝であると考えられているのである．そしてこの点にこそ，テュルゴーとケネーおよびフィジオクラート派の純生産物に対する見解の決定的な相違がある．ラヴィックス／ロマーニがテュルゴーの地代をのぞいた純生産物論を「残余純生産物（produit net résidu）」と呼んでフィジオクラート派のそれと区別する理由も，以上の点から導かれたものと解釈することができる (Ravix et Romani [1997], p. 46)．のちにみるように，テュルゴーは純生産物の生産が農業に限定されるとは考えていないとみてよいであろう．

第3章　テュルゴー資本理論の諸問題　　　　　　　　　　　113

いうようにテュルゴーが「農業以外の産業に利潤の存在と資本の形成を認めながらも，それらの利潤や資本は究極においては農業余剰すなわち純生産物地代の転化したものにすぎない」と考えていたというのは曲解とはいわないまでも明らかな誤解である，といわなくてはならないであろう．事実，テュルゴーが『諸省察』第66節でのべているつぎの一節をみれば一目瞭然であろう．かれはいう――．

　　企業者は，それが土地耕作企業者であれ，製造業企業者であれ，その前貸し利潤を回収するのは，土地の生産物もしくは製造品の販売によるほかないのである[20]．

　テュルゴーの所説にしたがえば，借地料が純生産物の貨幣的表現であるという考えは希薄化し，資本の報酬全体と同一視されることになる．いわゆる「純生産物論の一般化」[21]である．そうであるとすれば，渡辺のように「テ

---

20)　Turgot [1766b], p. 572.
21)　Jessua [1991], p. 102. もっとも，この点については，『諸省察』第98節「一国における真に処分可能な所得は土地の生み出す純生産物だけである」というわが親愛なるドクトゥルを髣髴とさせる記述を読むと，テュルゴーの所説はアンビバレントであり，渡辺や山口がいうテュルゴーのフィジオクラート派への「回帰」を正当化する根拠を提供しているかのようにみえないこともない．しかしテュルゴーはつづく第99節ではこうもいっている．「土地所有者がより多くの超過分を得ても，かれらの節約はよりすくない．それというのも，かれらは仕事から解放された余暇をもっているので，満たすべき欲求や熱情がそれだけ多くなるからである．かれらは自らの財産が保証されているとみている．かれらは財産をふやそうとすることよりは，これを快適に使うことを考える．奢侈はかれらの共有するところである．被雇用者，そしてとくに他の階級に属する企業者たちは，かれらの前貸し，才覚や活動に比例した利潤を受け取り〔中略〕〔土地所有者とは反対に収入を自らの欲望にまかせて使い切ることなく〕超過分はこれをすべて自らの企業の拡大のために節約する」（Turgot [1766b], pp. 600-1）．何世紀にもわたり蓄積された財産をその欲求や熱情のおもむくままに費やす土地所有者に対して，一方の企業者は土地所有者の費やした「真に処分可能な所得」としての土地の「純生産物」を節約して得た超過分を蓄積して自らの企業を拡大するよう心がけてきた，ということであるかもしれない．その意味からすれば，テュルゴーが第98, 99節で説いていることといえば，結局のところ，ラヴィックス／ロマーニのいう「ブルジョワ道徳に特有の節約という美徳」（cette vertu aussi caractéristique

ュルゴー自身，農業純生産物論と全企業における資本蓄積とは相矛盾するものであることに気付きながら，後者を前者の枠のなかに戻して，両者の調整を計ろうとした」とはとてもいえたものではない．それというのも，このような状況下では，そして農業における労働の優位性をいかに声高に叫ぼうとも，もはやさしたる重要性をもたないことになるからである．その当然の帰結が『諸省察』の第61節「勤勉な被雇用階級（classe stipendiée）の企業者，資本家および単純労働者への再分化」および第65節「土地耕作階級（classes des cultivateurs）の企業者もしくは借地農業者および単純労働者，作男（valets），日雇労働者への再分化」であり，テュルゴーはこういっている．

　まず前者の「被雇用階級」の再分化についてであるが，つぎのように解説している．すなわち，

　　〔被雇用階級は〕ふたつの階層（ordre）に分化する．すなわち，一方は製造企業者，製造職人，多額の資本を擁するその所有者〔中略〕，他方は未熟練職人，単純労働者である[22]．

　一方の土地耕作階級はといえば，テュルゴーの理解によれば，以下のような再分化をとげることになる．

　　〔土地耕作階級は〕被雇用階級のそれと同じようにつぎのふたつに分化する．すなわち，あらゆる前貸しを行う企業者または資本家と単純な賃金労働者のふたつの階層である[23]．

---

de la morale bourgeoise)」（Ravix et Romani [1997], p. 61）である．しかるに，純生産物が土地以外の産業から生まれること——すなわち「純生産物論の一般化」を否定したものではなく，ましてやフィジオクラート派への「回帰」を示すものとは考えられない．カナダ・ケベック大学で教鞭を執っていた経済学者ジル・ドスタレールをしてテュルゴーを「資本主義の理論家（théoricien du capitalisme)」(Dostaler [2010b], p. 74)といわしめたのもラヴィックス／ロマーニと同様の見方をしているからである．なお，以上の点については，本章脚注17もあわせて参照されたい．

22）　Turgot [1766b], p. 569.

第3章　テュルゴー資本理論の諸問題

　だが、それにもかかわらず渡辺は「テュルゴーが利子に対する課税を認めず、従って貨幣貸付資本家の階級帰属の『身分』と『富の性質』の両面に分けて考えているのも、ケネーの純生産物、従ってまた土地単一課税の影響であろう」[24]といって、テュルゴー学説の「重農主義的限界」にどこまでもしがみつこうとする——あるいはこういってよければ、渡辺の意図はこれをいまあえて問わないけれども、テュルゴーの経済学説をケネーや「重農主義」の枠内に押しとどめようとするのである。けれども、これまでの説明から渡辺のテュルゴー解釈が的外れであり誤りであることは上記の引用文をみれば明らかであり、あらためて詳細に及ぶまでもない。それにしてもひとつだけ付言しておけば、テュルゴーが利子に対する課税を認めなかったのは渡辺のいうような意味からではなかったという事実である。例えば、テュルゴーは先に引用した「貨幣を貸し付ける資本家は富の生産に絶対的に必要な商品を

---

23)　*Idem*, p. 572.
24)　渡辺 [1967]、106ページ。もっとも、例えばテュルゴーがヒュームに送った1767年3月25日付書簡のつぎの一節をみると、渡辺がそのように考えるのもやむを得ないかもしれない（ただし、渡辺は同書簡について言及していない）。すなわち、「わたしが貴兄に提示したく思いますのは、わたしが出発点とする、そして議論の余地のないと信じるにたる原則だけです。つまり、年々の土地生産物のほかに一国における収入が存在しないという原則です」（Turgot [1767c], p. 662)。もっとも、同書簡後半のパラグラフを読むと、テュルゴーのいわゆる「土地生産物」はフィジオクラート派の考えというよりはむしろリシャール・カンティヨンのそれに近いといってよいであろう。すなわち、「すべての土地生産物はつぎのふたつに分割されます。一方は、つぎの年の再生産に充当されるものであり、それにはただ単に耕作企業者が素材のかたちで (en nature) 消費される生産物のみならず、自らの生存のために働くさまざまの種類の労働者——厩の使用人、車大工、馬具職人、機織職人、仕立職人など——を賃金で雇用するのに要するあらゆるものがふくまれます」（*Idem*)。ここでは土地生産物がただちに農業生産物を意味するものではなく、一般的にいえば、前貸し資本の一部を構成する労働費用と理解できるが、しかしのちにみるように、テュルゴーがカンティヨン（そしてある程度までフィジオクラート派）と同様に、土地を社会的生産の唯一の制約条件と考えていると思われるふしのある以上やむを得ない議論と考えられる。なお、一言念のため付言すると、本文で引用した渡辺の「資本家の階級帰属の『身分』と『富の性質』の両面……」のなかの「身分」は原文では "ordre" であるが、適訳とはいえ、前後の文脈から判断すればむしろ「階級」ないし「階層」と訳出するのが筋である。それゆえ、渡辺の「『身分』と『富の性質』」云々にはここではこれ以上言及する必要はあるまい。

取り扱う商人と見做さなくてはならない」のすぐあとのパラグラフでこうのべている——．

　このような商取引に課税することは土地の豊度を高めるのに役立つ牛馬の糞の山（fumier）に課税するのと同じくらい理に適わないことである[25]．

　テュルゴーがここでいうところの「牛馬の糞の山」とは蒔種時に必要かつ不可欠の肥料，土地の豊度を維持し高めるものであって，広い意味での資本ストックの一部を構成するものである．しかるに，渡辺のいうように農業生産に限定された資本ストックに狭く限っていないことは文脈からして明らかである．それにまた，渡辺の説くように「テュルゴーが利子に対する課税を認め」なかったとはいえない．それというのも，テュルゴーが土地課税を課税の中心と考えていたことはたしかなことであるが，しかしすぐしたでのべるように，そしてテュルゴーの友人モルレの証言にみられるとおり，ジャン＝バティスト・ド・マショー・ダルヌーヴィルの「20分の1税（le vingtième）」を支持したグルネーの影響を受けて，土地のほかにも広く浅く課税することに反対でなかったことをはっきり認めることができるからである．それゆえ，うえのテュルゴーの記述を「ケネーの純生産物，従ってまた土地単一課税論の影響」とみる渡辺の所説は明らかな間違いといわなくてはならないのである．「古人の言に付会して説をなす」とは，このようなことをいうのであろう．これが渡辺の所説のいまひとつの問題点である．テュルゴーの課税論に「ケネーの純生産物論，従ってまた土地単一課税論の影響」が認められるかどうか——．

　たしかに洋の東西を問わず比較的最近まで，（土地）単一課税論はフィジオクラート派固有の主張と考えられ，テュルゴーはフィジオクラート派の主

---

25) Turgot [1766b], p. 598.

第3章　テュルゴー資本理論の諸問題　　117

張を受け容れ，その主張の実現に鋭意尽力したと解釈されてきた．そのような解釈が仮に成り立つとすれば，テュルゴーがフィジオクラート派であったと見做されてきたのも当然といえば当然であった．あるいは，テュルゴーがたとえフィジオクラート派ではないとしても，かれが生涯メントールと仰いだグルネーを「裏切った」というように詰(なじ)られてきたのである．ところが，事態はその正反対である．既述のように単一課税導入という政策的主張はフィジオクラート派に固有のものでは毛頭ない．テュルゴーの師グルネーもまたチャイルド『新商業講話』の「注釈」のなかでその実施を強くのぞんでいたし，実際にも時の財務総監マショー・ダルヌーヴィルの「20分の1税」の施行にさいして，それこそ獅子奮迅の活躍をしたことは，フランスの経済思想史家シモーヌ・メイソニエが国民議会（下院）図書館などで発見したグルネーの「注釈」の草稿の記述などによって資料的にも裏づけられている[26]．

　その意味からすれば，テュルゴーは誠実な「グルネーの支持者(パルチザン)」であった．ことほどさように，テュルゴーが1767年に著したといわれる「サン＝ペラヴィ氏の草稿に関する所見」のなかで，フィジオクラート派の土地単一課税論の危うさを厳しく挟(えぐ)り出している指摘が認められる．サン＝ペラヴィは音に聞こえた戦闘的な「農村フィジオクラート (physiocrate rural)」であり，ケネー学説の忠実な継承者でもあった．そしてテュルゴーのいう「サン＝ペラヴィ氏の草稿」とは，1766年のリモージュ王立農業会 (Société royale d'agriculture de Limoges) 主催の懸賞論文大会で栄えある「入賞した作品 (couronné)」である．サン＝ペラヴィ論文のテーマである「間接税導入のために (en faveur de l'impôt indirect)」は，まさにフィジオクラート派の「論客」たちが年来唱えてきた主張を体現したものであったといえるかもしれない．

　もとより，ここでは「農村フィジオクラート」の闘士の主張へのテュルゴーの「所見」を詳細に検討することがテーマではないし，その余裕もない[27]．

---

26) この点については，Groenewegen [1984]；手塚 [1927] などを参照されたい．また，本書の付論Ⅰもあわせて参照されたい．

27) ここでの記述については，前章脚注53をあわせて参照されたい．

そこでいま要点だけをかいつまんで示せば，サン=ペラヴィの立論の基礎はケネーの『経済表』にあるが，それでもかれの議論を好意的に解釈してオリジナリティをあえて挙げるとするならば，わが親愛なるドクトゥルがその著書で用いた数値を修正したところにある．すなわち，ケネーが土地所有者の収入の全額を支出すると仮定したうえで，かれの所得流通フロー論を展開したのに対して，わが農村フィジオクラート派の論客はこれを2分の1であるとか，3分の1であるとか，4分の1であるとか「仮定」して土地純生産物の流通を論じるのである．

だが，テュルゴーが的確に指摘するように，土地所有者が収入のどれだけを支出に割り当てるかはあくまでも「仮定」の問題である．だから仮定上辻褄合わせの数字をいくらまことしやかに論じようとも，つき詰めていうなら「すこぶる根拠に乏しい（très gratuitement）」仮説であることに変わりない．いわんや，そのような仮説から現実的解決を導くことなどできない相談である．そればかりか，土地はそれぞれに豊度を異にするため，いわば当然の帰結として，各農場（champ）の，したがってまた農業資本家的企業者の産出量，ひいては農業純生産物の全体的な産出量を計測することは不可能といわざるを得ない，とサン=ペラヴィを論難するのである[28]．

いまとりあえずそのように考えることができるならば，クロード・ジェシュアのいうとおり，テュルゴーは如上の「所見」のなかで，サン=ペラヴィをはじめフィジオクラート派のメンバーがケネーの『経済表』を神聖化するあまり一字一句を忠実に読むことの危険性を，いわば慎重な言い回しではあるが読者に伝えたのかもしれない[29]．ともあれいずれにしても，渡辺の主張

---

28) Turgot [1767b], p. 642. これに関連してテュルゴーがつぎのようにいうのは興味ぶかい．「前貸しと生産物の間には一定の比率が存在することはあり得ない．前貸しは単なる支出にすぎず，それ自体では〔土地の〕産出力を高めるものではない」（*Idem*, p. 643）．

29) Jessua [1991], p. 98. そのような解釈からみると，テュルゴーが1766年12月にデュポンに書き送った書簡のなかで「わたしは〔『諸省察』のなかで〕社会の動きと富の分配に関する詳細な見取図を描くことを優先しました．そこでは代数を用いず，抽象理論にもとづく部分をのぞけば『経済表』に相当する議論も存在しません」（Tur-

するようにテュルゴーの資本利潤や利子論が「究極においては農業余剰すなわち〔農業〕純生産物の転化したもの」[30]であるといえないことだけは，議論の余地がない (non disputandum) ほどたしかなことである．渡辺の意に相違して，テュルゴーの資本理論はケネーやフィジオクラート派の学説を継承・発展させたものでないばかりか，これをはるかに超える実質をもっていたと評することができる．手塚壽郎がテュルゴーの師グルネーに贈った言葉に譬えて愛弟子の功績をいいあらわすなら，テュルゴーは「卓越して時流を拔いた經濟學者」であり，その資本理論はすぐれてオリジナリティにとみ，それゆえかれをして「佛蘭西の經濟學史上に於る地位を重からしむる」とともに，後世の経済学研究者に「少なからざる影響を與へた」[31]といってよいように思われる．

3. 貯蓄・投資分析の批判的考察——テュルゴーの限界

(1) 外部資本依存の「危険性」

これまでの「通説」とは異なり，テュルゴーの『諸省察』における資本理論がサー・ジョサイア・チャイルド，ヴァンサン・ド・グルネーによって提起された資本概念を精緻化し，それが富の形成と分配においてはたす役割を

---

got [1766c], p. 519) という場合，渡辺のいうような「『経済表』に相当する部分」を「継承し発展させようとしたものである」（渡辺 [1967]，92 ページ）という以上の意味があったと考えるべきであろう．

30) 同上，106 ページ．この点については，山口正太郎がその論文「チュルゴーの『富の形成と分配』」のなかでのべていることは，渡辺の所説への有力な反論になろう．すなわち，「資本の特質がその收益性にあるとするならば，農業に投資するのと，商工業に投資することによつて，資本そのものゝ性質に差を生ずるわけではない，重農學派〔フィジオクラート派〕の如く，農業のみに制限せらるゝものではない」「農業と共に商工業に生産性を認め，投下せる資本に，等しき性質の收益性あるを是認すべきである．チュルゴー〔テュルゴー〕は此點に着眼し，農業も商工業も同じく利潤 profit を發生し，『農業上の企業家も必然的に工業上の企業家と同じである』（原注）と明言する．茲に明らかにチュルゴーが重農學派と別れ，アダム，スミス〔アダム・スミス〕の出現を俟つ消息をみることが出來る」（山口 [1930]，84, 86 ページ）．

31) 手塚 [1929] 其一，41 ページ．

体系的に展開したすぐれて独自の理論構成をもっていることを明らかにしてきた．そしてそれは経済学の形成史をふり返るなら，その後の古典経済学説におけるだけでなく，現代でも十分に納得できる経済理論といって決して過言ではあるまい．しかしながら，そこにまったく問題がないか，という段になるとかならずしもそうばかりいえないこともまたたしかなことである．

　テュルゴー資本理論の最大の問題は，かれがその根幹をなす貨幣的資本（capital en argent）の機能を重視しながらも，結果として貨幣形態での資本の形成と蓄積の可能性を消極化するかのような論理を展開している点にある——すくなくともそうみえる．既述のようにテュルゴーは貨幣一般ではなく，「節約された貨幣」，したがってまた農業，工業，商業のあらゆる部門の企業者における貨幣の蓄積が資本を形成することを明らかにした．すなわち，企業者による富の形成と分配——つまり生産的労働による前貸し資本（投下された資本ストック）の回収部分とこれを超える生産物（余剰生産物もしくは純生産物）の生産と流通を通じて資本が蓄積されるということである．そしてそこでは企業者が自らの貨幣のみならず貨幣を貸し付ける資本家から資金を採り入れてかれらの企業活動を行うことを想定していたのであった．だが，それにもかかわらずテュルゴーは『諸省察』の最終の，第100節の一節でつぎのようにのべ，あたかもこれまでの議論を否定といわないまでも，すくなくとも修正するかのような説明を行っているのである．すなわち，

　　ほとんどすべての節約〔または貯蓄〕は貨幣のかたちで行われる．すなわち，土地所有者が手にする収入，それにあらゆる種類の企業者に還流する前貸しと利潤は貨幣のかたちにおいてである．したがって，かれらが節約するのは貨幣であり，年々の資本の増加も貨幣のかたちであらわされる．しかし，企業者はあげて，かれらの運営する企業にさまざまに異なる性質の資産（effet）に貨幣を即座に（sur-le-champ）転化するほかに使途はない．こうしてこの貨幣は流通に回帰する．そして，資本の大半はこのようにさまざまの性質を有する資産のかたちでのみ存在する

第 3 章　テュルゴー資本理論の諸問題　　　　　　　　　　　121

のである[32]．

　テュルゴーがここでいっていることは，企業者は自らの手にした利潤のかたちで蓄積する余剰をかれらの手によって前貸しする——すなわち再投資する，と説いているように読める．ことほどさように，アントイン・E. マーフィーはこれを称して「自己金融型貯蓄・投資モデル（self-financing saving-investment model）」[33]と命名している．別言するならば，企業者は自らの必要とする資金を獲得するために貨幣市場に参入する必要がないということであるかもしれない．すくなくとも貨幣貸付資本家に資金を仰ぐ必要がないと読めないこともない[34]．はたしてそうであるとすれば，テュルゴーが『諸省察』第 29 節で規定した「資本一般」や，第 53 節以下で展開された 5 つの資本の使途とりわけ第 71 節の「貨幣貸付資本家（capitaliste prêteur d'argent）」の規定はこれを一体どのように理解したらよいのであろうか——．貨幣貸付

---

32) Turgot [1766b], p. 601. スミスは『国富論』第 2 編第 3 章で「勤勉ではなく，貯蓄（parsimony）が資本蓄積の直接の原因（immediate cause）である」（Smith [1776], p. 321. 訳 307 ページ）とのべている．『国富論』の訳者である大河内一男はここでは形容詞形の"immediate"であるから「直接の」と訳出しているが，しかしこれが"immediately"と副詞形であれば，「時を移さず」「即座に」「直接的に」あるいは「自動的に」などの語義となり，テュルゴーが用いたフランス語の単語"sur-le-champ"と同義である．なお，この点の解釈については，Vissol [1982] を参照されたい．

33) Murphy [2009b], p. 147. ちなみに，マーフィーのいうように，テュルゴーが貯蓄・投資の転化を「即座に（sur-le-champ）」行われるといっていることから，この言葉を加えて，「直接的」または「自動的」自己金融型貯蓄・投資モデルと呼ぶほうがより適切であるかもしれない（Idem）．

34) Idem. マーフィーは別の機会でテュルゴーの貯蓄・投資モデルをつぎのように解説している（Murphy [2004], p. 16）．すなわち，$Y-C=S$（ただし，Y＝所得，C＝消費，S＝貯蓄）．S（貯蓄）が I（投資）に転化することになるが，テュルゴーにあっては，S が「即座に（sur-le-champ）」投資（I）に転化すると説くため，両者はつねに等しく，したがって $S>I$（貯蓄超過あるいは投資過少）または $S<I$（貯蓄過少あるいは投資超過）といった，ジョン・メイナード・ケインズをはじめとする 20 世紀の，そして 21 世紀の経済学者の頭を悩ますような事態をまったく想定する必要がないということになる（Idem, p. 21）．のちにみるように，テュルゴー流の均衡理論は信用創造を考慮に入れないところに成立したものといえるかもしれない．

資本家の存在は企業利潤の内部留保を前提にした自己金融型モデルではなく，すくなくとも貨幣市場における資金調達，したがってまた「外部金融型貯蓄・投資モデル」を提示できたはずである．テュルゴーをしてこのように論理一貫性を欠いた貯蓄・投資モデルを提起させるに至った理由の一斑を知る手がかりが『諸省察』第99節のなかのつぎのパラグラフにある．テュルゴーはいう．

> 土地耕作企業者たちはほとんど借り入れを行わず，そのすべての経営はかれらの資本だけで成り立っている．自らの財産をゆるぎないものとすることを欲するためである〔中略〕．借入資金による経営に意を用いる〔工業，商業などの〕他事業の企業者たちは失敗する危険性がきわめて高い[35]．

このパラグラフから，テュルゴーが「ケネーの重農主義的限界を超えようとした」にもかかわらず，結果としてケネー流の農業に「限定された資本の概念を彼独自の純生産物論と結びつけた農業資本以外」の資本を認めないことになった，という渡辺のような解釈が登場するのである[36]．その意味するところは，山口一流の表現を借りれば，テュルゴーが「重農學派の陣營に歸つた」ということであり，それはまたテュルゴーをフィジオクラート派と見做すことにつながる解釈でもある．もちろんそのような解釈には欠陥があることはのちにみるとおりであるが，そうした解釈への反論を念頭に置いて，ここではさしあたりつぎのことを問わなくてはならない．すなわち，例えば

---

35) Turgot [1766b], p. 601.
36) 渡辺 [1967]，106ページ．ちなみに，すぐしたでみるように，山口正太郎がその論文「チュルゴーの『富の形成と分配』」のなかで「チュルゴー〔テュルゴー〕の貨幣論に於て，我々は從來重農學派の人々によつて看過せられた貨幣の偉大なる職能に就いて新しく開拓された途を發見し，チュルゴーが此派と決訣する事の所以を知ることが出來るのである」（山口 [1930]，82-3ページ）とテュルゴーの資本理論を評価しつつも，詰まるところテュルゴーが「重農學派の陣營に歸つたのである」（同上，95ページ）という場合，渡辺と同様の解釈をしていることの結果とみてよいであろう．

第3章　テュルゴー資本理論の諸問題

貨幣市場のような「外部」に事業資金を依存する企業者たちをテュルゴーがなぜ「失敗する危険性がきわめて高い」といったのか——その意味を問うこと，これである．

この問いに対する当面の解答は，テュルゴー自身ここでは説得的な説明を行っていないということである．ばかりか，すでにみたようにかれが『諸省察』第75節で「〔利子率は〕他のあらゆる商品と同じように，自主的に決定される市場価格である．この価格は貸し手が自らの資本の喪失に備えた安全性（sureté）〔の程度に〕応じて多少なりとも変動する」とのべていたことに思いを致せば，土地耕作企業者つまり農業資本家的企業者以外の，工業や商業など他の産業部門の企業者たちが自らの外部に進んで経営資金をもとめる企業活動がたとえ「失敗する危険性がきわめて高い」としても，貨幣貸付資本家がこれに資金を貸さない——企業者の内部金融はその当然の帰結——という積極的な理由を見出すことは，はなはだもって困難というほかない．それというのも，テュルゴーがここでいう「安全性」とは，資金の借り手の資金返済能力すなわち「信用力」のことであり，仮に借り手たちの「安全性〔信用力〕が等しければ利子率は資金量の多さと資金需要に応じて決定される」からにほかならない．反対に，もしも借り手の信用力がさまざまに異なれば，かれらの生み出す収入と危険度に応じて土地収入に一定程度のリスク・プレミアム（prime de risque/risk premium）を付加するかたちで利子率の序列が形成されるはずである[37]．

---

37) もっとも，テュルゴーが1770年に作成した「貨幣貸付に関する覚書（Mémoire sur les prêts d'argent）」では，『諸省察』第99，100節にあるような記述は認められない．この覚書は，1769年にフランス西部の地方都市アングレーム（現シャラント県の県都）で実際に起きた「高利告発事件」に関する中央政府への報告書であるが，そのなかでテュルゴーは「企業者が他人の懐中物〔借入れ資金（bourse de l'autrui）〕に依存しないでその事業活動を行う商取引など，およそこの世に存在しません」（Turgot [1770a], p. 168）といって，貸付資本家と企業者との相互関係を強調している．その意味からすれば，テュルゴーは如上の第99，100節におけるような見解がみられたとしても，根本的な点では企業者による外部資金調達の重要性を容認していると考えてよいであろう．なお，この点に関する詳細な検討は本書の付論II「テュルゴー利子論への補遺」で行っているので参照されたい．

既述のとおり，テュルゴーの利子率形成のロジックはまことにもって正当であり，すぐれて現代的視点を有しているといって過言ではない．しかるに，かれのロジックに即していうなら『諸省察』第99，100節で土地耕作もしくは農業企業者以外の，商工業企業者の経営の「危険性」をことさら強調し，かれらが外部の貨幣貸付資本に資金を依存することを拒むテュルゴーのここでの議論は，かれがそれまで展開してきた議論と明らかに論理整合性を欠くといわざるを得ない．ところが，テュルゴーがあえて外部金融の「危険性」を強調するに至った理由はじつのところ単に理論上の問題にとどまらない．この点について，アントイン・E. マーフィーはマクロ経済学者らしく18世紀フランスの政治・経済・社会問題を分析しつつ，テュルゴーの資本理論の問題点を解釈することを試みているが，問題を解明する有力な手がかりをあたえてくれると考えられる．マーフィーは本書ですでに何度も参照した「ローとテュルゴー」をはじめとするいつかの論稿のなかで，かれの愛読する推理小説家アガサ・クリスティが生んだ，ベルギーはフランドル地方出身の稀代の名探偵エルキュール・ポワロばりの"灰色の脳細胞（these little grey cells）"をフル稼働させてマクロ経済分析の手法を用いてテュルゴー理論の問題点に取り組み，かれ一流の解答を得ることを企図した．そしてそれは現在のところもっとも有力な推論――すくなくともそのひとつといって過言ではないであろう．

(2) 後進的金融システム下の貯蓄・投資モデル

　結論を先取りしていうなら，それはテュルゴーの理論的な帰結というよりはむしろ，18世紀フランスの金融システムを前提に金融市場の機能を論じたことに起因する，とマーフィーはいう．その要点は，テュルゴーの時代のフランスには近代的な「銀行（banque）」や「銀行家（banquier）」，「金融業者（financier）」と呼べるような機関も経済主体も存在しなかったばかりか，同時代のイングランドやスコットランドにおける金匠（goldsmith），銀匠（silversmith）といった金融業者――かれらは近代的銀行家の前身であり，

17世紀末にはその業務からみて「金匠銀行家（goldsmith banker）」と称されるようになる——をさえ目にすることがなかったという事実のなかにある．当時フランスで金融業務を担っていたのは，伝統的な貸金業者——ときに高利貸し（usurier）と称された——をのぞけば，公証人（notaire）や大手の商人や徴税請負人たちであった[38]．もっとも，かれらは「金融業者」ないし「銀行家」の機能を演じるとはいえ，金融業務を「専業」としていたわけではない．とくに公証人の場合がそうである．かれらは法律上許された範囲内で顧客から預託された金銭的または動産的財産を管理するうえで一定期間出し入れのない遊休貨幣を商人や工業者など貸し付けていたにすぎない．その意味では「副業」であり，オランダやイングランドにおけるように金融業者が手持ち以上の貨幣を貸し付ける——いわゆる信用創造——といったことはなかった．別言すれば，公証人たちの金融業務はあくまでも「限定的」金融業務でしかなかったのである．

問題はそれにとどまらない．当時のフランスではもっぱら宗教上の理由から貨幣取引にかかる付利が禁止されていたため，公証人たちは貸し手の信用力に過剰なまでに神経質であり，自らリスクを冒してまで貨幣貸付を増加する意図をまったくあるいはほとんどもたなかった[39]．はたして付利が禁止され合法（légal）ではなかったとしても，実際に貨幣の貸し手と借り手の間に利子関係が発生しなかったというわけではない．政府はこれを適法（légitime）として「黙認（permission tacite）」していたからである．ただ"お上"の「お目こぼし」を受けるには，借り手と貸し手は契約上付利を明

---

38) 以下の記述，断りのない限り，マーフィーの下記の論稿による．Murphy [2004; 2008; 2009b]．また18世紀フランスの金融業者や金融市場の状況については，主に下記の文献を参考にした．Bély [2003]; Chaussinand-Nogaret [1993]; Hoffman et al. [2001].

39) テュルゴーは第73節「教条主義神学者の反論の誤謬（Erreurs des scolastiques réfutées）」のなかでルカによる福音書の一節を引用している——．"Mutuum date nihil inde sperantes（何も当てにしないで貸しなさい）"（EVANGELIVM SECVNDVM LVCAM, VI, 35. 邦訳は共同訳聖書実行委員会訳『聖書 新共同訳』（日本聖書協会刊，1993年）による）．

記せず，当事者間の取決めとして借り手から貸し手への利払いを行っていたといわれる．

このように付利が禁止され，したがってまた貨幣市場や資本市場が存在せず，公然たる利子率が成立しない状況——フィリップ・T. ホフマンらのいわゆる「価格なき市場（marchés sans prix）」——のもとで，借り手が貸し手に利子を支払うさい，そもそもそれは何を基準にし，どのような水準が形成されていたのであろうか．当時もっとも一般的な方法は公債（rentes）を「基準」とするものであった．いい換えるなら，公債の利子があらゆる貨幣貸借の「規範（coda）」となっていたのである．それというのも，貨幣貸借にかかる「付利禁止」といっても，それはあくまでも，かの有名な「金に執着するファリサイ派の人々（haec Pharisaei qui erant avari）」（EVANGELIVM SECVNDVM LVCAM, XVI, 14）があざ笑った「〔金銭〕消費貸借（mutuum）」の付利に対する戒めであって，国王や国家への貸付すなわち公債はその限りではなかった．13世紀このかたイタリアの諸都市などの商人や金融業者たちがその保有する公債に対する持ち分ないし請求権（intérêt）を請求することは事実上「合法化」されていたからである[40]．そのように考えるなら，テ

---

[40] テュルゴーが問題にしているのは，商業社会における資本家と企業者との貨幣貸借取引ではなく，いわゆる「消費貸借」あるいはサー・ジョサイア・チャイルドをはじめ17世紀以来論じられてきた「高利貸し」のことであって，実際1766年の『諸省察』のオリジナルテキストに収録されていた「第75節ある異論に答える（§ VXXV. - Réponse à une objection）」は，主としてルカによる福音書のなかでいう"Mutuum date nihil inde sperantes"の戒めの解釈に関するものである．ただし，本節は『市民日誌』に掲載されるさいにデュポンによって削除され，テュルゴー自身ものちに秘書のアントワーヌ・ベルナール・カイヤールに宛てた書簡（Turgot [1774a]）にあるようにこれを認めていることから，シェル版全集の『諸省察』にも本節は収録されていない．『諸省察』オリジナルテキストの第75節に関しては別の機会にあらためて詳論する所存であるが，ここでの課題に限っていえば，問題は"mutuum"というタームの理解と解釈にある．神学論はともかくとして，社会科学的観点からすれば，フランスの経済学者アシル・ドーファン=ムーニエが自著『銀行の歴史（Histoire de la banque）』のなかで的確に論じているように，"mutuum"とは「貸借関係」一般ではなく，主に「消費貸借」を指す言葉であり，そしてこの消費貸借にかかる法律上の付利禁止は，紀元前5世紀中葉に制定された古代ローマ最初の成文法である「十二表法（LEX DVODECIM TABVLARVM）」によって定められたものである．すなわ

ュルゴーが『諸省察』第74節「貨幣利子の真の基礎」のなかで貨幣利子についてのべているつぎのパラグラフを読むとき，以上のことを理解するうえできわめて示唆にとむといえよう．すなわち，

ち，同法の定めにより「消費貸借（mutuum）の原始的なやり方によって行われた貸付では利子を要求することさえきびしく禁止されていた．消費貸借に対する付利禁止は要物契約に関するものであったため（貨幣は貨幣を生まないという理由で），中世盛期にカトリック教会によって再び取り上げられることになった」(Dauphin-Meunier [1964], p. 27. 訳35ページ)．その意味からすれば，消費貸借にかかる付利禁止は一義的に宗教的教義に由来する問題ではなかったのである．しかも，中世盛期に宗教関係者によって"mutuum"がふたたび取り上げられたとき，多様な貨幣取扱業者ないし金融業者が生まれ成長をとげ，かつ金銭取引もさまざまなかたちをとって行われていたため，もはや消費貸借のみを論じるだけではすまない状況になっていた．さらにいえば，宗教界自体がこのテーマをめぐってもはや一枚岩ではなくなっていた．という意味はこうである——．中世イタリアの諸都市は，豪奢な建築物の建設や，生存圏を広めるための戦争の継続に巨額の資金を必要としたが，「都市の税金はその必要をみたすにはもはや十分ではなく，ある時には任意の，ある時には強制的な借入金によって補わなければならない／都市は一代限り，あるいは二代の終身年金〔中略〕を売った．すなわち終身年金を売った形で借りた資金の利子として年金が払われた．若干の都市ではモンス（mons〔強制国債の保有者団体または組合．複数形はmontes〕）を作って貸主に借入金の担保として市の租税，賦課金収入を提供した．モンスはこの収入を領収し利益を組合員の間に分配した〔中略〕利子附貸付の禁止はモンスには加えられなかった．なんとなれば有利子貸付の禁止は〔初期キリスト教会最大の教父アウグスティヌスの教えにもとづいて共同生活を送っていた修道士グループが14世紀半ばに合同して誕生した〕アウグスチノ修道会派〔L'ordre des Saint Augustins; Ordo Sancti Augustini〕の隠修士派〔Ermites; Eremitarum〕の主張とは反対に，ドミニコ派やフランチェスコ派は，この借入金の目的が一般的な共通の利益に必要な資金を手にするものであるから，正当であるという考え方を立て〔中略〕モンスは急速に増加し，真の公立銀行（banques publiques）になった．その中で最も著名であったのは1408〔1407〕年にジェノヴァに設立されたサン・ジョルジオ銀行（Casa della Compere e dei Banchi di San Giorgio）であった／フランス国王シャルル6世によって任命されたジェノヴァ総督であった，その設立者ブシコー元帥〔ジャン2世ル・マングル．ブシコーは通称〕は12世紀このかた強制的に行われてきた借入金によって，重い借財を負っていた〔自由都市〕ジェノヴァの財政を建て直すために，すべての年金証書（compere）を8パーセントの利子で年賦償還される債務に転換させることに決し，その事務を一つの独立のコンパニアたるコンペレ・デイ・サン・ジョルジオに委託した．この方法によってかれは国庫の信用を高め，それまでのジェノヴァ政府が利用して来た，さまざまの種類の公け〔ママ〕の収入の譲渡を終止せしめた」(Idem, pp. 56-7. 訳70-1ページ．ただし引用文は邦訳とは異なる場合もある)．こうした方法をフランスの宗教界もやがて大目にみるようになった．それ

人は法に適うかたちで（légitimement）貨幣を貸すこともできれば，これを売り渡すこと（vendre）もできる．そして，貨幣所有者にはその両方のことが可能である．それは貨幣が収入の等価物であり，収入を生み出す方法であるからというだけではない．貸し手が貸出期間中に得べかりし収入を手にすることができないからというだけでもない．かれが自らの資本を危険にさらすからというだけでもない．借り手は借り手で有利な条件で貨幣を採り入れてこれを用いるか，あるいは多くの利潤をもたらす企業に貨幣を投ずるからでもある．貨幣所有者はつぎのような，より一般的でより決定的な原理によって貸付から合法的に利子を引き出すことが可能である〔中略〕．かれはかれの貨幣が自分の所有物であるという唯一の理由によって，貸出から利子を引き出すことを要求する権利をもっている〔中略〕．かれの貨幣はかれのものであり，そしてかれの権利を所有から切り離すことはできない．パンを買う人間は生活を維持するという動機をもっている．パン屋がその価格を要求する権利はパンをどうするかということとはまったく無関係である〔中略〕．主としてパンを所有しているということのうえに築かれた権利は，何人といえ

ゆえ，国王や支配者たちは借入金の担保として地方の徴税権などを債権者である金融業者や商人たちに提供したが，ほかにも国家が年金を売ったかたちで借り入れた資金の「利子」相当額の年金が支払われたといわれる．"ローマ・カトリック教会の長女（fille aînée de l'Eglise catholique)"をもって自他とも任じるフランスもその例に漏れることなく，国王や国家は借入金の見返りに支払う利子を年金や徴税権などを売るかたちをとって宗教上の禁止条項を回避していたのである．フランスで公債所有者がしばしば「年金生活者（rentier）」と称されるようになったのもそうした事情を映したものであった．なお，蛇足に属するエピソードであるが，如上の「年金生活者」という言葉は後世の社会運動家たちによって，グルネー＝テュルゴーのネオロジスムである"資本家"と同様に，学問的な意味とは異なる「闘争の言葉（mot de combat）」として用いられることになる．ロシア革命の指導者ウラジミール・レーニンことウラジミール・イリイチ・ウリヤノフが代表作『帝国主義論（L'impérialisme, stade suprême du capitalisme)』のなかで19世紀末から20世紀初頭のフランス経済のあり方を「年金生活者資本主義（capitalisme rentier）」と特徴づけたのはその最たる事例であったろう．この点については，Perroux [1962]; Rivoire [1992]; Jessua [2001] が簡便である．

どもこれを無と見做すことのできない権利なのである[41].

要するに，貨幣の貸し手が借り手に対して元利金を請求する根拠は，前者の所有物（この場合は貨幣）を返済するというところにもとめられる，と考えてよいのであるが，そのことを別言するなら，貸し手は借り手である企業の経営に参加し，後者が利益をあげればそのいくばくかを請求する権利を主張するということを意味する[42]．こうして貨幣貸借にともなう付利は「合法」とまでいわずとも「適法」ということになるわけである．もちろんだからといって公証人による貨幣貸出は近代的な金融業務とはいえないばかりか，近代的金融業務の柱のひとつをなす信用創造はこれを行っていない以上，金融仲介業務ひいては金融システムの発展はこれをのぞめないこともまたたしかなことである．そしてそのような状況が改善せず持続する限り，貨幣取引がきわめて不透明かつ不安定のままであり，したがってまたテュルゴーの指摘のとおり企業者による外部資金への依存が資金の出し手である資本家にとって「危険性がきわめて高い」ということにならざるを得ないのである．

このようにみていくと，マーフィーのいわゆる「自動的自己金融型貯蓄・投資モデル」とは，畢竟，テュルゴーが後進的フランス金融システムのもとでの外部金融の困難を前提に成り立つモデルであったといえるかもしれない．そしてこのモデルこそが，企業者の企業の発展ひいては経済成長と国家の強大化を達成する最良の方策であるということにもなるのである．ひるがえっていえば，テュルゴーによる貨幣的資本の消極的な評価は，かれの資本理論の「重農主義的限界」でもなければ，「農業純生産物論と全企業における資本蓄積論とは相矛盾するものであることに気付きながら，後者を前者の枠のなかに戻して，両者の調整を計ろうとした」結果でもない．テュルゴー資本理論に内在する問題と考えなくてはならないのである．

その最大のポイントは，テュルゴーが貯蓄の投資への転化が「即座に

---

41) Turgot [1766b], pp. 579-80.
42) Murphy [2004], p. 9.

(sur-le-champ)」または「自動的に」行われねばならないということの意味するところにある．しかもここで留意すべきは，テュルゴーが「農村フィジオクラート派」のサン゠ペラヴィの主張を多分に意識していたことであり，前記「サン゠ペラヴィ氏の草稿に関する所見」にあるつぎの一節がそのことを雄弁に物語っている．すなわち，「〔貨幣の〕節約〔または貯蓄〕が手元にある貨幣額を流通から吸い上げられるかたちで行われるとすれば，貨幣価値が低下する，というのはすこぶる根拠に乏しい仮説である」[43]と．資本形成の基礎となる貨幣蓄積が財市場における貨幣の流通を阻害しない——すくなくとも「節約（貯蓄）された貨幣」が「支出される貨幣」の減少をもたらさないこと，したがってまた財市場における貨幣流通に対する中立性を証明するためには，貯蓄の投資への転化が可能な限り速いことがのぞまれることになる．テュルゴーが「即座に (sur-le-champ)」貨幣が流通に復帰する——マーフィーのいわゆる自動的自己金融型貯蓄・投資モデルにこだわるゆえんである．

　だがしかし，こうした「自動的」自己金融型貯蓄・投資モデルのもつフィジオクラート派からの批判に対するテュルゴーの反批判の「有効性」を仮に認めることができたとしても，その結果としてケネーが『経済表』のなかで提起した「原前貸し (avances primitives)」と「年前貸し (avances annuelles)」との区別——現代的経済用語にいう固定資本（capital fixé）と流動資本（capital roulant）との区別の理論的意義をかならずしも正当に評価していたとはいえないばかりか，これを軽視するかたちとなったといわざるを得ないのである．むろんケネーの場合，固定・流動資本をつねに厳密に区別していたわけではないが，しかしかれの「原前貸し」と「年前貸し」は後世の固定・流動資本の区別の萌芽として評価しなければならないこともまたたしかである[44]．一方のテュルゴーにあっては，ケネーと異なり，賃金・利潤・地

---

[43] Turgot [1767b], p. 656. なお，テュルゴーのサン゠ペラヴィ論文の所見については，前章脚注 54，本章脚注 19 もあわせて参照されたい．
[44] この点におけるケネーの評価については，さしあたり，櫻井 [2009]，214 ページ

代の区別を明確にしているものの，固定・流動資本を区別する観点が例えば先に引用した『諸省察』の第62節の一節のように明確に指摘できる箇所もあるにはあるが，その他の記述でははっきりしないことが多いことに加えて，マーフィーのいわゆる「自動的自己金融型貯蓄・投資モデル」によって，最後までケネーの遺産を精緻化して固定・流動資本の区別が資本蓄積に及ぼす影響を分析することができなかった．フランスの経済思想史家ティエリー・ヴィソルが「〈sur-le-champ〉という言葉こそ〔テュルゴー資本〕理論にとって思わぬつまずき（point d'achoppement）」[45]であった，ということの意味もそのように解釈してよいであろう．

(3) 信用創造の拒絶——ジョン・ローの影

　テュルゴーが企業者の資本蓄積を貯蓄にもとめ外部資金調達を排除したモデルを構築したことが，当時のフランス金融システムの事情に配慮すればやむを得ないにしても，それが結果的にかれの資本理論の「思わぬつまずき」となったことは否定できない．むろんテュルゴーがこれを明確に意識していたかどうかは定かではないけれども，かれが貨幣貸借取引とりわけその根柢にある金融業者や金融システムに対する度し難いまでの不信感を抱き，貨幣貸借ないし金融取引の発展を容認しないという，かれの思想・信条に思いを致さずにはおかないであろう．

　それは一言でいうなら，スコットランドの大手金匠銀行家の家庭に生まれた稀代の銀行家ジョン・ロー——フランスでは，テュルゴーの「後見人

　　　以下を参照されたい．
45）　ヴィソルがこれを受けてつぎのようにいうのはまったく正しいであろう．すなわち，「その意味するところは，貯蓄の決定はすべからく投資に関連する決定と完全に一致するということであり，そして貯蓄が実物資本（capital réel）に転化する限りにおいて，貯蓄は資本の供給と等しいことになる」（Vissol [1982], p. 49）．より厳密にいえば，テュルゴーにあっては貯蓄は収入の節約の成果，すなわち，$S=Y-C$，そして S が実物資本に「即座に」転化して $S=I$ と表現可能であるとしても，I は流動資本に限られ固定資本をふくむかどうかは分明でない（$Y=$ 収入，$C=$ 消費，$S=$ 貯蓄，$I=$ 投資）．なお，この点については，Murphy [2004], p. 16 もあわせて参照されたい．

（protégé）」のひとりであり，リモージュ地方長官任官の労をとったヴォルテールが自身の手になる『回想録』のなかでいうように「かのラーともラス（ce Law, ou Lass）」とも呼ばれた——とかれの経済政策に対する嫌悪の情である．テュルゴーが目の当たりにした 18 世紀中葉から後葉にかけてのフランス金融システムこそは，"ロー・システム（Système de Law）"の残骸であったろう．テュルゴーが『諸省察』で展開した資本理論のロジックに即していうなら，当時もっとも先進的なオランダをモデルに後進的な金融システムを再興し，金融・資本市場の整備・育成を目指すのが筋であったがその意図をまったくもたず，かえって外部の金融市場での資本調達に依存しない「自動的自己金融型貯蓄・投資モデル」を導くに至ったと考えられる．すでにみたように，テュルゴーのローやかれの政策に対する度し難いまでの嫌悪の情は，ソルボンヌ学寮時代に知遇を得たシセ兄弟の長兄に宛てた 1749 年 4 月 7 日付書簡のなかに認めることができる——．「国王陛下〔ルイ 15 世〕が金貨や銀貨の代わりに紙幣（papier-monnaie）を用いるとはまったく考えられません」[46]．

　ここで若きテュルゴーのいう「紙幣」とは，ローが設立した発券銀行のバンク・ジェネラル（Banque Générale）——1716 年設立，1718 年に公立のバンク・ロワイヤル（Banque Royale）に改組——の銀行券（billet de banque）のことである[47]．ローは時の摂政オルレアン公フィリップ 2 世の支持・協力

---

46) Turgot [1749], p. 147.
47) ロー・システムの実証研究については，さしあたり，Murphy [2007]; Velde [2009] を参照されたい．なかでも，アメリカはシカゴ連邦準備銀行調査部シニア・エコノミストのフランソワ・R. ヴェルドの論文「ジョン・ローのシステムはバブルだったか？——ミシシッピー・バブル再訪（Was John Law's System a bubble?: Mississippi Bubble revisited)」は近年のロー研究としては秀逸である．それによれば，ミシシッピー・バブルは巷間いわれるようなローの"詐欺的商法"の生み出したブームではなく，かれが目指した当時のフランス財政システムを抜本的に変革する「実験」の過程で引き起こされた現象であり，その根柢にあるローの政策運営のあり方とこれへの反作用について豊富なデータを用いた綿密な実証分析によって，ロー・システムの歴史的再評価を試みている．「ミシシッピー・バブル再訪」のゆえんである．なお，この点に関しては，中川 [2011]（とくに第 1 部第 1 章）もあわせて参照

を得て破綻寸前のフランス財政の再建と疲弊した経済の復興を目指したが，その要諦は既存の公債をかれの銀行の発行する銀行券に置き換える公債管理の手段となすとともに，銀行券の供給によって市中の貨幣不足を解消するところにあった．ローはそうする一方で，オランダやイングランドの東インド会社をモデルに特許会社の西洋貿易会社（Compagnie d'Occident）——のちのインド会社（Compagnie des Indes）——を設立して外国貿易・植民地開発などに当たらしめたのみならず，同社の株式に既発公債をとって代えることを企図した．ローの設立した銀行と貿易会社はかれの事業——冒険事業ともロー・システムとも呼ばれる——の両輪をなすが，ローはアルジャンソン侯爵ルネ=ルイ・ド・ヴォワイエ・ド・ポルミーの後任として財務総監に就任した直後の1720年2月これを統合する．いわゆるミシシッピー会社（Compagnie du Mississippi）の誕生である．さらに，新発のみならず既発の証券——公債や株式など——の流動性を高める必要上，証券取引の制度や慣行の改革を断行，オランダをモデルとする証券市場（bourse）の設立を提案して旧ソワソン邸館——ヴァロワ朝のアンリ2世王妃カトリーヌ・ド・メディティスの別邸で，のちにブルボン朝の開祖アンリ4世の従弟(いとこ)ソワソン伯シャルル・ド・ブルボンがしばらく所有していたという縁起の邸館——に本拠地（現在のパリ証券取引所〔Bourse de Paris〕に相当）を設立したのであった．

　ローの冒険事業は当初の数年間は順調であった．だが，かれの目指す国家財政の再建や徴税制度や金融証券制度の改革は，これまでこれらの分野で利権を築いてきた徴税請負人，大商人や金融業者，それにまたかれらの背後にいる大貴族からの猛反撥を生み，かれらをしてローとかれの事業を葬り去るための政治権力闘争へと駆り立てるに至ったのである．"ミシシッピー・バブル（Bulle du Mississippi）"と呼ばれるミシシッピー会社株価の天井知らずの高騰はロー・システムへの信任投票の成果というよりはむしろ，ローに敵

されたい．

対する勢力がかれの追い落としを企図して仕掛けた大規模な投機取引の帰結であった．ことほどさように，太陽王ことルイ14世の財務卿（Superintendant des Finances）にして優美かつ絢爛，豪奢さでは当代無双と謳われた名城ヴォー=ル=ヴィコント城（Château à Vaux-le-Vicomte）の城主ニコラ・フーケの有名なアフォリスム"Quo non ascendet?（Jusqu'où ne montera-t-il pas?/Whither will I not rise?）"さながらに，この間投機を煽ってきた反ロー勢力とこれと結託した金融業者たちは自分たちがもっとも有利と判断した瞬間にミシシッピー会社の株式を一斉に売り浴びせ，そこで手にしたバンク・ロイヤルの銀行券を正貨（金貨・銀貨）に兌換してシステムを破壊し，スコットランド出身の銀行家を財務総監職の座から引きずり落とすことに成功したのであった．要するに，ミシシッピー・バブルの生成と崩壊は，ローとかれに敵対する勢力との政治権力闘争によって引き起こされた事件の一部始終であった，といってよいと考えられる．

　先に指摘したソルボンヌ学寮・修道院時代の1749年4月にテュルゴーがシセ兄弟の長兄に宛てた書簡は，フランスの財政・金融制度をめぐる歴史的事件に関するものであり，テュルゴー自身その前年の1748年に執筆したとされる「著作作成リスト（Liste d'ouvrage à faire）」のなかで「ロー・システム（Système de Law）」を論じる計画であったがはたせなかった．そればかりか，1770年2月6日付デュポン宛て書簡にあるように，ロー・システムとその背後にある政策的主張を「呪いの言葉（grimoire）」[48]といって剣突を喰らわせるのである．事実，マーフィーが指摘するように，テュルゴーは

48）　テュルゴーはこの手紙のなかでつぎのようにいっている．「貴君の著作『インド会社（Compagnie des Indes）』を拝受しました．貴君のロー・システムの顛末についての記述は上出来です．それに貴君のいうように，このような呪いの言葉（grimoire）をまったく信じない公衆をさぞや喜ばせることと思いました．貴君の著書の基底にある考えについていえば，わたしもまったく同感です」（Turgot [1770c], p. 375）．ちなみに，デュポンの著書のフルタイトルは，*Du commerce et de la Compagnie des Indes, Seconde édition revue, corrigée et augumentée de l'Histoire du système de Law*, Paris, 1769 であり，この著作の内容については，Murphy [2009b], p. 133 を参照されたい．

『諸省察』のなかで今日の経済学のテキストや解説書に間違いなく登場する経済用語の「『信用』や『銀行』などにはまったく言及していない」[49]のである．かれが財務総監在任中の1776年に事実上の発券銀行である公信用機関の設立に同意したさい，「銀行（banque）」という言葉を使うのを拒否して「割引金庫（Caisse d'Éscompte）」と命名している．これらはいずれも，テュルゴーがローとかれに通ずるアイディアを拒んだ証左といえよう[50]．

もっとも，割引金庫の設立はテュルゴーのアイディアというよりはむしろ，かれの師ヴァンサン・ド・グルネーのそれを受け継いで実現したと考えられないでもない．それというのも，グルネーはローの政策的主張を容認しなかったとはいえ，バンク・ジェネラルのような公信用機関設立の重要性を説いていたし，何よりもまず公信用機関が事実上の発券機関——後世の中央銀行（banque centrale/central bank）——としての機能を潜在的にもつことを認識していたのであって，そのことをチャイルド『新商業講話』に付した「注

---

[49] *Idem*, p. 140. もっともマーフィーは指摘していないものの，テュルゴーが1770年に作成した「貨幣貸付に関する覚書」と題する論稿では，むしろ銀行や信用の問題を積極的に評価している．テュルゴーが意図的に「銀行」，「信用」といった言葉を自らの作品から排除しこれを封印したというわけではない．しかしひとつだけ変わらなかったのは，ローが実践した紙幣発行と信用創造に関する評価であり，マーフィーの先の引用文もそのような意味において理解する必要があると考える．なお，本書の付論2は，テュルゴーの『諸省察』と上記「覚書」との関係を論じたものである．あわせて参照されたい．

[50] 割引金庫の設立に関するテュルゴーの見解は，Turgot [1776] を参照されたい．ちなみに，ドーファン=ムーニエがこの点についてつぎのようにいっているのは正しいであろう．「フランスでは，かれ〔ジョン・ロー〕の思想は銀行券に対する大衆の信頼を久しきにわたって低調ならしめた．そして1776年5月24日の国務参事会〔国務顧問会議の〕布告によってフランスに新しい発券機関が財務長官〔総監〕であったテュルゴーも，ジュネーヴ出身の銀行家〔イザーク・〕パンショーも，それを銀行とよぶことを避けたほどである．ローの銀行〔バンク・ジェネラル／バンク・ロワイヤル〕の嫌な思い出にふれないように，かれらは割引金庫という慎重な名称で安んじた」（Dauphin-Meunier [1964], p. 94. 訳111-2ページ）．ちなみに，フランスで「銀行」という名称が復活するのは1800年のことであり，時の執政官ナポレオン・ボナパルトが革命暦VIII年雪月（ニヴォーズ）28日（西暦1800年1月18日）付法律によって，テュルゴーの置き土産ともいうべき割引金庫をベースに設立したフランス銀行（Banque de France）が，それである（*Idem*, pp. 96-7. 訳115-6）．

釈」のなかではっきりとのべている．すなわち，「われわれの隣国は公信用の創設とこれを機能させることによって豊かになった」[51]．グルネーのいう「われわれの隣国」がオランダ，イングランドであり，かつ「公信用」とはそれぞれアムステルダム銀行（Amsterdamsche Wisselbank），イングランド銀行（Bank of England）であることは明白である．だが，テュルゴーは「公信用」をかたちのうえで復活させたものの，グルネーらの構想とは異なり，割引金庫が銀行券を発行したり信用を創造したりすることはこれを認めず，主たる業務である商業手形の割引についても，あくまでも金庫の資本金の一定の枠内で行うにとどめたのであった．その意味からすれば，テュルゴーが容認した公信用機関である割引金庫はモールパ伯爵ジャン=フレデリック・フェリポー，アルジャンソン侯爵ひいてはグルネーの思い描いたそれとは明らかに異なっていたといわざるを得ない．

このように考えることができるとするならば，テュルゴーはかれのメントールのアイディアの執行者とはかならずしもいえないかもしれない．テュルゴーの銀行・信用理論はグルネーのそれよりは，むしろリシャール・カンティヨンのそれとの近似性を感じさせるからである．グルネーの協力者たちの手によって日の目をみた『商業一般の本性に関する試論（*Essai sur la nature du commerce en général*)』（以下，『試論』と略記）の著者は，アルビオン島や低地諸国の経験から銀行家たちやかれらの行う信用業務を否定しないものの，銀行家たちが顧客に提供する信用はあくまでも「貨幣の流通を速める」こと，つまり商業取引にともなう貨幣の決済を円滑かつ迅速に行うところに，その「効用」があると説くのであった．しかも公信用金融機関がほとんどの場合，

---

51) Gournay［2008（1754）］, pp. 162-3. グルネーの「注釈」を編集・出版したシモーヌ・メイソニエはこの言葉の含意をつぎのように説明している——．「ローの計画〔ロー・システム〕の失敗の結果，公信用の重要性までもが否定されたことは遺憾」（Meyssonnier［2008］, p. xxxvii) であると．ちなみに，メイソニエによると，こうした評価はグルネーが「注釈」を作成する以前にもみられ，例えばロー・システム崩壊から10年余を経過した1730年代にモールパ伯や開明的思想のもち持ち主で政治家のアルジャンソン侯爵などがロー・システムに対して高い評価を下していた（Meyssonnier［1993］, pp. 155-9).

個人経営の金匠銀行家や個人銀行などの私信用の金融機関に優越しないばかりか,とくに大国にあってはかえって「有害」であるとさえいうのである[52]。

カンティヨンの主張はテュルゴーによってある程度まで共有されていることがうかがい知れるが,じつはアイルランド出身の国際的銀行家の銀行・信用論がローのそれを批判するなかで形成されたことを忘れてはならない.周知のように,カンティヨンは一時期とはいえローの協力者であり,ロー・システムによって膨大な利益を獲得した人物——いわゆる"ミシシッピャン(Mississippian)"——であった.それゆえ,かのスコットランド人の経済思想や理論にふれる機会がすくなくなく,しかもかれの影響が大であったことは,アイルランド出身の銀行家の有名な「3つの地代」論を基礎とする独自の所得流通フロー論を例にとっても明らかであるが,それにとどまらず銀行・信用論の領域に及んだ[53]。これを摘要すれば,銀行や金匠が顧客から預金を採り入れ,要求払いの手形(もしくは銀行券)を発行して顧客に資金を貸し出すという銀行信用の効用が「貨幣の流通を速める」[54]ところにあるとするカンティヨンの主張が,紙幣発行を通して「貨幣を増加する」ことを主

---

52) ここでのカンティヨンの主張は,『試論』第III部第6,7,8章による.なお,これらの詳細は中川[2011](とくに第2部第6章)で紹介しているので参照されたい.

53) カンティヨン研究のパイオニアであるロベール・ルグランは,カンティヨンがローの銀行・信用論を多分に意識していたことを指摘した最初の研究者であったが,かれの議論のポイントは,カンティヨンの銀行・信用論が「ローの理論の対極 (antipode)」(Legrand [1900], p. 156) という点にある.アントニー・ブリュワーは,カンティヨンがローの『貨幣と商業に関する考察』やその後の一連の「覚書」や政策提言を読み,ローの経済思想や経済学説を知っていたかどうか確証はないとしながらも,「カンティヨンがローの思想に何らかのかたちで精通していたに違いない」(Brewer [1986], p. 146) とのべている.これに対して,マーフィーは自著『ジョン・ロー (*John Law: économiste et homme d'État*)』のなかで,例えば『試論』第II部第3章の「3つの地代」論をもとに一国の富とその富から生じる所得流通フローを論じたことにふれて,「カンティヨンがその流通フローを推敲するさい著作〔『貨幣と商業に関する考察』〕に影響されたことは明らかである」(Murphy [2007], p. 115) といって,ロー理論からの影響が広範囲に及ぶと主張している.

54) ブリュワーの指摘するように,カンティヨンが『試論』第III部で説く銀行業務はいずれも今日の商業銀行リテールバンクの主要な機能と見做されるものである (Brewer [1986], p. 102).

眼とするローのそれを批判するものであった．ドイツの大哲学者ゲオルク・ヴィルヘルム・フリードリヒ・ヘーゲルの言回しを借りれば，ローへの「アンチテーゼ（Antithese）」として定位されたものであったといわなくてはならない．換言すれば，ローの銀行・信用論が主要には企業者への事業資金の供給という，それ自体中長期の資本信用とそれを生み出す信用創造の積極的主張であるとすれば，カンティヨンのそれは企業者間の商業取引に必要な資金の提供，したがってまた短期の流通信用をもっぱらとしていたというように，両者には際立った対照があることに留意する必要があろう．

そこでいまジョン・ローの祖国スコットランドの経済活動の停滞と失業問題の解決策を提案した『貨幣と商業に関する考察（*Money and Trade Considered, with a Proposal for Supplying the Nation with Money*）』（以下，『考察』と略記）におけるローの所説を摘要すれば，①貨幣と商業は相互に依存し，貨幣流通と雇用とは比例する，②貨幣は労働者への賃金の支払いに必要である，③信用は被雇用者に必要な財・サービスの購入に用いられることによって貨幣となる，④より多くの貨幣はより多くの雇用を生む——というのである[55]．ローは，マーフィーが「孤島経済モデル（Isolated Economy Model）」[56]と命名した単純なモデルのなかでそのような関係を説明しているが，ここでもっとも重要な点は，土地所有者が土地を担保に紙幣（土地貨幣）を発行して製造業者からかれに必要な生活資材（消費材）の対価を支払い，製造業者に雇用される労働者は賃金として受け取った紙幣で借地農業者からその生存に必要な農産物を買い，そして最後に借地農業者は土地所有者に紙幣を地代とし

---

55) ここでのローの議論は，Law [1705], pp. 15-9 による．ローはまた，1711 年ころ作成したとされる「トリノ銀行設立に関する提案（Projet d'établissement d'une banque à Turin）」のなかで紙幣発行を通ずる貨幣供給の増加の雇用創出に及ぼす効果についてつぎのようにいっている．「人びとを雇用する十分な金属貨幣が存在しない——限られた額の貨幣しか存在しなければ，その額に応じた数の人間たちをしか労働に就かしめることしかできない．つまり，貨幣量が一定不変であれば異なる場所で同時にこれを用いることができないのである」（Law [1711-12], p. 215）．

56) Murphy [2007], pp. 130-3．なお，ここでの議論については，中川 [2011]，62 ページ以下もあわせて参照されたい．

第3章　テュルゴー資本理論の諸問題　　　139

て支払う．それはまたこの島の商業（経済活動）のプロセスのスタートラインに立ちもどったことを意味する．

　ジョン・ローの紙幣論はのちに不動産を担保とする土地貨幣から金銀の準備を基礎とするものへと変化するものの，紙幣発行によって雇用を創出するという点では，そしてまた紙幣の発行によって供与される雇用創出への信用の効用を主張する点ではまったく変わらない．すなわち，ローによれば，貨幣不足を解消することこそ疲弊した国内商業（経済）活動を建て直す最良の方策であり，これを紙幣発行によって行うこと，これである．だがここで注意を要するのは，ローのいわゆる「貨幣」であり，そしてかれがそこでいわんとするのはテュルゴーの説く「支出された貨幣」ではなく，「節約〔貯蓄〕された貨幣」したがってまたブリュワーのいうような意味での「資本」――すくなくとも流動資本としての貨幣ないし資金と同一のものと考えられることである．はたしてそうであるとすれば，スコットランド出身の銀行家にあっては，貨幣の（追加的）供給と「資本の〔追加的〕供給」と同義である．なぜなら，貨幣の追加供給は一義的には労働者の追加雇用を目的としており，財または商品の購入を意図したものではないからである．だからまた，紙幣の発行によって貨幣供給を増加させることを拒否することは，とりも直さず「わずかな貨幣しかもたない商人が〔かれらに〕無利子で貨幣を提供することを拒む」[57]のに等しいことになる．

57）　Law [1705], p. 55. ちなみに，ローはこれに先立つパラグラフで貨幣供給の増加が利子率の低下，そして利子率の低下が企業者の資金の借入や投資を促進するとのべてこういっている．「利子率の低下が貨幣量の増加の結果であれば，商業に充てられるストックは増大するであろうし，そして商人たちは資金の借入が容易になり，利子率が低下しているので，より低い価格〔費用ないし対価〕で取引をするであろう」(*Idem*, p. 27). このことから，ブリュワーは「ローが明らかにそう考えていたように，投資の増加が産出を増加するやいなや，ただちに財供給の増加が初期の時点での需要を上回るであろうと仮定することは，現代の経済理論家たちにとってはまことにもって奇妙なことである」(Brewer [1986], p. 149) といってローの主張を批判している．というよりは，ローが「資本」を貨幣的側面に一面化して論じたことの欠陥であるとみるべきであり，これは資本をストックに一面化したフィジオクラート派の裏返しの議論と考えられる．テュルゴーは，資本を貨幣的資本－資本ストック－貨幣的資本の

ところが，かくいうジョン・ローではあったが，ブリュワーの説くように『考察』のなかで，ローがテュルゴーのいうような意味での「支出された貨幣」と「節約された貨幣」とを明確に区別していたかどうかは分明あたわざるところではある．そうであっても，紙幣の発行が「前貸し」したがってまた資本ストックの追加供給に直結すると考えていたであろうことを，スコットランド出身の銀行家の著作の行間から読み取れることに変わりはない．ローの主張をそのように理解し解釈することがもしも許されるとすれば，ブリュワーがいうように，「〔ローは〕資本不足が産出の主要な制約であることを説いた最初の経済学者であった」[58]というのは正しいであろう．わがスコッ

循環として考えたためかれらの犯した誤りをまぬかれたといえよう．
58) *Idem*, p. 151. ちなみに，ローの『考察』のなかで"money'd man"という術語が登場するが，ローの著作集として最初となるエティエンヌ＝フランソワ・ド・セノヴェール将軍の編集・刊行した『ジョン・ロー全集——正貨，商業，信用および銀行に関する諸原理（*Œuvres complètes de John Law, contenant les principes sur le numéraire, le commerce le crédit et les banques*, avec des notes du Général de Sénovert, Paris, 1790)』のなかに，『考察』を仏語訳して収録するさい，この"money'd man"というタームに"capitaliste"という仏語を充てている．その後，ロー全集を編集・刊行したポール・アルサンもセノヴェール将軍のテキストをベースに新訳を収録しているためか，"money'd man"に関しては将軍と同様に"capitaliste"と訳出している．セノヴェール将軍にしても，アルサンにしても，テュルゴーのいうような意味での「資本家」かどうかは別にして，字義どおり「貨幣所有者」という訳語を充てるほうが一見するところ自然であり，かつ適切のように思われるかもしれない．ところが，アントニー・ブリュワーのいうように，ローのいう貨幣が単に商品を購入するためのものでなく，労働者の雇用のために支出されるものであることから，企業者による前貸しに近い性質の貨幣の支出と解釈することがもし許されるとすれば，この場合の貨幣は「資本」であり，したがってローのいわゆる"money'd man"はかれ一流の「資本家」と考えられないこともない．そして仮にそのような解釈が成り立つとすれば，将軍が，そしてのちにアルサンがともにこの単語を"capitaliste"と訳出したことはむしろ評価すべきかもしれない．しかしだからこそなおのこと，つぎのことがロー理論の問題——それも致命的な問題といわなくてはならないのである．すなわち，スコットランド出身の銀行家にあっては，本文で指摘したようなテュルゴー一流の「支出された貨幣」と「蓄積された貨幣」したがってまた貨幣の流通と資本の循環とを明確に区別する視角が存在しなかったということ，これである．この点は，ローの貨幣論・信用論をきわめて高く評価するサー・ジェームズ・ステュアートの代表作『経済学原理（*An Inquiry into the Principles of Political Economy*)』の貨幣理論も同様である．第1章脚注44でみたように，櫻井毅の的

トランド出身の銀行家の銀行・信用論は資本不足を解消する有力な解決策として展開されたと考えられる．そしてこの点にこそ，貨幣がテュルゴーのいうところの「節約された貨幣」したがってまた資本として富の形成と分配，別言すれば，財または商品の生産と流通に決定的な役割を演ずるという貨幣の積極的機能を容認することを潔しとしないリシャール・カンティヨンの「流通信用」論との際立ったコントラストを見出すのである．

　この点は重要である．すなわち，カンティヨンは一方で貨幣はあくまでも通常の流通売買における交換手段や支払手段であるとしたうえで，その延長線上にある「流通信用」を容認したが，それはやむを得ない場合の，いわば「限界的」な役割をあたえられたにすぎない．これに対して，企業者への追加的事業資金の供給を旨とする中長期の事業信用はこれを危険視し，事実上排除したのである．けだしみようによっては，わがアイルランド出身の国際的銀行家は，商業活動における銀行や信用の機能や役割に信を置いていなかった——というよりはむしろ銀行や信用への不信感がテュルゴーよりもはるかに強かったといえるかもしれない．なぜならば，テュルゴーはカンティヨンと比較するなら銀行業務とくに企業者への資金供給はこれを容認する立場を原則的に貫いていたからである．

　だが，それにもかかわらずテュルゴーがかれの貨幣論の真骨頂ともいえる資本としての貨幣とすくなからぬ共通点をもつジョン・ローにではなく，リシャール・カンティヨンに接近し貨幣の積極的な機能を究極において「否定」したとはいえないまでも，カンティヨンと同様に貨幣の機能を「消極化」し後景に追いやったことは紛れもない事実であった．それはローの提唱

確な表現をふたたび借りれば，ローやステュアートの場合，貨幣の積極的な機能を正しく指摘しながらも，これを資本の流通ないし循環として定位することはなかった——かれらの問題関心の「中心」はあくまでも「貨幣の流通」にあったといわなくてはならないのである（櫻井［2009］，150ページ）．いい換えれば，「貨幣の流通過程」とはその性質を異にする「資本の生産過程と資本の蓄積の分析」というアイディアへと導くことが結果としてなかったといってよいのである（同上）．なお，以上の点については，Perrot［1992］, pp. 207-9 もあわせて参照されたい．

し実践した紙幣発行を通ずる信用創造へのテュルゴーの度し難いまでのスケプティシズムに端的にあらわれている．かれが『諸省察』のなかで「銀行」，「信用」に一言半句も割かなかった一斑の理由がここにあるといってよいであろう．ひるがえっていうなら，アントイン・E. マーフィーのいわゆる「自動的自己金融型貯蓄・投資モデル」とは，ローの主張した紙幣発行を通ずる信用創造や証券市場の役割の強化やそれらを可能とする金融システムの発展を実質的に否定することによってはじめて成り立つモデルであった．はたしてマーフィーのいうとおりであったとすれば，かれのいうところの自動的自己金融型貯蓄・投資モデルは，ティエリー・ヴィソルがいうようなテュルゴー資本理論の「思わぬつまずき」[59]という以上の意味をもっていたといわなくてはならないであろう．なぜならば，「カンティヨン－テュルゴー」のラインに属する銀行・信用理論がやがてアダム・スミスをはじめ後世の経済学研究者たちによって無批判的に受け容れられ，「古典的」信用理論の"雛型"となったからにほかならない．

　いまさしあたりそのように考えられるとすれば，例えばヨーゼフ・A. シュンペーターが『経済分析の歴史（*History of Economic Analysis*）』――それ自身が未定稿であり最終的な見解であるかどうかは疑問ではあるが――のなかで，アダム・スミスはおろか，かれに倣ったジョン・ステュアート・ミル，オイゲーン・フォン・ベーム=バーヴェルク，アルフレッド・マーシャルらを評して「〔かれらは〕テュルゴーの資本形成論に何ひとつ付け加えるに至らなかった」[60]というのは正しいであろう．同様にまた，カール・マルクスの死後にフリードリヒ・エンゲルスがかれの盟友の膨大な遺稿をもとに編集・出版した『資本論（*Das Kapital*）』第3部第5編第27章「資本家的生産における信用の役割（le rôle de crédit dans la production capitalistique）」の一節で，マルクスが現代の企業金融・投資銀行業務（banque de financement et dinvestissement/investment banking）専業の金融機関である投資銀行の草

---

59) Vissol [1982], p. 49.
60) Schumpeter [1954], p. 325.

分け的存在である19世紀フランスのクレディ・モビリエ（Crédit Mobilier）の創始者イザークとエミールのペレール兄弟と並んで中長期信用業務の「預言者（prophète）」[61]と評したローの主張が正当に受け容れられるのは，20世紀の曙光を見るまで待たなくてはならなかったのである．

---

61) Marx [1864-67], p. 1180. 訳229ページ．当時の一般的研究状況を考えるならば，マルクスが中長期信用の重要性を主張したローを「信用の預言者」と評価したのは卓見といわなくてはならないが，かれは同時に「信用の詐欺師（escroc）」ともいっている．マーフィーによると，マルクスがロー・システムとその挫折を「詐欺師の商法」と認識するに至ったのは，ローの同胞で詩人・作曲家・ジャーナリストのチャールズ・マッケイの著書（Charles Mackay, *Memoirs of Extraordinary Popular Delusions and the Madness of Crowds*, London, 1841: reprint, London, Wordsworth Editions: New Edition, 1991. 塩野美佳・宮内直子共訳『狂気とバブル——なぜ人は集団になると愚行に走るのか』パンローリング刊，2004年．ただし邦訳が底本にしているのは1852年版である）に影響され，ほとんどこれに依拠した結果であり，公平な評価ではないとのべている．この点についてのマーフィーの所説は，Murphy [2007], p. 21を参照されたい．

終章
テュルゴー理論の革新性とその性格

　革命暦 XI（西暦 1803）年，テュルゴーの友人アンドレ・モルレは時の執政官ナポレオン・ボナパルトの招きで，知人でジャーナリスト・作家のジャン=バティスト・アントワーヌ・シュアールを連れ立ってルーブル宮の西に隣接するテュイルリー宮——1871 年 5 月 23 日にパリ・コミューン派（Communards de 1871）により放火・炎上，その跡地が現在のテュイルリー公園——の執務室へと赴いた．わが執政どの（Citoyen cousul）は，革命後発行された紙幣「アッシニヤ（assignats）」の苦い失敗の経験から，革命暦 VIII 年雪月（ニヴォーズ）28 日すなわち西暦 1800 年 1 月 18 日にテュルゴーの置き土産ともいうべき割引金庫をもとにフランス銀行（Banque de France）——のちに中央銀行——を設立した人物であった．

　その意味からすれば，わが執政どのはテュルゴーとも因縁浅からぬ関係にあったわけであるけれども，かれがモルレと対面したこの年に制定した法律——革命 XI 年暦芽（ジェルミナール）月 17 日（西暦 1803 年 3 月 27 日）付法律——によって金・銀をともに本位貨幣とする「金銀複本位制度（bimétalisme/système d'étalon à double）」を採用し，この制度のもとで発行される貨幣を 1390 年の王令——ジャン 2 世善王がパリ北東のコンピエーニュで公布した王令——によって誕生したフランク人の王（rex francorum）の貨幣にちなんで「フラン（franc）」と命名した．いわゆる「ジェルミナール・フラン（franc de Germinal）」の誕生である．ここにルイ 14 世（大王）崩御以来，約 100 年の長きにわたり打ちつづいたフランスの財政・金融危機は名実ともに終熄（しゅうそく）す

る.

わがアンドレ・モルレ師はかれの回想録『十八世紀とフランス革命の回想』のなかでこの記念すべき年に，いまはなきテュイルリー宮の執務室で交わされた執政どのとの遣取りをつぎように記している——．

「あなた〔モルレ〕はエコノミストでしたね？」と彼〔ナポレオン〕は言葉をついだ．エコノミストにもいろいろ種類があって，自分は純粋なエコノミストではなく，彼らの学説にいくらか変更をくわえた旨，私は答えた．「〔フランソワ・〕ケネーが先生ではありませんでしたか？」「いいえ，私はケネーをほとんど知りません．私が最初にこの分野の知識を得たのは，商務監督官の〔ヴァンサン・ド・〕グルネーさんや，その省庁で商業問題にもかかわっていた財務監督官〔ダニエル=シャルル・〕トリュデーヌさん〔とジャン・シャルル・フィリベール・トリュデーヌ・ド・モンティニ〕親子とつきあっていたおかげです」「あなたは単一課税制を説いていますね？」「たしかに，もしほどほどの額であれば，地主にだけ課税すればよいだろうと思います．しかし，高額すぎる場合は，それをカモフラージュする必要がありますし，そのためには種々様々なかたちで徴税し，取れるところから取らねばなりません」〔中略〕「穀物取引の自由も説いていますね？」と彼は言った．「ええ，執政どの．一般的に言って，無制限の完全な自由は，価格の変動を抑えたり小さくするための最良の方法であり，またひとつの大国のどの階層にもできるかぎり有利な平均価格（prix moyen）を確立するための最良の方法，いや唯一の方法だとさえ言えると思います」〔中略〕．「しかし，テュルゴーさんが，〔1775 年 6 月 11 日の国王ルイ 16 世の〕聖別式の当日，ランスの町に食糧を供給する際，取引の自由にまかせていたとしたら，おおいに難儀したでしょうよ．幸いにも〔ジャン・ド・〕ヴェーヌさんが思いとどまらせましたがね」「執政どの，例外があるからといって原則は変わりありません〔中略〕．政府は〔中略〕常ならぬ量の食糧供

終章　テュルゴー理論の革新性とその性格　　　　　　　　　　　147

給のためなんらかの策を講じる必要があります．そしてそのために，みずから穀物を購入して売却するのではなく，商人たちを招き，いくらかの奨励金を出し，助成までしたからといって，行政官は商業の不断の自由という一般原則を放棄したとはみなせません」／「関税にも反対ですか？」「そうです，執政どの．そして，もし関税が必要だとしても，法外な額であってはなりません．というのは，高い関税をかければ，たちまち密輸入を誘発し，どんな禁止措置も効果をもたらさなくするからです」．私はつづけてこう言った．〔中略〕「関税は，消費者にたいするまぎれもない宣戦布告です．消費者，ということは国民ということです」〔中略〕．「国民のわずか一握りにすぎない製造業者や工場主のために，国民全体の利益が犠牲にされるわけです〔中略〕．さらに言わせていただければ，たとえある種の産業を確立し助成するためにこのような犠牲を払ったとしても，禁止措置によって得られる利益を上回るほどの損失を，他方で国に被らせることにはならない，と確信をもって言える行政官はひとりもいません」[1]．

　いまモルレの言葉に信を置くならば，かれの「エコノミスト」としての主張は，「グルネーさんやトリュデーヌさん親子」そしてなによりも「テュルゴーさん」のそれとほとんど変わることがない．むろん，わが執政どのにとっては自らの目指す政策——1806年の大陸制度（Système Continental）として集大成される——と反するから面白かろうはずはなく，「執政どのは〔モルレへの〕攻撃をくずさなかった」と述懐している[2]．老いたりとはいえ，

---

1) Morellet [1821], pp. 515-6. 訳 388-9 ページ．ここでのモルレの「テュルゴーさん」の経済政策に関する評価は，コンドルセ侯爵が著書『テュルゴー氏の生涯』のなかで，メントールと慕うテュルゴーの経済思想や政策的主張に同様の評価を下していることからみて，執政どのとの遣取りの内容は信頼に値するといってよいであろう．ちなみに，コンドルセのテュルゴー評価については，Condorcet [1786], p. 161 を参照されたい．また，その解説は Clerc [1999] が簡便である．
2) モルレとナポレオンとの遣取りのなかでとくに興味をそそられるのは，時の執政官があてこするテュルゴーの穀物貿易政策の挫折を強く擁護している点である．この点

往時 "嚙みつき坊主 (l'abbé mord-les)"，"フレンチ・ドッグ (French dog)" と呼びならされ怖れられた論争ずきのモルレの面目躍如である．それはともかく，ここで注視すべき論点のひとつは，この老神父の伝えるところがいわゆる「純粋のエコノミスト」――フィジオクラート派――の経済思想ではなく，グルネー，トリュデーヌ親子からテュルゴーへと受け継がれた経済思想であり，経済学説であったということである．たしかにテュルゴーはモルレと違って「ケネーをほとんど知りません」ということはないであろうが，しかしそれでも「純粋エコノミスト」でなかったことは，モルレの「テュルゴーさん」評からもうかがい知ることができるであろう．

そのような観点からあらためてテュルゴーの経済思想なり経済学説なりを見直すなら，かれの『富の形成と分配に関する諸省察 (*Réflexions sur la formation et la distribution des richesses*)』（以下，『諸省察』と略記）における所説，わけても資本理論がケネーの『経済表 (*Tableau économique*)』を継承・

の事情を立ち入って論ずることはできないが，モルレは穀物政策によって生じた民衆暴動がテュルゴーとかれの大臣ジャック・ネッケルとの確執に起因するという説を事実無根であるとする一方で，テュルゴーに責任がまったくなかったとはいえず，ある意味では「身から出た錆」(Morellet [1821], p. 231. 訳305ページ) として，つぎのようなエピソードを紹介している．「〔テュルゴーが仕事にかかったり，書いたり，実行したりする段になると〕けっして満足することがないという点，そして己にたいする厳しさのゆえ貴重な時間を無駄にするという点は，大臣在任中を通じてずっと目についたし，おそらくは彼の辞任の一因となったのであろう．彼は小麦，ワイン，同業組合幹事会，賦役という四つの主な政策に関して勅令〔または王令〕を練っていたが，その時分〔のちの財務総監ミシェル・〕ブヴァール・ド・フルクー氏，トリュデーヌ〔・ド・モンティニ〕氏，〔経済学者で時の商工総監ルイ・ポール・〕アベイユ氏，〔ピエール＝サミュエル・〕デュポン氏と私に頼んでいた．記憶によれば，私は小麦に関する序文のうち三つを渡され，意見を求められた．私は三つとも立派だと思ったから，自分では新たに作らず，数日後それを返した．彼は一番よいと思ったのはどれかを，どうしても私に言わせようと頑張った．『あなたが最初に出すやつです』と私は答えた．この勅令ときたら，もう二ヶ月も前から待たされていたものである．それを彼は二ヶ月待たせ，事態のめまぐるしい動きのため，考えを練る時間はわずかしかなかったのに，そのなかからまる二ヶ月以上をこの序文の起草に費やした，と言っても過言ではない／この完璧主義は，引退後までにおよんだ」(*Idem*, pp. 54-5. 訳232ページ)．なお，テュルゴーとネッケルの「確執」については，さしあたり，Condorcet [1786]; Weulersse [1950]; Grange [1974] を参照されたい．

終章　テュルゴー理論の革新性とその性格　　149

発展させたものではないことは当然といわなければならない．テュルゴーの最大の功ともいえる貨幣と資財（または資本ストック）とを明確に峻別する資本概念の定位と，それが富の生産と流通においてはたす積極的役割や新たな生産関係を形成するといった分析は，グルネー，さらに遡ればサー・ジョサイア・チャイルドの思想的な営みを継承・発展させたものといってよい．たしかにテュルゴーの『諸省察』にはかれの理論の一部を修正するかのような主張がたとえ認められるとしても，それがケネーやフィジオクラート派に譲歩したとはいえないことはすでにみたとおりである．かれの資本理論は古典経済学の時代の幕開きを告げるものであり，『諸省察』こそは言葉の正しい意味で"classicus（古典）"と呼ぶにふさわしい名著といってよいであろう．

　だがじつはここにテュルゴー資本理論の意義と経済学説史上の評価にかかわる問題がひそんでいるといわなくてはならない．ひとつには，ティエリー・ヴィソルが的確に指摘したテュルゴー資本理論の「思わぬつまずき」までもが後世の経済学研究に取り込まれたことである[3]．この点はすでに論じたので無用の重複を避け要点だけのべるが，テュルゴーが『諸省察』第100節で農業資本家以外の資本蓄積の「危険性」を指摘し，その結果として企業者による「自動的自己金融型貯蓄・投資モデル」（アントイン・E. マーフィー）を導出したことは，それまでのテュルゴーの理論からみれば「矛盾」といわないまでも理論的整合性を欠くものといってよい．それにもかかわらず，

---

3)　ヴィソルは「アダム・スミスは資本理論の精緻化の名に値するような貢献はこれを何ひとつ行わなかった」（Vissol [1982], p. 47）といい切っている．それによれば，スミスはテュルゴーの資本理論をただ単に模写しただけであるというのである．はたしてそうであったとしても，じつはスミスのそうした姿勢を決定的にした事件があった，とマーフィーはいう．1772年にスコットランド南西部の港町エアで起きた一民間銀行エア・バンク（Ayr Bank）——スミスの物心両面での後見人（protégé）であったバックルー公爵ヘンリー・スコットが口座を開設していた主要取引銀行——の経営破綻がそれであり，スミスはこの事件に強い衝撃を受け，銀行や信用業務によりいっそう不信感を抱くようになったというのである（Murphy [2009b], pp. 176ff）．これがスミスを崇め奉る向きには，通俗心理学の用語でいう「無言の威圧」となって，スミス流の資本理論の再検討を阻んだというしだいである．

のちの経済学研究者たちはこれを俎上にのせ批判するのではなく，むしろこれを容認し貯蓄・投資分析の古典モデルたらしめたのである．そして，そのさい決定的な役割を演じた人物こそ，別人ならず，スコットランド出身の思想家アダム・スミスであった[4]．実際，スミスが『国富論（*An Inquiry into the Nature and Causes of the Wealth of Nations*）』でのべている貯蓄・投資分析は，テュルゴー理論との近似性というよりは，むしろ相似性——ありていにいえば「剽窃」と思われるほど似すぎている．しかも，スミスとかれに倣った19世紀の経済学研究者たちはといえば，銀行・信用論あるいは金融論

---

[4] スミスがテュルゴー資本理論に多くを負っていることは多くの研究者の認めるところである．だが，例えばペーター・D. グレーネヴェーゲンのようにテュルゴーのスミスへの理論的影響に懐疑的な議論もある．それによると，コンドルセ侯爵（Condorcet [1786]）やデュポン（Dupont [1844 (1770)]）のいうようなテュルゴーのスミス宛書簡が現存しないことや，スミス所蔵の「文献目録」にテュルゴーの『諸省察』の抜刷が不完全なかたちでしか存在しないことをあげている（Groenewegen [2002]）．ちなみに，現存するテュルゴーの書簡でスミスの名が登場するのは，テュルゴーが1778年3月22日にイギリス国教会の伝道師で道徳哲学者の"ドクター・プライス（Dr. Price）"ことリチャード・プライスに宛てた書簡だけであるが，そこではスミスを議論の直接の対象としているわけではない（Turgot [1778], p. 533）．グレーネヴェーゲンによると，これらのことはスミスがテュルゴーの著作を参照しなかったことの明らかな証左ということになる．しかし，ジョセフ・J. スペングラーが的確に指摘するように，スミスの時代には自ら著す作品のなかで参照文献を「明記することが義務づけられていなかった」（Spengler [1984], p. 69）のであるから，グレーネヴェーゲンような解釈には限界があろう．ともあれいずれにせよ，コンドルセやデュポンによらずとも，スミスがテュルゴー（ある程度までチャイルドやグルネー）の見解を自説に採り込んだであろうことは，"capital"というテュルゴーのネオロジスムをみれば明らかであるし，マーフィーのいわゆる「自動的自己金融型貯蓄・投資モデル」の「即座に（sur-le-champ）」を意味する英単語"immediately"を『国富論』のなかに認めることができる．だがそれにもかかわらず，これをスミスのサポーターのいうように単なる「偶然」と強弁するのであれば，それこそ奇跡のような偶然——ありていにいえばスミスの主張を超える「神の見えざる手（God's invisible hand）」の御業（みわざ）というほかあるまい（スミスのいったのは「見えざる手」（Smith [1776], p. 423. 訳388ページ）であって，「神の見えざる手」ではない）．シャーロック・ホームズのあまりにも有名な警句を借りていうなら，あらゆる事象から「不可能を取り除く」ことができなければ，それがどんなに「ありそうにみえても」真実たり得ない，ということになるはずである（蛇足ではあるが，わがシャーロックのアフォリスムはつぎのとおりである——．"When you have eliminated the impossible, whatever remains, however improbable, must be the truth"）．

終章　テュルゴー理論の革新性とその性格

の枠組みから企業者の事業資金を供給する中長期信用ないしは企業金融の分析を排除し，これをもっぱら短期の流通信用に純化するにすぎなかった，といっても決して誇張とはいえないであろう．

しかし，仮にテュルゴーの経済理論がそのような問題を内包していたとしても，かれが資本理論において商業社会の経済を貨幣と実物との両面から分析する手法（dichotomie）を提起したことはたしかであり，結果としてジョン・ローを頂点とする貨幣に偏した経済分析の修正を迫るものであった．それはまた，「重金主義」とも「重商主義」とも称された経済思想——表現の良し悪しは別として——との決定的な訣別であった．クロード・ジェシュアの言葉を借りれば，「貨幣分析の黄昏（crépuscule de l'analyse monétaire）」[5]といえるかもしれない．

それだけではない．資本前貸し（資本ストック）を市場における貨幣の支出と回収というかたちで「貨幣の循環」のなかに包摂したテュルゴーの資本理論は，ピエール・ル・プザン・ド・ボワギルベールやケネーらの系譜に属する実物主義的分析を修正する視点を同時に提起することとなった．その根柢には，商業社会（société commerçante）では貨幣一般が富ではなく，テュルゴーのいわゆる「節約された貨幣」，したがってまた資本こそが一国の新しい富であるとしたかれの師グルネーの経済理論がある[6]．テュルゴーはこ

---

5) Jessua [1991], p. 111.
6) グルネーやテュルゴーが「資本」，「資本家」というタームの生みの親であっても，そしてかれらが分析対象とした社会や経済システムを「商業社会」と呼んでも「資本主義（capitalisme）」とは表現しなかった．それゆえ本書でも断りのない限り「商業社会」という表現を用いた．周知のように18世紀の商業社会はやがて「市場経済」とか「資本主義」と称されるようになるが，そのことはテュルゴーらの考案した「資本家」が社会的経済システムを構築していくうえで中心的役割を演じるようになったことの帰結であった．だが，この言葉は語尾"-isme"に示されるような何がしかの主義・主張や，何がしかの理念を有していたわけでは決してない．「急進主義（radicalisme）」や「社会主義（socialisme）」を標榜する党派の運動家たちが低賃金で労働者・人民を「搾取」する企業経営者を「資本家」と敵意を込めて呼び，そしてそんな搾取者連中の支配する社会が資本主義社会であった．それゆえ資本主義（社会）とは，フランソワ・ペルウ門下生のマクロ経済学者クロード・ジェシュアが師の著書『資本主義（Le capitalisme）』の表現を借りて「闘争の言葉（mot de com-

れを継承・発展させたと考えてよいのであるが，しかしここにテュルゴー理論の評価に関するもうひとつの問題がひそんでいる．すなわち，テュルゴーにとって貨幣とは何か，これはどのような定義をあたえられたのであろうか

---

bat)」(Perroux [1962], p. 5. 訳11ページ) とのべているが，実際，社会運動家たちにしてみれば「資本主義」は打倒の対象でしかなかった (*Idem*, p. 5 et suivre. なお，Jessua [2006], pp. 3-5 もあわせて参照されたい). 19世紀フランスの社会主義者たち――とくにピエール=ジョゼフ・プルードン，ピエール・ルルーやルイ・オーギュスト・ブランキ，のちにジャン・ジョレスらがこの種の言葉を普及させるうえで多大の貢献をしたといわれるが，学問の世界で受け容れられるようになるのは19世紀末以降のことに属にする．そのさいドイツの社会学者マックス・ヴェーバーやヴェルナー・ゾンバルト，オーストリア出身の経済学者ヨーゼフ・A. シュンペーターらの功績を忘れることはできない．もっとも社会主義陣営でも，ベルギー生まれの社会主義者アンリ・ル・マンのように「資本主義」というタームを使うべきではないとする主張もないではないが，「資本主義」を階級闘争のアリーナに投げ込んだウラジミール・レーニン，レオン・トロツキー (本名・レフ・ダヴィドヴィッチ・ブロンシュタイン) などのマルクス主義革命家たちはいうに及ばず，レオン・ヴァルラスを「フランスのカール・マルクス (Karl Marx de France)」と呼んで自らその後見人 (protégé) をもって任じるジョルジュ・ルナールの推薦のよろしきを得てヴァルラス生前最後の門下生となり，師の「応用経済 (économie appliquée)」論や「社会経済 (économie sociale)」論を深化させた功もさることながら，1930年代フランス人民戦線 (Front populaire) のレオン・ブルム内閣にあって労働時間短縮法 (週労40時間法) の制定の立役者として著名な経済学者・社会主義者のエティエンヌ・アントネリ――かれの門下生のひとりがペルウである――もまた「資本主義」というタームを使うことをためらわなかった．たしかにアントネリのいわゆる「資本主義システム (système du capitalisme)」論は生前のヴァルラスがなしえなかったマクロ経済分析の枠組みを構築する試みであり，ヴァルラス理論の「体系化」に一定の成果をもたらしたかもしれない．その反面，アントネリもペルウも「純粋経済分析 (analyse de l'économie pure)」あるいは「純粋資本主義分析論 (analyse du capitalisme pur)」をあまりに抽象的で非現実的モデルであるとしてこれからしだいに離れていった．これらの事実は，例えば「企業者」や「資本家」が「資本主義者」や「ブルジョワ階級」との混同を許すことはもとより，純粋に理論的概念としての性格もまた変質していくプロセスでもあった．それを象徴するのがテュルゴーのいわゆる「資本家的企業者」であり，なかでもイングランドでは18世紀中葉にもともと外来語 (おそらくはオランダ経由の外来語) であった「企業者」――英語では "undertaker" と称した――というタームが「死語」と化していたことも手伝って，19世紀には「資本家」と同義に解釈されるようになった．そうした解釈が修正されるのは20世紀に入ってからであったが，けれどもこれまた外来語である仏語の "entrepreneur" を英訳せずそのまま用いられるというありようであった (バート・F. ホーゼリッツは代表作の「初期企業者論史 (The early history of entrepreneurial theory)」という論稿のなか

終章　テュルゴー理論の革新性とその性格　　153

ということ，これである．これを解く手掛かりは，グルネーがチャイルド『新商業講話』に付した「注釈」のなかのつぎの一節である．

> 富は金や銀にではなく土地と産業のなかにある〔中略〕．あらゆる商業国家において金や銀は一商品にすぎない．そしてわれわれが金・銀を一個の商品と見做すようになるまで，われわれが商業においてもっとも開化的な国家の一角を占めることは不可能であろう[7]．

　テュルゴーが『諸省察』第29節で資本概念を提示しのち，貨幣の出自すなわち商品の貨幣への転化と貨幣の諸機能を論じているのも，うえでみたようなグルネー流の「商品貨幣」説を継承し，これを発展させた理論的帰結と考えられる．そしてテュルゴー貨幣論の新機軸は，財と財との相対価格あるいは交換比率が，それぞれの交換手段として，もしくは他の財に対する価値保蔵手段として役立つことが期待できるとすれば，貨幣はひとつの商品であ

　で，イギリスの経済思想史家ヘンリー・ヒッグズが1897年に発表した小品『重農學派（*The Physiocrats*）』において「〔企業者なる術語は〕ありていにいえば忘れられた言葉である」とのべたことを紹介している（Hoselitz [1951], p. 193. ただし，ホーゼリッツが引用した同書の脚注には「この術語の起源はしばしばJ.B. Say〔J.B. セー〕に帰せられている」（Higgs [1897], p. 84. 訳50ページ参照）とあるのみで，引用者が指摘するような文章はない）が，宜なるかな，である）．なお，蛇足に属するエピソードではあるが，ヴァルラスの後見人ルナールは1871年のパリ・コミューンの指導者のひとりで一時亡命を余儀なくされるが，のちに恩赦によって帰国してのち亡命先のローザンヌで知己を得たヴァルラスの経済理論にもとづいた社会主義運動の指導者の育成やそのための専門学校の設立に献身し，その影響力はフランスの国外に及んだ．例えば，イギリスの名門校LSE（London School of Economics）はビアトリス・ウェッブらフェビアン協会（Fabian Society）の一行がフランス視察のさいに見学した専門学校のひとつ――マドモワゼル・ディック・メイが創立し，ルナールも協力したといわれるが現存しない――に着想を得て設立されたものを前身としているといわれる．なお，本書でも何度か参照したフィジオクラート派の歴史と思想やテュルゴーの研究などで多くの業績を残した経済学者のジョルジュ・ヴウレルスはかのコミューン戦士の甥にあたる．

7) Gournay [2008 (1754)], p. 283. なお，この点に関しては，Perrot [1992]; Meyssonnier [1993] を参照されたい．

るという点にある．それゆえ，あらゆる商品の価格はなんらかの商品のうちに表現されるということになる．その理論的帰結は，ジェシュアが『諸省察』第40節のパラグラフを引いて適切に要約するように「あらゆる貨幣は商品であり，またその反対に，あらゆる商品は貨幣である．つまり，貨幣機能はそのようなものとして役立つことが予想される商品〔中略〕に付与されるということである」[8]．ジェシュアによると，テュルゴーの貨幣こそは，n個の財からなる市場において，そのうちの任意の一財つまり n 番目の財（n-ième）がニュメレール（numéraire）——その価格が1と考えられる一財——であるとするレオン・ヴァルラスの「純粋経済分析（analyse d'économie pure）の第一歩」[9] ということになるというのである．

　はたしてジェシュアの所説が正しいとすれば，テュルゴーは「貨幣」論，それにまた，いわゆる心理経済価値学説ないし「効用」論，「均衡」論などにみられるように，ヴァルラスの名著『純粋経済学要論（*Eléments d'économie politique pure, ou théorie de la richesse sociale*）』における純粋経済分析の「先駆者（précurseur）」であると考えられないでもない．そしてそのように考えるならば，テュルゴー『諸省察』のなかにはマーク・ブローグのいうような「スミス『国富論』の最初のふたつの編のスケルトン」ばかりか，ヴァルラスの純粋経済分析に連なるようなアイディアをも認めなくてはならないことになる．スミス，やがてデイヴィッド・リカードゥ，ジョン・ステュアート・ミルさらにはカール・マルクスに受け継がれる経済分析はテュルゴーの資本理論をはじめその多くを継承しているが，価値論や貨幣論はその限りではなかったからである．なかでも古典経済学派と称される経済学研究者たち

---

8) Jessua [1991], p. 112.
9) *Idem*. 本章脚注6で指摘したように，ジェシュアは，ヴァルラスの「孫弟子」のフランソワ・ペルウ門下の学究である．ペルウがグルノーブル大学で学究生活を送っていた時分の指導教官エティエンヌ・アントネリと同様にヴァルラスの「純粋経済分析」から結果として離れ，マクロ経済分析を旨としたのに対して，ジェシュアがむしろ「純粋経済分析」を評価する立場から，テュルゴー学説の貢献をヴァルラスのそれに連なる，つまりいうところの「前期的ヴァルラシャン（proto-Walrasian）」と解釈し評価したことは，皮肉といえば皮肉である．

終章　テュルゴー理論の革新性とその性格

がこの分野で採用した価値論についていえば，サー・ウィリアム・ペティ，ジョン・ロックやリシャール・カンティヨンなどの系譜に連なる客観価値説——つまり土地価値説ないし労働価値説であり，フェルディナンド・ガリアーニ，エティエンヌ・ボノ・ド・コンディヤック，さらにはテュルゴーやジャン=ジョゼフ=ルイ・グラスランらの説く主観価値説ではなかった[10].

　テュルゴーの資本理論を中心とした研究はひとまずここで終わる．以上を整理してかれの経済学説を経済学の古典形成の歴史のなかに位置づけてあらためて評価するならば，すくなくともつぎのようにいうことができるであろう．すなわち，テュルゴーはケネー学説を継承・発展させたフィジオクラート派の経済学者ではなかった．かれは隠れもしないグルネー・グループの一員すなわち支持者(パルチザン)であるが，18世紀の時代精神（Zeitgeist）である啓蒙思想の洗礼を受けた時代の申し子であり，さらにマーフィーいうところの「独立独歩の人」[11]であった．また，テュルゴーの経済学説を特徴づける資本理論がスミスをはじめとする多くの経済学研究者に多大の影響をあたえたという意味からすれば，かれはスミスの「先駆者」などでは断じてない．テュルゴーこそは「最初の古典経済学者」であり，スミスはテュルゴーの「後継者」というほうがむしろ適切であろう．そしてさらにいうなら，「古典派」と称される経済学者——とくにリカードゥやマルクス——には受け容れられなかった価値論や貨幣論に着目すれば，テュルゴーはレオン・ヴァルラスの「先駆者」でもあったといえるかもしれない[12].

---

10) テュルゴーの「主観価値」説については，Turgot [1769b] を参照されたい．またその論評については，Spengler [1952]; Hutchison [1982]; 手塚 [1933] などを参照されたい．
11) Murphy [2004], p. 14.
12) ジェシュアのほか，イギリスの経済思想家テレンス・ウィルモット・ハチソンやわが国戦前の手塚壽郎の研究にみられるようにテュルゴーを「新古典派の先駆者」とみる研究者は決してすくなくない（例えば Hutchison [1982]; 手塚 [1933] を参照されたい)．もっともこうした解釈に反論がないではなく，例えばテュルゴーの心理経済価値学説の根幹をなす「有用性（bonté）」について，グレーネヴェーゲンはそれが「効用（utility）」のほかに，「保蔵性（storebility）」や「希少性（scarcity）」などをふくむ概念であること，またヴァルラスなどと違って「効用を保有される商品の

イングランドの哲学者・政治家フランシス・ベーコン卿が『ノヴム・オルガヌム（NOVVM ORGANVM）』のなかでいう「劇場のイドラ（Idola theatri）」を排してありのままを見れば，テュルゴーこそは「スミスの『国富論』の最初のふたつのスケルトン」どころか，19世紀経済学の「スケルトン」を内包したすぐれてオリジナリティにとんだ経済学説を提示した歴史上初の人物であった[13]。ただかれの思想的背景に思いを致すとき，その栄誉の一部はテ

数量の関数」と見做されていないことなどの理由をあげて，テュルゴーを「新古典派の先駆者」とする解釈に反論している．グレーネヴェーゲンによると，テュルゴーの学説はアルフレッド・マーシャルの「実質費用説（real cost theory）」の原初形態であるというのである（Groenewegen [1970], p. 125）．もっとも，グレーネヴェーゲンの所説は一義的には『諸省察』と「価値と貨幣」に依拠したものであり，手塚壽郎がその論文「心理經濟價値學説の歴史的研究の一節」で的確にのべているように，これらに加えて「グラスラン氏の草稿に関する所見」などの論稿をふくめてテュルゴー価値論をあらためて総合的に検討すれば，テュルゴーの所説における「心理經濟價值學説」——すなわち効用価値学説の側面が『諸省察』このかたよりいっそう鮮明になってきていることを容易に見て取ることができる．けだし，手塚がテュルゴーの価値論を評して「十八世紀に於ける心理經濟價值學説の云はゞ point culminant〔最高峰〕をなすものである」（手塚 [1933]，2ページ）という見方もできないではない（以上の点に関しては，このほかにも Béraud et Faccarello [1993]; Erreygers [2000] などを参照されたい．また本書第1章脚注28もあわせて参照されたい）．あるいはまた，イギリスの経済学者アントニー・ブリュワーのいうように，テュルゴーの「資本の競争関係」を考慮するなら，マルクスの「〔市場〕生産価格（[market] price of production）に近い」理論（Brewer [1986], p. 186）と評価することも可能かもしれない（テュルゴーの競争論の特徴については第2章脚注52で紹介しているのであわせて参照されたい）．

13) 以上のように考えれば，手塚壽郎が1926年に発表した「チルゴーの『考察』のテキストに就て」と題する論文のなかで，デュポンがテュルゴーの『諸省察』のオリジナルテキストに修正を加えた理由についてのべていることはきわめて示唆にとむ．手塚はいう——．「ヂュポン〔デュポン〕は當時フィヂオクラット〔フィジオクラート派〕の一員とて名聲を博し，此學派の機關雜誌たる Éphémérides〔『市民日誌』〕を編輯し，同僚の説ける詭辯を修正するを常とせしが故に，經濟學研究を職業とせざるチルゴー〔テュルゴー〕に力量大いに優り，彼の所説をも修正する力量ありと信じてゐたに相違ない／然るに1808年に至りてはヂュポンはチルゴーの力量の眞價を認むるに至つた．ヂュポンの名は忘れられた．アルスナル圖書館長の名の下に寂しき晩年を送つたのが彼である．かつては餘程接近し行つたが，遂に失へる名聲，狂的熱愛せる此名に達し得ずして，其悲運を歎じたのも彼であつた．かつては自らも悲運と對比して，チルゴーの眞價は，始めて晩年のヂュポンに依つて認められたのである．彼が政治家としてのチルゴーの行績を明かにし，今までのチルゴーに對する無理解の罪を

終章　テュルゴー理論の革新性とその性格

ュルゴーが生涯メントールと仰ぎ慕ったグルネー，遡ればチャイルド，そして良くも悪くもカンティヨン，ケネーさらにはローにも分けあたえられるべき性質のものであろうと思われる．そのことはまた，裏を返せば，重商主義，重金主義，フィジオクラシーなる思想潮流の再考・再検討のみならず，経済学の古典形成のプロセスを「アダム・スミス以前（pre-Smithian）」と「アダム・スミス以後（post-Smithian）」とに区分けして理解し解釈する方法にも抜本的なメスを入れなくてはならないということでもある．

（テュルゴーの 230 回目の命日（2011 年 3 月 18 日）に脱稿．のち一部補筆・加筆）

償はんとしたことが，チルゴー全集刊行の動機であつたに相違ない．故にチルゴー全集の刊行は 1770 年頃に於けるデュポンの自惚と矛盾するものではない．然し其晩年に於ても尚デュポンはフィヂオクラット中第一人者たりしことを自惚れてゐたのであって，──自惚れではないかも知れぬ──これが，彼が Éphémérides の『考察』〔『諸省察』〕のテキストを以つて全五巻中の『考察』のテキストのなせる事實を説明するものである」（手塚 [1926] 其二，141-2 ページ）．要するに，それはテュルゴーの『諸省察』に示された経済思想や学説がデュポンやフィジオクラット派の理解をはるかに超える革新的なものであったということでもある．ちなみに，引用文中のアルスナル図書館（Bibliothèque de l'Arsenal）は，アルジャンソン侯爵マルク・ルネ・ド・ヴォワイエ・ド・ポルミーの個人蔵書をベースに 1757 年に誕生した施設であり，1368 年にシャルル 5 世によって設立された王立図書館（Bibliothèque du Roi）を起源とし，ルイ大王の治下に枢機卿リシュリューの手で拡張されフランス革命後に国立図書館（Bibliothèque Nationale de France）と称される文化施設につぐ重要な図書館であったが，その名は 18 世紀末に当時の"兵器廠（Arsenal）"を転用したことに由来する．

付録 『富の形成と分配に関する諸省察』目次

以下では，ギュスターヴ・シェル編集『テュルゴー全集』第2巻所収のテキスト (*Réflexions sur la formation et la distribution des richesses*, 1766, éd. Gustave Schelle, *Œuvres de Turgot et documents le concernant*, tome II, Paris, Librairie Félix Alcan, 1914) を底本とした．このテキストは，シェルがピエール=サミュエル・デュポン・ド・ヌムールおよびユジェーヌ・デール／イポリット・デュサールの全集に収録されたテキスト (*Œuvres de Mr. Turgot, Ministre d'État: Précédées et accompagnées de mémoires et de notes sur sa vie, son administration et ses ouvrages*, par Pierre Samuel Du Pont de Nemours, en 7 vols., Paris, de l'imprimerie de Delance, 1809 (reprint; Adamnt Media Corporation, 2001; *Œuvres de Turgot*, Nouvelle édition classée par ordre de matières avec les notes de Dupont de Nemours augumentée de lettres inédites, des questions sur le commerce, et d'observations et de notes nouvelles, 4 vols, Paris, par Eugène Daire et Hippolyte Dussard, réimpression de l'édition de 1844, Osnabrück, Otto Zeller, 1966) をもとに再編集されたものである．いずれも100の小節からなるが，テュルゴーが1766年に作成したオリジナルテキストは101の節からなる．デュポンが『市民日誌 (*Éphémérides du citoyen*)』に1769年11月号から1770年1月号に掲載するさい，著者に無断で原稿に手を入れたばかりか，「ある異論に答える (Réponse à une objection/Answer to an objection)」という第75節を削除したためである．テュルゴーはこれに怒りオリジナルテキストの「別刷」を作成することを要請，150部ほど印刷されたといわれる．『諸省察』はテュルゴーの死後，英語をはじめさまざまの言語で出版され，なかでも1784年以降に出版された版はオリジナルの100節ではなく，101の節からなるオリジナルテキストによる．例えば，ロナルド・L.ミークの英訳テキスト *Reflexions on the Formation and Distribution of Wealth* (Ronald L. Meek, *Turgot on Progress, Sociology and Economics*, Cambridge, Cambridge University Press, 1973: Cambridge Studies on the History and Theory of Politic) も，101節からなるオリジナルテキストを定本としている．なお，デュポン，デール／デュサールそれにシェルの100節からなるテキストとの異同については，以下，適宜脚注で紹介している．ただし，デール／デュサール版全

付録　『富の形成と分配に関する諸省察』目次　　　159

集に収録されている『諸省察』のテキストはデュポン版全集のそれを再録したものであり，両者を同一テキストと考え，注記にはもっぱらデュポン版全集を用い，デール／デュサール版全集には言及しなかった．

---

§ I.　　Impossibilité du commerce dans la supposition d'un partage égal des terres, où chaque homme n'aurait que ce qu'il lui faudrait pour se nourrir（土地がそれぞれの人間に平等に分配され，そこでは各人がその生存に必要なものしか所有しないと仮定すれば，商業は発生しなかったであろう）．

§ II.　　L'hypothèse ci-dessus n'a jamais existé, et n'aurait pu subsister. La diversité des terrains et la multiplicité des besoins amènent l'échange des productions de la terre contre d'autres productions（前節で仮定したような事態はこれまで実在したことはないし，もし仮に実在したとしても長つづきすることはできなかったであろう．地形や地質は変化にとみ，〔人間の〕欲求は多種多様である——これらのことが土地生産〔物〕と他の生産〔物〕とを交換するよう導くのである）．

§ III.　Les productions de la terre exigent des préparations longues et difficiles pour être rendues propres aux besoins de l'homme（土地生産〔物〕が人間の欲望に適ったものとなるためには長期間の大変な準備が必要である）．

§ IV.　La nécessité des préparations amène l'échange des productions contre le travail（そうした準備の必要性が〔土地〕生産〔物〕と労働との交換へと導く）．

§ V.　Prééminence du laboureur qui produit, sur l'artisan qui prépare le laboureur est le premier mobile de la circulation des travaux[1]; c'est lui qui fait produire à la terre le salaire de tous les artisans（〔土地〕耕作者の，耕作者を生み出す職人に対する優越性は労働の流通〔または地位や場所を変えること〕の最初の動

---

1)　デュポン版全集の標題，"Prééminannce du laboureur qui produit sur l'artisan qui prépare. Le laboureur est le premier mobile de la circulation des travaux".

機である．あらゆる職人の報酬を土地から生み出させるのは耕作者である）．

§ VI.　　Le salaire de l'ouvirier est borné, par la concurrence entre les ouvriers, à la subsistance. Il ne gagne que sa vie（労働者の賃金は，労働者間の競争によって自らの生活の糧に限られる．かれが手にするのは生活必需品だけである）．

§ VII.　　Le laboureur est le seul dont le travail produise au-delà du salaire du travail. Il est donc l'unique source de toute richesse（土地の耕作者はその労働によって自分の労働賃銀を超える〔生産物を〕生み出す唯一の人間である．それゆえ，耕作者は〔農業社会において〕あらゆる富のただひとつの源泉である）．

§ VIII.　　Première division de la société en deux classes: l'une *produtrice*, ou des cultivateurs, l'autre *stipendiée*, ou des artisans [2]（社会ははじめふたつの階級に分化する．すなわち，ひとつは**生産的階級**もしくは土地耕作者であり，いまひとつは**被雇用階級**もしくは職人である）．

§ IX.　　Dans le premier temps, le propriétaire n'a pas dû être distingué du cultivateur（初期の段階では土地所有者は耕作者から区別する必要はなかった）．

§ X.　　Progrès de la société; toutes les terres ont un maître（社会が進歩すれば，あらゆる土地は主人をもつようになる）．

§ XI.　　Les propriétaires commencent à pouvoir se décharger du travail, de la culture sur des cultivateurs salariés（土地所有者は自ら労働と耕作を賃金で雇用された耕作者に転化することが可能となる）．

§ XII.　　Inégalité dans le partage des propriétés: causes qui la rendent inévitable（土地分配の不平等．不平等を不可避とする諸原因）．

§ XIII.　　Suite de l'inégalité. Le cultivateur distingué du propriétaire（不平等の帰結．耕作者は土地所有者と区別される）．

§ XIV.　　Partage des produits entre la cultivateur et la propriétaire.

---

[2] デュポン版全集では，当該パラグラフは"l'autre stipendiée, ou classe des artisans"と表記．なお，訳文中ゴチック体は原文イタリック体を示す．以下同．

	Produit net, ou revenu [3]（耕作者と土地所有者との間の生産物の分配．純生産物あるいは収入）．
§ XV.	Nouvelle division de la société en trois classes: des cultivateurs, des artisans et des propriétaires [4], ou classe *produtrice*, classe *stipendiée*, et classe *disiponible*（社会は新たに3つの階級に分化する．耕作者，職人それに土地所有者，あるいは**生産**階級，**被雇用**階級および**可処分資産保有**階級の3つにである）．
§ XVI.	Ressemblance entre les deux classes laboureuses ou non disponibles（ふたつの土地耕作もしくは非可処分資産保有階級の間に存在する類似性）．
§ XVII.	Différence essentielle entre ces deux classes laboureuses（ふたつの耕作階級の間の根本的相違）．
§ XVIII.	Cette diffrérence autorise leur distinction en classe productrice et classe stérile [5]（両者の相違が生産階級と非生産階級との区別をもたらす）．
§ XIX.	Comment les propriétaires peuvent tirer le revenu [6] de leurs terres（土地所有者たちがかれらの土地から収入を引き出すことを可能とする方法）．
§ XX.	Première manière: culture par des hommes salariés（第1の方法は賃金によって雇用された人間たちによる〔土地の〕耕作である）．
§ XXI.	Seconde manière: culture par des esclaves（第2の方法は奴隷たちによる耕作である）．
§ XXII.	La culture par esclaves ne peut subsister dans les grandes sociétés [7]（奴隷による耕作は大規模な社会では存続することは不可能である）．

---

3) デュポン版全集では，"Produit net, ou revenue" はイタリック体．
4) デュポン版全集では，"des *cultivateur*, des *artisans* et des *propriétaires*" と表記．
5) デュポン版全集では，"en classes *productirices* et *stérile*" と表記．
6) デュポン版全集では，"revenue" はイタリック体．
7) デュポン版全集の標題は，"Portion que la nature assure aux cultivateurs, même aux esclaves, sur le produit de leurs travaux."

§ XXIII.   L'esclavage de la glèbe succède à l'esclavage proprement dit [8]（耕作奴隷制は本来の奴隷制を継承したものである）.

§ XXIV.   Le vasselage succède à l'esclavage de la glèbe, et l'esclave devient propriétaire. Troisième manière: aliénation du fonds à la charge d'une redevance [9]（耕作奴隷制につづくのが封土耕作制である．そして奴隷は土地所有者となる．第3の方法はその使用権の料金と引き換えに土地を譲渡することである）.

§ XXV.   Quatrième manière: colonage partiaire [10]（第4の方法は分益小作をつくり出すことである）.

§ XXVI.   Cinquième manière: fermage ou louage des terres [11]（第5の方法は小作すなわち借地耕作である）.

§ XXVII.   Cette dernière méthode est la plus avantageuse de toutes, mais elle suppose un pays déjà riche [12]（最後の方法があらゆる方法のなかでもっとも有効である．しかしこの方法が可能であるためには国家がすでに富裕であることを前提としている）.

§ XXVIII.   Récapitulation des différentes manières de faire valoir les terres [13]（土地を有効に活用するさまざまに異なる方法の要旨）.

§ XXIX.   Des capitaux en général et du revenu de l'argent [14]（資本一般および貨幣収入）.

---

8) デュポン版全集の標題は，"Combien la culture exécutée par les esclaves est peu profitable et chère pour le maître et l'humanité."
9) デュポン版全集の標題は，"La culture par esclaves ne peut subsister dans les grandes sociétés."
10) デュポン版全集の標題は，"L'esclavage de la glèbe succède à l'esclavage proprement dit."
11) デュポン版全集の標題は，"Le vasselage succède à l'esclavage de la glèbe, et l'esclave devient propriétaire. Troisième manaière: aliénation du fonds à la charge d'une redevance."
12) デュポン版全集の標題は，"Quatrième manière: colonage partiaire."（シェル版全集では第25節の標題）
13) デュポン版全集の標題は，"Cinquième manière: fermage ou louages des terres."（シェル版全集では第26節の標題）
14) デュポン版全集では，"Cette dernière méthode est la plus avantageuse de toutes, mais elle suppose un pays déjà riche."（シェル版全集では第27節の標題）

付録　『富の形成と分配に関する諸省察』目次　　　163

§ XXX.　　　De l'usage de l'or et de l'argent dans le commerce [15]（商業における金や銀の使用について）．

§ XXXI.　　Naissance du commerce: principe de l'évaluation des choses commerçables [16]（商業の発生．売り買い可能な諸物の評価の原則）．

§ XXXII.　　Comment s'établit la valeur courante dans l'échange des marchandises [17]（諸商品の交換において市場価値はどのようにして定着するか）．

§ XXXIII.　　Le commerce donne à chaque marchandise une valeur courante relativement à chaque autre marchandise; d'où il suit que toute marchandise est l'équivalent d'une certaine quantité de toute autre marchandise, et peut être regardée comme un gage qui la représente [18]（商業はそれぞれ一方の商品に対し他の商品と比較した市場価値をあたえる．このことから，結果として各商品は他のそれぞれの商品の一定数量と等価であり，その数量を表現する基準と考えることが可能となる）．

§ XXXIV.　　Chaque marchandise peut servir d'échelle ou de mesure commune pour y comparer la valeur de toutes les autres [19]（各商品は自らと他の商品との価値を比較するための共通の基準もしくは尺度として用いられる）．

§ XXXV.　　Toute marchandise ne présente pas une échelle des valeurs également commode. On a dû préférer, dans l'usage, celles qui, n'étant pas susceptibles d'une grande différence dans la qualité, ont une valeur principalement relative au moment ou à la

---

15)　デュポン版全集では，"Récapitulation des différentes manières de faire valoir les terres."（シェル版全集では第28節の標題）
16)　デュポン版全集では，"Des capitaux en général, ou du revenue de l'argent."（シェル版全集では第29節の標題）
17)　デュポン版全集では，"De l'usage de l'or et de l'argent dans le commerce."（シェル版全集では第30節の標題）
18)　デュポン版全集では，"Naissance du commerce. Principe de l'évaluation des choses commerciales."（シェル版全集では第31節の標題）
19)　デュポン版全集では，"Comment s'établit la valeur courante dans l'échange des marchandises."（シェル版全集では第32節の標題）

quantité [20]（あらゆる商品は同じ程度に好適な価値基準としてあらわれるわけではない．人はその使用にさいして質的に大きな相違が生じ得ないので，主としてその時どきの時点で数量に比例した価値を有する諸商品をかならずといっていいほど選好した）.

§ XXXVI.　Au défaut de l'exacte correspondance entre la valeur et le nombre ou la quantité, on y supplée par une évaluation moyenne qui devient une espèce de monnaie idéale [21]（価値と個数もしくは数量との間の正確な対応関係が存在しなければ，人はこれを観念的な平均評価によって代替する）.

§ XXXVII.　Exemples des ces évaluations moyennes qui deviennent une expression idéale des valeurs [22]（諸価値を観念的に表現する平均評価の諸事例）.

§ XXXVIIII.　Toute marchandise est un gage représentatif de tous les objets du commerce, mais plus ou moins commode dans l'usage, suivant qu'elle est plus ou moins facile à transporter et à conserver sans altération [23]（あらゆる商品は商業のすべての対象を表現する基準である．しかし，商品を損傷・変質させることなく輸送し保存することの容易さの程度に応じて，〔基準としての〕利便性の度合いに差が生じる）.

§ XXXIX.　Toute marchandise a les deux propriétés essentielles de la

---

[20]　デュポン版全集では，"Le commerce donne à la chaque marchandise une valeur courante relativement à chaque autre marchandise; d'où il suit que toute marchandise est l'équivalent d'une certaine quantité de toute autre marchandise, et peut être regardée comme un gage qui la représente."（シェル版全集では第33節の標題）

[21]　デュポン版全集の標題は，"Chaque marchandise peut servir d'échange ou mesure commune pour y comparer la valeur de toutes les autres."（シェル版全集では第34節の標題）

[22]　デュポン版全集の標題は，"Toute marchandise ne présente pas une échelle des valeurs également commode. On a dû préférer dans l'usage celles qui, n'étant pas susceptibles d'une grande différence dans la qualité, ont une valeur principalement relative au nombre ou à la qualité."（シェル版全集では第35節の標題）

[23]　デュポン版全集の標題は，"Au défaut de l'exacte correspondance entre la valeur et le nombre ou la qunatité, on y supplée par une évaluation moyenne qui devient une espèce de monnaie idéale."（シェル版全集第36節の標題）

monnaie, de mesurer et de représenter toute valeur; et, dans ce sens, toute marchandise est monnaie [24]（あらゆる商品はすべての価値を尺度し，価値を表現するというふたつの貨幣の基本的な属性を有している．その意味において，あらゆる商品は貨幣である）．

§ XL. Réciproquement, toute monnaie est essentiellement marchandise [25]（あらゆる商品は本質的に貨幣であり，反対にあらゆる貨幣は本質的に商品である）．

§ XLI. Différentes matières ont pu servir ou ont servi de monnaie usuelle [26]（さまざまの異なる素材が日常的な貨幣として用いることができた，あるいは用いられた）．

§ XLII. Les métaux, et surtout l'or et l'argent, y sont plus propres qu'aucune autre substance, et pourquoi [27]（さまざまの金属中とりわけ金や銀は他のいかなる物質よりも貨幣に適している．それはなぜか）．

§ XLIII. L'or et l'argent sont constitués, par la nature des choses, monnaie et monnaie universelle, indépendamment de toute convention et de toute loi [28]（金や銀は物の性質上貨幣であり，そしてあらゆる取決めやあらゆる法律とは無関係に普遍的な貨幣である）．

§ XLIV. Les autres métaux ne sont employés à ces usages que subsidiairement [29]（他の金属は貨幣として補足的に用いられるにすぎない）．

---

24) デュポン版全集の標題は，"Examples de ces évaluations moyennes qui deviennent une expression idéale des valeurs."（シェル版全集では第37節の標題）

25) デュポン版全集の標題は，"Toute marchandise est un gage représentatif de tous les objets de commerce; mais plus ou moins commode dans l'usage, suivant qu'elle est plus ou moins facile à transporter et à conserver sans alternation."（シェル版全集では第38節の標題）

26) デュポン版全集の標題は，"Toute marchandise a les deux propriétés essentielles de la monnaie, de mesurer et de représenter toute valeur; et, dans ce sens, toute marchandise est monnaie."（シェル版全集では第39節の標題）

27) デュポン版全集の標題は，"Réciproquement, toute monnaie est essentiellement marchandise."（シェル版全集では第40節の標題）

28) デュポン版全集の標題は，"Différentes matières ont pu servir ou ont servi de monnaie usuelle."（シェル版全集では第41節の標題）

29) デュポン版全集の標題は，"Les métaux, et surtout l'or et l'argent, y sont plus

§ XLV.　　　　L'usage de l'or et de l'argent comme monnaie en a augmente la valeur comme matière [30]（金や銀の貨幣としての使用は素材としての価値を高める）．

§ XLVI.　　　Variations dans la valeur de l'or et de l'argent comparés avec les autres objets du commerce et entre eux [31]（商業の対象物と比較した，そして諸物の間における金や銀の価値変動）．

§ XLVII.　　 L'usage des paiements en argent a donné lieu à la distribution entre le vendeur et l'acheteur [32]（貨幣によって決済を行うことが売り手と買い手の間の流通の機会を提供した）．

§ XLVIII.　　L'usage de l'argent a beaucoup facilité la séparation des divers travaux entre les différents membres de la société [33]（貨幣の使用は社会の構成員間のさまざまの労働の分離をいちじるしく容易にした）．

§ XLIX.　　　De la réserve des produits annuels accumulés pour former des capitaux [34]（資本を形成するために蓄積される年々の生産物の貯蔵について）．

§ L.　　　　　Richesses mobiliares. Amas d'argent [35]（動産的富．貨幣の蓄積）．

§ LI.　　　　Les richesses mobiliaires sont un préarable indispensable pour

---

　　propres qu'aucune autre substance, et pourquoi."（シェル版全集では第 42 節の標題）

30)　デュポン版全集の標題は，"L'or et l'argent sont constitutes, par la nature des choses, monnaie et monnaie universelle, indépendamment de toute convention et de toute loi."（シェル版全集では第 43 節の標題）

31)　デュポン版全集の標題は，"Les autres métaux ne sont employés à ces usages que subsidiairement."（シェル版全集では第 44 節の標題）

32)　デュポン版全集の標題は，"L'usage de l'or et de l'argent comme monnaie en a augmenté la valeur comme matière."（シェル版全集では第 45 節の標題）

33)　デュポン版全集の標題は，"Variations dans la valeur de l'or et de l'argent comparés avec les objects du commerce, et entre eux."（シェル版全集では第 46 節の標題）

34)　デュポン版全集の標題は，"L'usage des payments en argent a donné lieu à la distinction entre le vender et l'acheteur."（シェル版全集では第 47 節の標題）なお，テュルゴーとデュポンの綴りに注意．

35)　デュポン版全集の標題は，"L'usage de l'argent a beaucoup facilité la séparation des divers travaux entre les différents membres de la société."（シェル版全集では 48 節の標題）

tous les travaux lucratifs [36]（動産的富はあらゆる営利的労働にとって不可欠の前提である）．

§ LII. Nécessité des avances pour la culture [37]（土地耕作のための前貸しの必要性）．

§ LIII. Premières avances fournies par la terre encore inculte [38]（最初の前貸しはいまだ耕作されていない土地によって提供される）．

§ LIV. Béstiaux, richesse mobiliaire antérieure même à la culture des terres [39]（家畜，土地の耕作に先立つ動産的富）．

§ LV. Autre genre de richesses mobiliaires et d'avances de la culture: les esclaves [40]（その他の動産的富および土地耕作の前貸し．すなわち，奴隷）．

§ LVI. Les richesses mobiliaires ont une valeur échangeables contre la terre elle-même [41]（動産的富は土地それ自体と交換可能な価値を有する）．

§ LVII. Évaluation des terres par la proportion du revenu avec la somme des richesses mobiliaires, ou la valeur contre laquelle elles sont échangées: cette proposition est ce qu'on appelle le denier du prix des terres [42]（動産的富全体もしくはそれらが交換される価値とその収入との比率による土地の評価．この比率は地価収益率

---

36) デュポン版全集の表題は，"De la réserve des produits annuels, accumulés pour former des capitaux."（シェル版全集では第49節の標題）
37) デュポン版全集の標題は，"Richesses mobiliaires. Amas d'argent."（シェル版全集では第50節の標題）
38) デュポン版全集の標題は，"Les richesses mobiliaires sont un préalable indispensable pour tous les travaux lucratifs."（シェル版全集では第51節の標題）
39) デュポン版全集の標題は，"Nécessité des avances pour la culture."（シェル版全集では第52節の標題）
40) デュポン版全集の標題は，"Premières avances fournies par la terre encore inculte."（シェル版全集第53節の標題）
41) デュポン版全集の標題は，"Béstiaux, richesse mobiliaire antérieure même à la culture des terres."（シェル版全集では第54節の標題）
42) デュポン版全集の標題は，"Les richesses mobiliaires ont une valeur échangeable contre la terre elle-même" とシェル版全集の第56節の標題と同じであるが，その内容はシェル版全集の第55節の標題を削除したうえで，同節後半のパラグラフを第56節のパラグラフの冒頭に加えてひとつの節を構成している．したがって，デュポン版全集ではシェル版全集の第55節に相当する標題は存在しない．

と呼ばれる）．

§ LVIII.　Tout capital, en argent, ou toute somme de valeur quelconque, est l'équivalent d'une terre produisant un revenu égal à une portion déterminée de cette somme. Premier emploi des capitaux. Achat d'un fonds de terre [43]（あらゆる貨幣的資本，あるいは何がしかの価値の総額は，その額と一定割合で等価となる収入を生み出す土地と等しい価値をもっている．資本の最初の使途は土地ストックの購入である）．

§ LIX.　Autre emploi de l'argent en avances des entrepreneurs de fabrication et d'industrie [44]（他の〔2番目の〕貨幣の使途は製造業および工業の企業者への前貸しである）．

§ LX.　Développement sur l'usage de l'avance des capitaux dans les entreprises d'industrie, sur leur rentrée, et sur le profit qu'elles doivent rapporter [45]（工業企業者における資本の使途〔前貸し〕とその回収およびかれらが受け取るべき利潤に関する説明）．

§ LXI.　Subdivision de la classe stipendiée industrieuse, en entrepreneurs, capitalistes et simples ouvriers [46]（勤勉な非生産階級の企業者，資本家および単純労働者への再分化）．

§ LXII.　Autre emploi des capitaux en avances des entreprises d'agriculture. Développement sur l'usage, la rentrée et les profits indis-

---

43)　デュポン版全集の標題は，"Évaluation des terres par la proportion du revenu avec la somme des richesses mobiliaires, ou la valeur contre laquelle elles sont échangées: cette proportion est ce qu'on appelle le denier du prix des terres."（シェル版全集では第57節の標題．ただし，デュポン版全集では "denier" がイタリック体になっている点に注意）

44)　デュポン版全集の標題は，"Tout capital en argent, ou toute somme de la valeur quelconque, est l'équivalent d'une terre produisant un revenu égal à une portion déterminée de cette somme. Premier emploi des capitaux. Achat d'un fonds de terre."（シェル版全集では第58節の標題）

45)　デュポン版全集の標題は，"Autre emploi de l'argent en avances pour des entreprises de fabrication et d'indusrtrie."（シェル版全集では第59節の標題）

46)　デュポン版全集の標題は，"Développement sur l'usage des avances de capitaux dans les entreprises d'industrie, sur leur rentrée, et sur le profit qu'elles doivent donner."（シェル版全集では第60節の標題）テュルゴーとデュポンの字句の相違に注意．

pensables des capitaux dans les entreprises d'agriculture [47]（他の〔3番目の〕資本の使途は農業企業への前貸しである．農業企業における資本の投入，回収および必要不可欠の利潤に関する説明）．

§ LXIII.　La concurrence des capitalistes entrepreneurs de culture établit le prix courant des fermages et la grande culture [48]（土地耕作資本家的企業者の競争が小作料の市場価格と大規模耕作者を決定する）．

§ LXIV.　Le défaut de captailistes entrepreneurs de culture borne l'exploitation des terres à la petite culture [49]（土地耕作資本家的企業者が存在しなければ，小規模耕作者に土地の経営が制限される）．

§ LXV.　Subdivision de la classe des cultivateurs en entrepreneurs ou fermiers, et simples salaries, valets ou journaliers [50]（土地耕作階級の企業者もしくは借地農業者，および単純労働者，作男，日雇労働者編への再分化）．

§ LXVI.　Quatrième emploi des capitaux en avances des entreprises de commerce. Nécessité de l'intereposition des marchands proprement dits entre les producteurs de la denrée et les consomateurs [51]（第4の資本の使途は商業企業への前貸しである．本来の意味での商人が生活必需品の生産者と消費者との間に介在

---

47)　デュポン版全集の標題は，"Subdivision de la stipendiée industrieuse, en entrepreneurs capitalistes et simples ouvriers."（シェル版全集では第61節の標題）

48)　デュポン版全集の標題は，"Autre emploi des capitaux en avances des entreprises d'agriculture. Développement sur l'usage, "la rentrée et les profits indispensables des capitaux dans les entreprises d'agriculture."（シェル版全集では第62節の標題）

49)　デュポン版全集の標題は，"La concurrence des capitalistes entrepreneurs de culture établit le prix courant des fermages et la grande culture."（シェル版全集では第63節の標題）

50)　デュポン版全集の標題は，"Le défaut de capitalistes entrepreneurs de culture borne l'exploitation des terres à la petite culture."（シェル版全集では第64節の標題）

51)　デュポン版全集の標題は，"Subdivision de la classe des cultivateurs en entrepreneurs ou fermiers, et simples salaries, valets ou journailiers."（シェル版全集では第65節の標題）

する必要がある）．

§ LXVII.　Différents ordres de marchants. Tous ont cela de commun, qu'ils achètent pour revendre, et que leur trafic roule sur des avances qui doivent rentrer avec profit pour être de nouveau versées dans l'entreprise [52]（さまざまの階層の商人．かれはすべて買って売るというところに共通性がある．そしてかれらの取引は利潤とともに企業に回収され，新たに投下される前貸しに依存する）．

§ LXVIII.　Véritable notion de la circulation de l'argent [53]（貨幣循環の真の概念）．

§ LXIX.　Toutes les entreprises de travaux, surtout celles de fabrication et de commerce, n'ont pu être que très bornées avant l'introduction de l'or et de l'argent dans le commerce [54]（あらゆる企業の，とりわけ製造業や商業企業の行う事業は商業に金や銀〔貨幣〕が導入される以前はごく限られていた）．

§ LXX.　Les capitaux étant aussi nécessaires à toutes les entreprises que le travail et l'industrie, l'homme industrieux partage volontiers les profits de son entreprise avec le capitaliste qui lui fournit les fonds dont il a besoin [55]（あらゆる企業にとって資本は労働や勤勉と同じように必要なものであるので，勤勉な人間はその事業が生み出す利潤を，かれに資金を提供する資本家と進んで分かち合う）．

§ LXXI.　Cinquième emploi des capitaux: le prêt à intérêt. Nature de

---

52)　デュポン版全集の標題は，"Quatrième emploi des capitaux en avances pour des entreprises de commerce. Nécessité de l'intreposition des marchands proprement dits entre les producteurs de la denrée et les consommateurs."（シェル版全集では66節の標題）．

53)　デュポン版全集の標題は，"Différents ordres de marchands. Tous ont cela de commun, qu'ils achètent pour revendre, et que leur trafic roule sur des avances qui doivent rentrer avec profit pour être de nouveau versée dans l'entreprise."（シェル版全集では第67節の標題）．

54)　デュポン版全集の標題は，"Véritable notion de la circulation de l'argent."（シェル版全集第68節の標題）．

55)　デュポン版全集の標題は，"Toutes les entreprises de travaux, surtout celles de fabrique et de commerce, n'ont pu être que très bornées avant l'introduction de l'or et de l'argent dans le commerce."（シェル版全集では第69節の標題）．

付録　『富の形成と分配に関する諸省察』目次

prêt [56]（5番目の資本の使途は利子を受け取って貸し付けることである．〔貨幣〕貸付の本性）.

§ LXXII.　Fausses idées sur le prêt à l'intérêt [57]（貨幣貸付利子に関する誤った見解）.

§ LXXIII.　Erreurs des scolastiques réfutées [58]（教条主義神学者の反論の誤謬）.

§ LXXIV.　Vrai fondement de l'intérêt de l'argent（貨幣利子の真の基礎）.

§ LXXV.　Le taux de l'intérêt ne doit être fixe que comme celui de toutes les marchandises, par le seul cours du commerce [59]（利子率はあらゆる商品の価格と同じように交渉の流れによってのみ決定されるであろう）.

§ LXXVI.　L'argent a dans le commerce deux évaluations distinctes: l'une exprime la quantité d'argent qu'on donne pour se procurer les différentes espèces de denrées; l'autre exprime le rapport d'une somme d'argent à l'intérêt qu'elle procure suivant le cours du commerce（貨幣は商業においてふたつの明らかに異なる評価をもっている．ひとつはさまざまの種類の生活必需品を手に入れるためにあたえられた貨幣の数量を表現するものである．そしていまひとつは貨幣総量が商品相場に応じて同意された利子を生み出す関係を示すものである）.

§ LXXVII.　Ces deux évaluations sont indépendantes l'une de l'autre, et sont réglées par des principes tout différents（これらの評価は相互

56）デュポン版全集の標題は，"Les capitaux étant nécessaries à toutes les entreprises que le travail et l'industrie, l'homme industrieux partage volontiers les profits des son entreprise avec le capitaliste qui lui fournit les fonds dont il a besoin."（シェル版全集では第70節の標題）

57）デュポン版全集の標題は，"Cinquième emploi des capitaux: les prêts à intérêt. Nature du prêt."（シェル版全集では第71節の標題）

58）デュポン版全集の標題は，"Fausses idées sur le prêt à intérêt"（シェル版全集では第72節の標題）

59）テュルゴーの『諸省察』オリジナルテキストの第75節「ある異論に答える（§ LXXV. Réponse à une objection）であったが，デュポンが『市民日誌』に掲載するさい，著者に無断で本節を削除．その後テュルゴーもこれを認めたために『諸省察』は全101節ではなく，100節からなるテキストが一般化している．シェル版全集に収録されたテキストもこれを踏襲している．

に依存する関係にあり，そしてまったく異なる諸原理によって調整される）．

§ LXXVIII. Dans l'évaluation de l'argent comparé aux denrées, c'est l'argent considéré comme métal qui est l'objet de l'appréciation. Dans l'évaluation de dernier de l'argent, c'est l'usage de l'argent pendant un temps déterminé qui est l'objet de l'appréciation. （前節で示したふたつの貨幣の評価のうち，前者〔生活必需品の購入の場合〕のような貨幣の評価にあっては，その評価の対象となるのは貴金属〔金や銀〕としての貨幣である．そして後者の〔貨幣が利子を生む〕場合には，その評価の対象となるのはある一定期間の貨幣の使途である）．

§ LXXIX. Le prix de l'intérêt dépend immédiatement du rapport de la demande des emprunteurs avec l'offre des prêteurs: et ce rapport dépend principalement de la quantité des richesses mobiliaires accumulées par l'épargne des revenus et des produits annuels pour en former des capitaux, soit que ces capitaux existent en argent ou en tout autre genre d'effets ayant une valeur dans le commerce （貨幣の賃料〔利子〕は借り手の需要と貸し手の供給との関係に直接依存する．そして両者の関係は，貨幣のかたちであろうと，あるいは商業上の価値を有する他のあらゆる種類の資産のかたちであろうと，資本を形成するための収入と年生産物の節約によって蓄積された動産的富の数量とにもっぱら依存する）．

§ LXXX. L'esprit d'économie dans une nation augmente sans cesse la somme des capitaux; le luxe tend sans cesse à les détruire （節約の気質は絶えず一国の資本を総体として増加する．これに引き換え，奢侈は資本を減耗するのがつねである）．

§ LXXXI. L'abaissement de l'intérêt prouve qu'en général l'économie a prévalu, dans l'Europe, sur le luxe （利子が低下すれば，ヨーロッパでは一般的に節約が奢侈を制することは明白である）．

§ LXXXII. Récapitulation des cinq différentes manières d'employer les capitaux （5つの異なる資本の使途の要約）．

§ LXXXIII. Influences des différents emplois de l'argent les uns sur les autres

（貨幣の異なる使途が相互に及ぼす諸影響）．

§ LXXXIV.　L'argent placé en terre doit rapporter moins（土地に投下された貨幣は〔土地のほかの物件や事業に投下された貨幣に比較して〕よりすくない収入をもたらすであろう）．

§ LXXXV.　L'argent prêté doit rapporter un peu plus que le revenu des terres acquises avec un capital égal（貸し付けられた貨幣は，それと等額の資本によって手に入れる土地収入よりもわずかに多い収入をもたらすであろう）．

§ LXXXVI.　L'argent placé dans les entreprises de culture, de fabrique et de commerce, doit rapporter plus que l'intérêt de l'argent prêté（土地の耕作，製造，商業企業に投下された貨幣は貸し付けられた貨幣の利子よりも多く〔の収入〕をもたらすであろう）．

§ LXXXVII.　Cependant les produits de ces différents emplois se limitent les uns par les autres, et se maintiennent malgré leur inégalité dans une espèce d'équilibre（しかしながら，これらの貨幣の使途から生じる生産物はそれぞれに限度がある．しかもそれらは均等ではないにもかかわらず，ある種の均衡のなかに維持される）．

§ LXXXVIII.　L'intérêt courant de l'argent prêté est le thermomètre par où l'on peut juger de l'abondance ou de la rareté des capitaux; il est la mesure de l'étendue qu'une nation peut donner à ses entreprises de culture, de fabriqur et de commerce [60]（貸し付けられた貨幣の市場利子率は資本の多寡を計る寒暖計と見做すことができる．それは一国がその土地耕作，製造業および商業の企業に提供可能な〔資本の多寡の〕度合いを計測する尺度である）．

§ LXXXIX.　Influence de taux de l'intérêt de l'argent sur toutes les entreprises lucratives（貨幣利子率のあらゆる営利企業に及ぼす影響）．

§ XC.　La richesse totale d'une nation est composé: 1° du revenu net de tous les bien-fonds multiplié par le taux du prix des terres; 2° de la somme de toutes les richesses mobiliaires existantes dans

---

60）　デュポン版全集の標題は，"L'intérêt courant de l'argent est le thermomètre de l'abondance et de la rareté des capitaux; il mesure l'étendue qu'une nation peut donner à ses entreprises de culture, de fabrique et de commerce."（テュルゴーとデュポンとの字句の相違に注意）．

la nation（一国のすべての富はつぎのふたつから成り立つ．1. あらゆる不動産〔の価格〕を地価収益率で除した純収入．2. 一国に現存する動産的富の総計）．

§ XCI. La somme des capitaux prêtés ne pourrait y être comprise sans double emploi（貸し付けられた資本の総額はこれを一国の富のなかにふくめることはできない．なぜなら〔貨幣的資本は即座に (sur-le-champ) 資本ストックに転化されるので，これをふくめると〕重複勘定になるからである）．

§ XCII. Dans laquelle des trois classes de la société doit-on ranger les capitalistes prêteurs d'argent?（貨幣貸付資本家は社会を構成する３つの階級のいずれに分類すべきであろうか）．

§ XCIII. Le capitaliste prêteur d'argent appartient, quant à sa personne, à la classe disponible（貨幣貸付資本家はその性質上，〔自らが手にする利子収入を〕自由に可処できる〔可処分資産保有〕階級に属する）．

§ XCIV. L'intérêt que retire le prêteur d'argent est disponible, quant à l'usage qu'il en peut faire（貨幣の貸し手に可能な資本の使途についていえば，かれの手にする利子は自由に処分することができる）．

§ XCV. L'intérêt d'argent n'est pas disponible dans ce sens que l'État puisse, sans inconvénient, s'en approprier une partie pour ses besoins（貨幣利子は国家がその一部を何らはばかることなく自らのものとすることができるという意味において〔貨幣貸付資本家が自ら受け取るであろう利子のすべてを〕自由に処分することはできない）．

§ XCVI. Objection（〔前節への〕異論）．

§ XCVII. Réponse à l'objection（異論に答える）．

§ XCVIII. Il n'existe de revenu vraiment disponible dans un État que le produit net des terres [61]（一国において真に処分可能な収入は土地の生み出す純生産物だけである）．

---

61) デュポン版全集の標題は，"Il ne reste de revenu vraiment disponible dans un État que le produit net des terres."（テュルゴーとデュポンの字句の相違に注意）

§ XCIX.   La terre a aussi fourni la totalité des richesses mobiliaires ou capitaux existants, et qui ne sont formés que par une portion de ses productions réservées chaque année（土地もまた現存する動産的富もしくは全資本を供給した．そしてそれらは年々に節約された土地の生産物して貯蔵された生産物の一部分によって形成される）．

§ C.   Quoique l'argent soit l'objet direct de l'épargne, et qu'il soit, pour ainsi dire, la matière première des capitaux dans leur formation, l'argent en nature ne forme que'une partie presque insensible de la somme totale des capitaux（貨幣がたとえ節約の直接的対象であり，しかもいうなれば資本形成における第1の素材であっても，貨幣はその性質上，総資本のごくわずかな一部分を形成するにすぎない）．

付論

I. チャイルド−グルネー−テュルゴー
「資本」概念の生成と成立に関する一考察

「頌者美盛徳之形容，以其成功，告於神明者也」
——『詩経』大序より

はじめに

　ここでの課題は，市場経済ないし資本主義経済の要素形態である「資本（capital）」概念の歴史的形成と成立に至る理論的深化の経緯を整理・分析し，その経済学説史上の含意を明らかにするところにある．

　周知のように，経済研究の文献史上，近代的経済学の分析対象である市場経済ないし資本主義経済の要素形態としての「資本」というテクニカル・タームを真っ向から取り上げて論じたのはアンヌ・ロベール・ジャック・テュルゴーがはじめてであり，かれは 1766 年に著した『富の形成と分配に関する諸省察（*Réflexions sur la formation et la distribution des richesses*）』（以下，『諸省察』と略記）の第 29 節で「資本」をつぎのように説明している．すなわち，

> 人は労働や土地所有によらなくても富裕になるいまひとつ別の手段があるが，わたし〔は〕この間そのような手段について論じてこなかった〔中略〕．その手段とは，かれの資本（capital）で，あるいはこういってよければ，その保有する貨幣を貸し付けることによって生み出す利子で生活する方法である[1]．

---

1) Turgot [1766b], p. 551.

テュルゴーはこののち，商品から貨幣への転化（貨幣発生論）と貨幣の資本への転化（資本形成論）について説明するとともに，資本の所有者を「資本家（capitaliste）」と呼び，リシャール・カンティヨンによって精緻化された「企業者（entrepreneur）」と称する事業経営者ないしマネージャーが資本家の資金を「前貸し（avance）」してその事業を営み，一定の利潤をともなって前貸し資金を回収することを明らかにした．そしてそのような資本の前貸しと回収の継続するプロセスを商業社会における「貨幣の循環（circulation de la monnaie）」[2]と規定したのである．

　ラテン語の"capitalis"を語源とする"capital"という言葉を経済の要素形態ないしは生産要素のひとつとして経済分析のなかに導入し，その重要性を真正面から説いたことの功績はひとえにテュルゴーに帰するものであるが，しかしこの術語が登場するのは『諸省察』がはじめてではないし，実際にもこの言葉それ自体は時代を溯って15, 6世紀には文献上確認できるほどに広く知られ用いられていた．すなわち，このタームは13世紀イタリア中西部のトスカーナ地方の州都で文化・商業・金融の中心地フィレンツェなどの金融業者や商人たちの間で通用するすぐれて実務的な用語であり，金銭的財産，節約または貯蓄によって蓄積された資金，あるいは有価証券など多様な語義を有していた．それが今日，経済学の最重要概念としての「資本」の語義に近似した意味で用いられるようになったのはもっぱら17世紀末のことに属する．例えばサー・ジョサイア・チャイルドの『商業講話（A Discourse about Trade）』[3]は，そのひとつである．もっとも，チャイルドの著書のなかで"capital"，"capital stock"という単語が登場するのは数えるほどであり，多くの場合"wealth"，"riches"，"estate"などの単語との区別がないことに加えて，"stocks"や"stock"といった別の言葉も登場する．ありて

---

2) *Idem*, p. 575.
3) Child [1694]．後述のように，本書の初版は1690年，その後版を重ねて1751年には『新商業講話（*A New Discourse of Trade*）』（Child [1751]）のタイトルで第5版が出版されている．以下で主として言及するチャイルドの著書は，とくに断りのない限り，この版である．

いにいえば，ロンドンの商人出身にしてのちにイングランド東インド会社 (East India Company) の総裁——昨今ではアメリカの映画俳優ジョニー・デップ演じる海賊の船長(キャプテン)ジャック・スパローの宿命のライバル東インド貿易会社の親玉というほうがピンとくるかもしれない——となるチャイルドにとって，"capital" なる言葉は，商業の世界では "quod omnes tangit（万人周知）" のありふれた単語 (verbum quotidianum) のひとつにすぎず，これを他の単語と同様に逐字解説する必要性を感じなかったのかもしれない．

さてしかし，テュルゴーに話をもどせば，かれもまた1749年4月にソルボンヌ学寮・修道院時代からの古い友人のひとりであるシセ兄弟の長兄——のちのオーセール司祭——に書き送った書簡のなかで "capital" という言葉を一度だけ用いている．もちろんそれは後世の「資本」という意味ではなく，チャイルドと同様，金融業者や商人たちのいうところの元金やまとまった資金，はたまた有価証券というほどの語義でしかなく，英語の "stock" に相当するフランス語の "fonds" と同義であった[4]．ところが，10年後の1759年8月にテュルゴーがギリシャ神話に登場する人物でアルキモスの子にしてテレマコスの助言者さながらにメントール (Mentor) と仰ぎ，終生敬愛してやまなかったジャック=クロード=マリー・ヴァンサン（グルネー侯爵）の人徳と功績を讃えた追悼文「ヴァンサン・ド・グルネー頌 (Eloge de Vincent de Gournay)」のなかでは，この言葉はただ単に貨幣や資金という意味を超えて，後年の『諸省察』にみる「資本」概念を髣髴とさせる語義で用いられている[5]．この10年間にテュルゴーの経済思想に何らかの変化が生じ，その結果かれをして「資本」の一般規定として結実させるに至ったと考えても穿ちすぎとはいえないであろう．

テュルゴーをして市場経済ないし資本主義経済の要素形態としての資本とその一般規定を定位せしめた思想上の変化とは一体何であったのであろうか，それはいつ，どこから生まれ，どのようなかたちでかれの学説のなかに採り

---

4) Turgot [1749].
5) Turgot [1759a].

入れられ精緻化されたのであろうか——．結論を先取りすれば，テュルゴーの「資本」概念はかれの"師"グルネーの経済思想や経済学説に着想を得て，これを継承・発展させたものであった．そしてその師はといえば，このタームをチャイルドの『新商業講話』のなかの章句から掬い上げて吟味・検討した末に「資本」という概念形成にたどりついたのである．

　このような「資本」概念の成立をめぐるチャイルド－グルネー－テュルゴーの継承関係を解き明かす有力な手掛かりを提供したのは，フランスの経済思想史家シモーヌ・メイソニエであった．彼女が編集・出版したグルネーの手になるチャイルドの著作の仏語訳とこれに訳者の「注釈（Remarques）」を付した作品（*Traités sur le commerce de Josiah Child: suivis des Remarques de Vincent de Gournay*）は，「資本」概念の生成と成立をめぐる経済学説史上の継承関係を解き明かす瞠目すべき業績といってよいであろう[6]．やがて明らかにするように，グルネーは生前，「注釈」はこれを付さず仏語版『新商業講話』のみを刊行したため，かれの経済思想や資本概念をはじめとする経済分析の理論的考察の全容はこれを知るところとならなかった．もちろん部分的にはテュルゴーのグルネー追悼文によって知ることができるし，のちにギュスターヴ・シェルらの研究によってグルネーのフランス経済学研究への貢献をある程度まで認めることが可能であるといえ，メイソニエの研究業績を手にするまで不明なところがすくなくなかったのも事実であった[7]．

---

6) Meyssonnier [2008]．

7) グルネーの古典的研究として，何よりもまずギュスターヴ・シェルの評伝『ヴァンサン・ド・グルネー（*Vincent de Gournay*）』をあげなくてはならないであろう．シェルは同書の冒頭でグルネーの人となりと業績の特質をつぎのように要約している——．「われわれがこれから論じようとする人物は位人臣を極めた人間ではない．いかなる歴史的事件のなかにも登場しない．それに一巻の書物も遺していない．だが，それにもかかわらずこの人物の影響はかれの生きていた時代ばかりでなく現代においても絶大である．かれこそは経済学（économie politique）の創始者のひとりであり，わが国の労働の自由を促進するうえで多大の功があり，万民周知の〔中略〕有名な『自由放任（Laissez-faire, laissez-passer）』の標語を考案した人物だからである」（Schelle [1897], p. 1）．ことほどさように，グルネーの人となりや功績はテュルゴーの「ヴァンサン・ド・グルネー頌」が世に出るまでほとんど知られることがなかった

付論 I. チャイルド─グルネー─テュルゴー

　周知のように，グルネーがチャイルド『新商業講話』の仏語訳のために作成した「注釈」が日の目を見るのは 1970 年代に津田内匠がそのオリジナルコピーを発見し，これを刊行するまで待たなくてはならなかった[8]．しかしながらメイソニエの業績は，その後発見されたグルネーの別の草稿類などを解読して，かれの「注釈」をいわば「完全なかたち」で甦らせたところにある．この結果，今日ではグルネーの経済思想やその経済学説の歴史に残した業績を資料的に裏づけることが可能となった．津田やメイソニエの業績は本論のメインテーマである「資本」概念をめぐるグルネーとテュルゴーとの経済思想の継承関係を説き明かす資料的根拠を提供したといってよいのであるが，それだけではない．

　すなわち，グルネーとテュルゴーの経済思想と 18 世紀中葉のフランス経済思想史上の一大潮流である「フィジオクラシー（Physiocratie）」のそれとの関係の再検討・再評価，わけてもテュルゴーとフランソワ・ケネーやフィジオクラート派との関係をあらためて吟味・検討する必要性を知らしめたのである．それというのも，カール・マルクスやヨーゼフ・A. シュンペーターらに代表される「経済学の偉人」たちの所説に倣って，テュルゴーを「フィジオクラート派の論客」，すくなくともそれに近い人物と解釈することがならいとなっていたが，グルネーの訳注や「注釈」とテュルゴーの一連の作品とをあわせて精読すれば，そうした解釈が適当でないからである．その意味からすれば，アントイン・E. マーフィーのいうように，テュルゴーは「独立独歩の人」で「根っからフィジオクラート派ではなかった」[9] というこ

ことに加えて，グルネー亡きとあとは，未発表の公文書や草稿・書簡などが散逸し「今日ほとんど残っていない」（*Idem*, p. 6）とのべ，グルネー研究のむつかしさを述懐している．しかしながら，シェルの業績は後世の研究者たちにとってはスタンダードワークとなっており，多くの研究者たちが研究論文を作成するさいのレファレンスとして用いられてきたことを忘れてはならないであろう．戦前・戦後を通して邦人研究者としては唯一の体系的グルネー研究である手塚壽郎の論文「グルネーの經濟思想」（手塚 [1927]）もその例に漏れない．本論におけるグルネーの経済思想の理解や解釈も，シェルはもとより，手塚の先駆的研究業績に負うところ大である．
8) Tsuda [1983].

とができる．また，アントニー・ブリュワーが的確にのべているとおり，グルネーの経済学説を継承・発展させて得たテュルゴーの「資本」論に思いを致すなら，かれを「古典経済学の創始者」[10]とする解釈はあながち誇張とはいえないであろう．実際，テュルゴーの資本概念はグルネーのそれを継承したものであるとはいえ，これを発展させただけでなく，19世紀古典経済学の貯蓄・投資分析に連なる視点をも提示している．要するに，チャイルド，グルネーおよびテュルゴーの経済分析によって得られた成果こそ，経済学の古典形成に一大転換をもたらしたといってすこしも過言ではないのである．

はじめに構成を示せば以下のとおりである．まずグルネーの経済思想を概説し，18世紀フランス経済学史上の位置を明らかにする．ついでチャイルドの『新商業講話』の翻訳とその注釈を手掛かりに「資本」概念の形成と成立の過程をふり返りその意義を分析する．そして最後にテュルゴーによるグルネーの経済思想の継承と発展を考察し，その経済学の古典形成における功績をあらためて評価する．それはまたフランス経済学説史上のグルネー＝テュルゴーの経済思想のフィジオクラート派との関連を解き明かすことでもあり，ここでのいまひとつのテーマをなしている．

1. グルネーの経済思想——18世紀フランス経済研究における位置と評価

グルネー侯爵ジャック＝クロード＝マリー・ヴァンサンは1712年5月，フランス北部のノルマンディー地方の国際貿易の拠点サン＝マロの大商人の家庭で生を受け，長じて父親の家業を受け継ぎ貿易業務に携わり成功を収めた．だが，のちに官界に転じて王国商務監督官（Intendant du commerce）の職を奉じ国政に重要な功績を残した能吏であったばかりか，開明的かつ優れた思想家であり，若い行政官や知識人たちの教育に多大の功のあることはつとに

---

9) Murphy [2009b], p. 144.
10) Brewer [1986], p. 186.

知られている[11]．とりわけアンヌ・ロベール・ジャック・テュルゴーへの影響は絶大であり，テュルゴーがグルネーの知遇を得た 1754 年から 59 年の死に至るまでオデュッセウスが息子テレマコスに遺した師傅にして助言者のメントール（Mentor）のように敬愛し，終生グルネーの開明的で自由主義的思想・信条の支持者であったといわれている．

　ところが，グルネーがどのような思想の持ち主であったか——という点に関しては，いまに至るまで謎めいたところがすくなくない．たしかに，テュルゴーをはじめとするかれの信奉者や協力者たちの証言やこれらをもとに評伝を著したギュスターヴ・シェルなどの研究が，今日なおグルネーの人となりや業績を知るうえで欠かせない第一級の資料であることに変わりはない．それでも，かれらをしてグルネーの経済思想や経済学説に関する統一した評価を生ましめるには至らなかった．事実，テュルゴーのメントールの評価が研究者の間で分かれ議論が完全に終熄しなかった，というのが偽らざるところである．すなわち，自由主義者，重商主義者，保護主義者あるいはまたフィジオクラートの先駆者などの相互に矛盾する人物評が，それである．

　その理由のひとつはグルネーの経歴——商人，行政官——に由来すること，いまひとつは，シェルが的確に指摘しているとおり，グルネーが経済学説や経済思想を体系立って論じた著書を遺さず，もっぱら公式文書や書簡，同時代人の証言をもとにしていたことなどの諸事情を指摘しなくてはならない．なるほどサー・ジョサイア・チャイルドの『新商業講話』を翻訳・紹介したことは知られていた．だが，仏訳のさいグルネーの作成した「注釈」は当時の経済問題に関する実務的・理論的見解を理解するうえで重要な資料であったにもかかわらず，後述する政治的・経済的諸事情からこれを世に問うことを断念せざるを得なかったこともあって，かれの経済思想を体系的に理解することを阻んできたのである．津田内匠がくだんの「注釈」のオリジナルコピーをフランス北西部のサン=ブリウ市立図書館（Bibliothèque municipale de

---

[11]　以下のグルネーに関する記述については，断りのない限り，Schelle [1897]; Meyssonnier [1993; 2008]; 手塚 [1927] などを参照した．

Saint-Brieuc）で発見し世に送り出したのは，20世紀末の1983年のことであった．その後1993年にはグルネーの覚書や書簡類などを編集・刊行している．津田の功績によってグルネー研究は新たな段階に立ち至ったといってよいであろう[12]．

この点はのちに立ちもどる所存であるが，その前にグルネーの経済思想の特色についてふり返って紹介しておこう．テュルゴーが「ヴァンサン・ド・グルネー頌」のなかでのべているように，グルネーの思想の進化と発展に大きく貢献したのは，国際商人としての「経験とその省察から導き出した知識」に加えて，「ヨーロッパ諸国とりわけイングランドにおける経済問題を扱ったもっとも優れた作品の読書」[13] であった．1746-47年に海運相モールパ伯爵ジャン゠フレデリック・フェリポーがイングランド，低地諸国（ネーデルラント），ハンブルク，ウィーンなどのヨーロッパ諸国を視察してその商業事情を報告する任に当たらしめたのも，サン゠マロ生まれの国際商人の豊富な経験と広い見識を評価したからであった（このことから，グルネー゠間諜（スパイ）説が生まれた）．

---

12) Tsuda [1993].

13) Turgot [1759a], p. 597. テュルゴーの「グルネー頌」には2種類ある．ひとつはグルネーの死後間もなく『メルキュール・ド・フランス（*Mercure de France*）』紙1759年8月号に掲載されたもの（Turgot [1759a]）と，他はのちにテュルゴーの友人でフィジオクラート派のピエール゠サミュエル・デュポン（ド・ヌムール）が発見し，かれの編集した『テュルゴー氏全集（*Œuvres de Mr. Turgot*）』に収録されたもの（Turgot [1759b]）である．手塚が的確に指摘しているように，テュルゴーのグルネー評価はこれらふたつの文章において異なり，ギュスターヴ・シェルとドイツ北西部の旧都ハイデルベルク生まれの経済学者アウグスト・オンケンとの間に相反する評価を生むことになった．すなわち，シェルがグルネーを「自由主義的傾向の經濟学者」とするのに対して，オンケンは「過渡期のメルカンチリスト〔マーカンティリスト〕」との評価をくだしている（手塚 [1928] 其一，42ページ）．手塚は双方の見解に異を唱え，「グルネーはシェルの云ふが如き自由貿易主義者に非ざると共にオンケンが云ふ過渡期の穏健なるメルカンチリストよりはより多くの自由貿易主義に近き穏健なる保護貿易主義者」（同其六，66ページ）としている．のちにくわしくみるように，津田内匠やシモーヌ・メイソニエらの研究を手掛かりにすれば，手塚の所説もかならずしも正しいとはいえない．なお，手塚の紹介しているシェル，オンケンの文献はそれぞれつぎのとおりである．Gustave Schelle, *Vincent de Gournay*, Paris, 1897; August Oncken, *Kritische Geschichte der Nationalökonomie*, Bd. I, Leipzig, 1902.

その功も手伝って，時の財務総監ジャン=バティスト・ド・マショー・ダルヌーヴィルはグルネーの官界入りを強く勧めたといわれるが，かれもまた時の財務総監の期待に応えて1749年に大法院（Grand Conseil）顧問官の職を買い取りこの世界での第一歩を踏み出した．それから2年後，マショー・ダルヌーヴィルはグルネーを商務局の商務監督官のポストに就かしめ，爾来，1758年に辞職するまでこの職にとどまることになる[14]．

グルネーはこれを一個の人間としてみた場合，人を魅了する好人物であり，それまでの商務局の官吏とは一味違っていたとされる．そうはいえ，かれの名を後世の歴史に刻んだのは"自由放任（Laissez-faire, laissez-passer）"の4文字に集約される自由主義思想であり，これを奨励し広めるうえで多大の功績にあったとするのが大方の評価であった[15]．すなわち，かれは一方で国内の商業活動を制約する諸制度・諸慣行の改廃を主張するとともに，他方で若い行政官や知識人の啓蒙や育成に注力し，ジョエル=マリー・ビュテル=デュモン，フランソワ・ヴェロン・ド・フォルボネ，（アンドレ・）モルレ神父，テュルゴーらに経済問題を扱った著作の執筆や編集，外国の文献の翻訳・紹介を盛んに勧めた[16]．とりわけ外国文献の紹介については，グルネー

---

14) Turgot [1759a], p. 616. テュルゴーは1758年はじめに時の財務総監ジャン・ド・ブーローニュにグルネーの辞意を伝えていたという．グルネーを重用したマショー・ダルヌーヴィルが財務総監を辞したのち，おりからの戦争（七年戦争）の長期化により政治は混迷の度をふかめ，グルネーの自由主義的経済政策が受け容れられる環境にはまったくといっていいほどなかった．そのうえ，グルネーはブーローニュと対立することがすくなく，心労が絶えなかったといわれるが，このことが結果としてグルネーの病気（癌）の進行をはやめ，結局，同年中に職を辞し病気療養に専念させることとなった．明けて1759年3月ブーローニュが失脚，グルネー・グループのエティエンヌ・ド・シルエットが後継の財務総監に就任し，自由主義的の政策の実施に期待をつないだものの，病床のグルネーは6月27日ついに帰らぬ人となった（享年47歳）．なお，グルネーの生涯については，Schelle [1897]; Perrot [1992]; Meyssonnier [2008]; 手塚 [1927] などを参照した．

15) Meyssonnier [1993], pp. 58-60; [2008], pp. ix-x. なお，"Laissez-faire, laissez-passer"が，グルネーの作であると主張したのは"大ミラボー"ことミラボー侯爵であり，のちに「定説」となった巷説について，手塚壽郎は「グルネーの経済思想」という論稿のなかでミラボー説に異を唱え独自の究明を試みたが，この点についてはのちにあらためて論じることとしたい．

自らチャイルドの『新商業講話』の翻訳を手がけたのみならず，ジョン・ローの"ライバル"リシャール・カンティヨンの『商業一般の本性に関する試論 (*Essai sur la nature du commerce en général*)』をはじめ多くの書物の翻訳を計画していたといわれる[17]。

グルネーとかれを取り巻く行政官や知識人たちのグループは，のちに"エコノミスト派 (Les économistes)"と呼ばれるようになるが，その名の由来と思想の核心は，商業活動への国家による過度の介入や諸規制の改廃などの主張にあり，かれらはピエール・プザン・ド・ボワギルベール（またはボアギュベールともいう。"ボアギュベール"はル・プザン家の領地の古称で，国王への書簡など公文書には"ボワギルベール"ではなく古称の"ボアギュベール"と記していた）らのように，商業活動の自由競争を保証することを目指していた。しかしながら，グルネー・グループはいわゆるフィジオクラート派とは異なり，土地の耕作，したがってまた農業のみを「生産的 (productif)」とする思想的立場には与しなかった[18]。それどころか，フォルボネ，モルレ神父それにテュルゴーらにみられるとおり，フィジオクラート派の経済学説には批判な人材もすくなくなかった。このことはとりも直さず，

---

16) Murphy [2009b], p. 137.
17) リシャール・カンティヨンの著書はかれの死（あるいは失踪）から数えて約20年後の1755年に英語の手稿を仏語訳してロンドンはホルボーンの法学院近くで店を構えるフレッチャー・ガイルズ (Fletcher Gyles) なる書店から刊行されたということになっている。訳者は不明であるが，カンティヨンの手稿を長く手元にとどめていたミラボー侯爵（"小ミラボー"ことミラボー伯爵の父）から借りてこれを仏訳し刊行したとされる。だが，イギリスの経済思想史家ヘンリー・ヒッグズはこの点について，グルネーがミラボーをつうじて手稿の所有者に是非にも刊行すべきであると説得し，テュルゴーらを仏訳の作業に当たらしめたと推理している (Higgs [1931], pp. 381-5)。テュルゴーが1755年にグルネーの要請によって，ウェールズ出身の自由主義者ジョサイア・タッカーの著書の仏語訳 (*Questions importantes sur le commerce*) を行っていることからみて，ヒッグズの説をまったくあり得ない話と無碍に片付けるわけにいかないかもしれない。なお，この点に関しては，Meyssonnier [1993], pp. 187-8; Mahieu [1997], p. 87; Murphy [1993], pp. 199-200; 中川 [2006/2007: i], 70-1 ページも参照されたい。
18) Meyssonnier [1993], pp. 200-2; Fitzsimmons [2010], pp. 10-2.

グルネーが商業一般あるいは農工商の活動全般を視野に入れて国内の経済改革に取り組み王国の復興を志向したからにほかならない．『ヴァンサン・ド・グルネー』の著者ギュスターヴ・シェルに倣った手塚壽郎をしてグルネーが「德の高い市民であり，熱烈な愛國者であったに止まらず，また卓越して時流を拔いた經濟學者」[19]であったといわしめたゆえんがここにある．それと同時に，「佛蘭西の經濟學史上に於る地位を重からしむるものは，彼が〔テュルゴーに代表される〕佛蘭西の國政に重要なる效績を殘したる人々〔中略〕に少なからざる影響を與へた」[20]ことも忘れてはならないであろう．

このようなグルネーの人間としての評価の高さとは対照的に，かれの商務局内の評判や評価はかならずしも高くなく，そのうえかれの影響も決して大きくはなかったといわれる．なるほど商務監督官の職にあったおり，かれの提案した一連の開明的で自由主義的政策——とくに職人組合（Compagnonnage）の特権を廃止して職人間の上下関係のない同業組織を新設することを主張し，小麦・小麦粉の国内自由販売に関する1753年の王令の作成過程において多大の功があったことはたしかなことであろう．しかしながら，これらの政策提言は商務局の内外から強い反撥・抵抗に遭遇し，グルネー自身の手ではついにはたせなかった．かれの志はのちに愛弟子テュルゴーらに受け継がれ，1776年に職人組合を廃し労働の自由をあたえる政策がようやく日の目をみることになる．けだし，テュルゴーの功績の一部は生涯の師と仰ぎ敬愛した「グルネーにも與へられるべきものである」[21]という手塚の説はまことにもってもっともといわざるを得まい．

それはそれとして，グルネーが内政面においてギルドや商工業に関する保護と規制を攻撃し自由競争を奨励したことをもって「商業自由主義者」としての評価を高からしめることになった．そしてそれがために，かれは"Laissez-faire, laissez-passer"の考案者，「自由貿易論者」と考えられて

---

19) 手塚［1927］其一，41ページ．
20) 同上．
21) 同其五，54ページ．

きたのである．だが，このような評価には古くから異論があり，シェルとオンケンとの間にみられるグルネー評価の相違はその一例といってよいのであるが，のちに津田内匠やシモーヌ・メイソニエによるグルネーの未発表草稿や書簡類が発掘された今日に至るもなお決着をみていない．理由のひとつは，グルネーの「自由と保護」という思想をどのように理解し解釈するかという点にある．テュルゴーは1766年2月ピエール=サミュエル・デュポンに宛てた書簡のなかで「貴君〔デュポン〕はグルネー氏が手厳しく攻撃した〔独占，職人組合など〕工業の各分野を制約する障碍(しょうがい)を打破することを忘れています」[22]といって，グルネーの国内商業自由化政策について高い評価をあたえてはいる．だがその一方で，対外商業すなわち貿易政策について，グルネーは幼稚産業育成の観点から外国製品への関税を容認し，また次節で詳述するチャイルド『新商業講話』におけるイングランド海運業の育成・発展を可能とした航海条例をことのほか高く評価していることも事実である[23]．

もちろんだからといって，グルネーがいわゆる「好ましい貿易収支（favorable trade balance）」——貿易出超・貴金属流入が国家にとってプラスとする思想を表現する用語であり，わが国では「好ましい貿易差額」という邦訳でひさしく通用してきた——にもとづく「重金主義（bullionisme）」的ないし「重商主義（mercantilisme）」的思想の持ち主であったというのは当たらないであろう．のちにくわしくみるとおり，かれはチャイルドの『新商業講話』の仏語訳にさいして作成した「注釈」のなかで，一国の富が金や銀ではなく「生産的労働」と「資本」によって生み出されると主張しているからである[24]．その意味からすれば，すくなくともグルネーがいわゆる重商主義的思想とは一線を画する経済思想の持ち主であったことは明白であろう．グルネーの貿易政策における主張について留意すべきことは，かれが国際的

---

22) Turgot [1776a], p. 507.
23) Gournay [2008 (1754)], p. 141 et sqq. なお，この点については，Meyssonnier [2008], p. xvi もあわせて参照されたい．
24) Gournay [2008 (1754)], p. 283.

商業取引にあっては何よりもまず自国産業の競争条件を整備し比較優位を築くことに意を砕いたことである[25]. そしてそのような理解がもしも可能であるとすれば，国内の商業活動に関する自由主義的主張とかならずしも矛盾しないであろう．そもそも，国内の自由主義政策の延長線上に自由貿易主義が無媒介的に存在すると考えるのは思考の短絡であり，理論的にも無理がある．換言すれば，自由主義思想とは自由貿易主義に直結する経済思想ではないのである[26].

手塚壽郎はグルネーの経済思想を評して「當初自由貿易主義者であつたが，中途に於て此主義を捨て丶穩和な保護貿易主義者に變つたのかもしれぬ」としながらも，「只〔フランスの歴史家・哲学者ガブリエル・ボノ・ド・〕マブリの記述を除けばか丶る解釋を妥當ならしむべき積極的なる證據がないのである．さればシールド〔チャイルド『新商業講話』〕の飜譯に附加せられたるべきグルネーの注釋の見出されざる限り，グルネーの〔経済思想の〕眞相は永遠に明白にならぬであらう」[27]とのべていたが，結果としてサー・フランシス・ベーコンのいわゆる「市場のイドラ (Idola fori)」を排するまことにもって賢明な判断であった．それというのも，手塚がそういってからほぼ半世紀後，津田やメイソニエが「グルネー文書」を発見したことによって，「永遠に明白にならぬ」と思われていたグルネーの経済思想の「眞相」を解明するカギともいえる資料を手にすることが可能となったからである．そこで節を変えて，グルネーのチャイルド『新商業講話』に関する「注釈」の内容を立ち入って吟味・検討していきたい．

---

25) Meyssonnier [2008], pp. xxv-vii. なお，この点に関しては，後出脚注44もあわせて参照されたい．
26) 18世紀フランスの自由主義思想の系譜については，Perrot [1993] が参考となろう．
27) 手塚 [1927] 其六, 65ページ．

2. チャイルド『新商業講話』の仏語訳およびグルネーの「注釈」の意義

(1) チャイルド『新商業講話』の仏語訳と出版の経緯

先に示唆するように，ジャック・ヴァンサン・ド・グルネーがサー・ジョサイア・チャイルドの『新商業講話』を「準男爵サー・ジョサイア・チャイルド卿著『交易および利子率の低下の結果として生み出される優位性に関する論稿──［付録］トーマス・カルペパー卿著『反高利論』(*Traités sur le commerce et les avantages qui resultent de la réduction de l'intérêt de l'argent, par Josiah Child, Chevailer Baronet, avec Un petit traité sur contre l'usure par le Chevalier Thomas Culpeper*)」のタイトルでフランス語訳を刊行したのは1754年であった．だが，グルネーがかれの協力者たちとともに2年余の歳月をかけて作成した「注釈 (Remarques)」はこのとき日の目をみなかった[28]．

その最大の理由は，グルネーが時の財務総監ジャン゠バティスト・ド・マショー・ダルヌーヴィルの意を汲んで「注釈」の刊行を断念したからであったという．すなわち，財務総監マショー・ダルヌーヴィルはグルネーのよき理解者ではあったとはいうものの，1749年に導入を企図した単一課税 (droit uniforme) の一種である「20分の1税 (le vingtième)」や，1754年には小麦の国内自由流通を目指すといったかれの「自由主義的」な諸改革が，中小零細農民，特権的な職人組合やその背後にあって影響力を行使してきたカトリック教会などの宗教団体さらにはパリ高等法院の猛烈な反撥に遭遇したため，グルネーの仏語版『新商業講話』とかれの自由主義的思想を映した「注釈」の同時刊行を「時宜を得ない (inopportun)」と判断し差し止めを要請した結果であった．同年7月マショー・ダルヌーヴィルは財務総監の座から引きずり落とされ，経済改革が一時的に停滞を余儀なくされたことに思い

---

28) この点については，Tsuda [1983]; Meyssonnier [2008] を参照されたい．

付論 I. チャイルド—グルネー—テュルゴー　　　　　　　　　　193

を馳せるなら，かれのグルネーへの要求も理解できないではない[29]．

　ところで，グルネーがフランスに紹介する著作のひとつとしてチャイルドの『新商業講話』(1751年刊)を選んだのにはいくつか理由がある．そのひとつはチャイルドの著作が半世紀余にわたり広く読まれ，18世紀前半には"レファレンス (autorité)"と見做されていたことである．チャイルドは1660年代から商業活動や貨幣利子に関する小論を発表し，17世紀末のイングランド利子論争におけるかれの主張や提言は多くの支持者を得ており，グルネーが仏語訳の底本として用いた著作 (1751年発行の第5版) は先の小論に対する批判に答えるなどして既刊の『商業講話』を増補・刊行したものであった[30]．

---

29) Meyssonnier [2008], pp. xviii-ix. ちなみに，マショー・ダルヌーヴィルののち，ジャン・モロー・ド・セシェル (1754年7月〜1756年4月)，フランソワ・マリー・ペラン・ド・モラス (1756年4月〜1757年8月) といったグルネー・グループの人間が財務総監に就任して，"自由主義的"な政策を志向した．ところが，ペラン・ド・モラス在任中の1756年8月にオーストリアとプロイセンの間で開始された戦争 (七年戦争) に，フランスもイングランドとともに参戦，戦時体制の維持が優先され国内改革は停滞した．その後ジャン・ド・ブーローニュの時代 (1757年8月〜1759年3月) になると戦時体制がさらに強化されるとともに，国家による規制を重んじる「保守回帰」が開始されたが，ブーローニュは戦局悪化の責任を取って辞任，後任にグルネー・グループのエティエンヌ・ド・シルエットが就任する．しかしかれもまた，このむとこのまざるとにかかわらず戦費の捻出を余儀なくされ，財政の悪化と経済の停滞を避け得なかった．時あたかもグルネーが死去したのはシルエットの財務総監就任直後の1759年6月であった．グルネーの死はシルエットをはじめグルネー・グループのメンバーには痛手であったが，それ以上に戦時下にあってはグルネー流の自由主義的改革路線を進展させることができず，貴族や土地所有者などの富裕層に対する倹約策を打ち出すのが精一杯であった．結局，シルエットほ同年末にかれがとくに愛好したといわれる「切り絵による肖像」を置き土産に辞任し，アンリ・レオナール・ジャン・バティスト・ベルタンにそのポストをゆずった．それから4年後の1763年2月，ベルタンはパリ条約を結んで終戦へと導く．この結果，オーストリアに肩入れしたフランスはヨーロッパ戦線だけでなく，北米戦線 (フレンチ・インディアン戦争) でもイングランドに一敗地にまみれ北米大陸のフランス植民地ヌーヴェル・フランス (現在のカナダ・ケベック州) はイングランドの支配下に置かれた (イングランド議会はケベック法によってフランス支配下の法律の存続や信教の自由などを保証したため，英領編入後もフランス色が残った)．

30) グルネーはチャイルドの『新商業講話』の翻訳の意義を「訳者緒言 (avertissement)」でのべているので参照されたい (Child [1754], pp. 3-4)．ちなみに，チャイ

はたしてこのように考えられるとすれば，グルネーのテキスト選択はきわめて妥当といえるが，これに加えていまひとつ指摘すべき点がある．すなわち，グルネーが『新商業講話』の翻訳者の域を超えて，チャイルドの経済思想や政策的主張のもつ革新性に着目してこれを整理・改善し，そして要約するかたちでグルネー独自の経済思想を構築していることであり，ここに経済学説史上のかれの最大の貢献があるといわなくてはならない．グルネーの「チャイルド商業講話注釈（*Remarques sur le commerce de Child*）」がそれであり，そこで示されたかれの思想的営みは仏語版『新商業講話』のなかにすべて採り入れられたわけではない．だが，それにもかかわらずチャイルドの経済学の分野における主義・主張を手掛かりとしつつ新しい富の概念としての「資本」やそれが生産・分配される経路ないし経済循環を貨幣と実体の双方の面から検討して得たグルネー独自のマクロ経済分析の手法は，やがてかれの協力者であるテュルゴーらによって継承・発展され，18世紀後半このかた経済学の主要テーマの一部を構成することになる．その意味からすれば，仏語版『新商業講話』およびその「注釈」は，生前に体系立った経済分析の文献を遺さなかったグルネーの経済思想や経済学説を知るうえで欠くことのできない重要かつ貴重な文献であり，経済思想史上第一級の資料であるといわなくてはなるまい．

(2) グルネーの「チャイルド『新商業講話』注釈」草稿

グルネーの「チャイルド商業講話注釈」とその意義を議論する前に，その数奇な運命を簡単にふり返ってみておくことにしたい．前述するとおり，チ

ルドの著書の前身は，*A Discourse about Trade, wherein the Rreduction of Interest of Money 4 1, per centum, Is Recommended*, 1660; *Observations concerning Trade and Interest of Money*, 1667のふたつであり，これらの著作への批判に答えるかたちで1690年に出版された．グルネーが仏語訳の底本として用いたのは，先に指摘したように1751年刊の第5版である．以上については，チャイルドの邦語版（『新交易論』東京大学出版会，1967年）の訳者杉山忠平が「訳者解説」のなかで本編の考証を行っているので参考となろう．

ャイルド『新商業講話』の「注釈」の草稿は日の目をみることがなく，グルネーの手元に空しく残された．1759年にかれが死去した——死因は癌であったという——のち，いわゆるグルネー・グループの中心人物のひとりアンドレ・モルレ神父に託された．くだんの神父は草稿の写しを一部作成したうえで，グルネー未亡人クロチルドの手に渡るよう取り計らったといわれる．ところが未亡人も翌年に夫のあとを追うかのように早々鬼籍入りしたため，グルネーの遺産執行人である実弟ジョゼフ・フランソワが義姉の遺産の一部として草稿類を相続し，これを居住地のサン＝マロへと送った．爾来，これらの草稿は津田内匠が1970年代にサン＝ブリウ市立図書館の所蔵する「グルネー蔵書 (fonds Gournay)」のなかから発見し，1983年に刊行するまで人の目にふれることはなかった[31]．

　サン＝ブリウ市立図書館所蔵のグルネー蔵書は全8巻（蔵書番号M81～M88）からなり，このうち「注釈」の草稿はM81，他はグルネーが時務に処し作成した覚書や書簡類 (M82～M87)，地中海貿易（レバント）など (Commerce du Levant, Tome I, II, P) に関する資料 (M88) であり，これらの一部はのちに発見者の津田の手によって編集・出版されている[32]．ところが，グルネーの草稿は津田の発見したサン＝ブリウ市立図書館所蔵のそれだけではなかった．シモーヌ・メイソニエによると，フランス外務省および国民議会図書館 (Bibliothèque de l'Assemblée Nationale) にも別の草稿が所蔵されていた[33]．すなわち，前者はチャイルドの『新商業講話』の翻訳と同書第9，10章に関する「注釈」の草稿であり，サン＝ブリウ市立図書館所蔵のM81と比べると部分的であり不完全なものである．これに対して，国民議会図書館所蔵の草稿はといえば，1754年の日付のあるチャイルドの「商業講話に関する注釈 (Remarques sur le commerce)」と題された草稿のコピーであったが，これに

---

31) 以上の経緯については，Tsuda [1983] を参照されたい．
32) Tsuda [1983]．
33) Meyssonnier [2008], pp. xliii-v. またメイソニエによるグルネーの「注釈」の刊行に関する評価は，Charles [2009] にくわしい．

はつぎのような注目すべき特徴があった．

ひとつはこのコピーがただ 1 人の筆記者によって作成され，しかも誤記・訂正がまったくなく，「最終稿」といっていいほどの完成度を備えていることである．いまひとつはその内容であり，この草稿は津田の発見したサン=ブリウ市立図書館所蔵の草稿（M81）と同じく『新商業講話』全 12 章（序文，商業活動に関する講話，本文全章など）にかかる注釈を備えているばかりか，同時に同図書館所蔵の草稿をベースにグルネーらが直に書き加えた脚注が認められることである．脚注は全部で 20 余あって，うち 16 は「注釈」の草稿に直に書き加えられたものであり，他の 8 つは「注釈」の草稿とは別の草稿から引き写されたものである．さらにいまひとつ，国民議会図書館所蔵の草稿の解読の結果，サン=ブリウ市立図書館所蔵の草稿中にグルネー・グループの有力メンバーであったが，のちにグルネーと対立し袂を分かったと考えられていたフランソワ・ヴェロン・ド・フォルボネが翻訳作業に最後まで参加し，かれの直筆の脚注が確認されたことである[34]．

メイソニエはこれらのことからつぎのような結論を導き出した．すなわち，国民議会図書館所蔵の「注釈」の草稿はサン=ブリウ市立図書館のそれをベースとしながらも，これを精読して誤記や脱漏などを正し完成した「最終稿」である[35]．そこでのグルネーのみならずフォルボネ直筆の脚注の書き込みは明らかに「意図したもの」であり，国内商業活動の自由化に偏見をもち，かつこれに強硬に反対する親方職人衆や金融業者や規制の立案者たちを論難する内容であった．要するに，メイソニエが基礎とする草稿の示すものは，グルネーの経済思想をより広くかつよりふかく理解する手がかりをあたえてくれると同時に，フォルボネがその"重商主義的"思想のゆえに，グルネーの"自由主義的"思想と相容れず袂を分かった，とする従来の説を根柢から覆すに足る資料的な根拠を提供しているということである[36]．

---

34) Meyssonnier [2008], p. xlv.
35) *Idem*, p. xlvi.
36) フォルボネは 1755 年にかれが刊行したパンフレット（*Examan des avantages et*

付論 I. チャイルド—グルネー—テュルゴー　　　　197

　それゆえ，ここでは以下でグルネーの「注釈」に言及するさい，もっぱらメイソニエの編集した「注釈」を用いることにするが，それにはさらにつぎのような利点があることを指摘する必要がある．そのひとつは国民議会図書館所蔵の『新商業講話』の「注釈」の草稿のコピーには津田内匠の基礎としたサン=ブリウ市立図書館のそれと異なり，脚注が現存する限り完全なかたちで収録されていることであり，ためにグルネーの経済思想をよりふかく理解することを可能とするだけではなく，フォルボネがこの作業の過程で重要な役割を演じたことを考えれば，すぐうえで示唆したようにグルネーとフォルボネとの関係をいま一度見直さなくてはならないということを示している[37]．

　いまひとつは仏語訳『新商業講話』と注釈とにおける用語の相違に関するものである．グルネーはチャイルドの著書を翻訳する過程で，かれ一流の創

---

désavantages de la prohibition des toiles, 1755) のなかでキャラコの輸入制限を主張していることから，長い間グルネー流の自由主義と対立するマーカンティリズムの信奉者と考えられてきた．だが，メイソニエのいうとおり，フォルボネの小冊子の目的は，当時実施されていたキャラコ生産に対する制限の愚かさを浮かび上がらせ，これを告発するところにあった．たしかに当時の事情に配慮してややトリッキーな言い回しではあるが，キャラコ保護は国内の生産制限のゆえのいわばやむを得ざる措置であるという議論を展開している．のちにこの問題は大論争へと発展し，グルネーもその渦中に巻き込まれることになるが，そのグルネー自身もまた生産制限に非を打つものの輸入制限についてはある程度まで許容する主張を行っている．このことから，手塚壽郎が「グルネーの思想は自由主義的保護主義であったと推察せらるゝ」（手塚[1928] 其四，54ページ）というグルネー評を導くのもゆえなしとしない．それはそれとして，このようにみていくと，フォルボネの議論を『新商業講話』の脚注の主張と比較考量すれば，フォルボネとグルネーとの間に対立関係，あるいは越すに越せない溝があったとするのはかならずしも当たらない，とメイソニエはいうのである．テュルゴーがフィジオクラート派を「セクト主義（esprit de secte）」と痛罵したのとは対照的に，グルネー・グループはかならずしも主義主張やイデオロギーの同一性を構成メンバーに要請しなかった．その意味では，「セクト」すなわち「党派」ではなく，あくまでも「開かれた」クラブないしサークルであったと考えてよい．いわれるように，仮にフォルボネが「保護主義」的思想の持ち主であっても，グルネーとしてはかれをことさら非難し，自由主義的思想へと「回心」させる意図はなかったであろう．なお，以上の点については，さしあたり，Meyssonnier [2008], p. xlvi を参照されたい．

37)　*Idem*.

意にあふれたネオロジスム (néologisme) を考案している．だが，これらの術語のいくつかは，その理由は判然としないものの，最終段階で採用されず 1754 年に出版された訳文のなかには認められない．はたしてそうであるとしても，それらはグルネーの思考的営みを理解するうえで貴重な手がかりであり，なかでも「資本 (capital)」，「資本ストック (fonds capital)」，「資本家 (capitaliste)」のタームは，その一例である．なるほど仏語版『新商業講話』では原文に忠実に逐字訳したために，結果的にこれらをすべて採用せず，例えば「資本家」の代わりに「貨幣所有者 (possesseur d'argent)」という仏語を充ててはいるものの，グルネーのネオロジスムである「資本家」はその基礎となる「資本」概念とともに，テュルゴーによって継承・発展されたことは，のちにあらためて論じるとおりである．

(3) グルネー「注釈」の経済学説史上の意義と貢献——資本と生産的労働の経済分析

利子率の引き下げが農業を活発にし，それによって産業や貿易に刺激をあたえるとしたサー・ジョサイア・チャイルドの『商業講話』は，17 世紀末のイングランド利子論争の最中に利子率——法定利子率——の引き下げまたは廃止を主張する議論をリードしたばかりか，その後 18 世紀に入ってからもこの分野の"レファレンス"としてイングランドの内外で広く読まれたといわれる．同書が 1690 年に出版されて以来たびたび版を重ね 1751 年には『新商業講話』のタイトルで第 5 版が出版されているのはその証左であろう[38]．くり返しになるが，ヴァンサン・ド・グルネーが訳出に当たって底本

---

[38] チャイルドの著書は 1690 年に『商業講話』のタイトルで初版が，1694 年になって第 2 版が刊行され，その後も何度か版を重ねている（ただし 3，4 版の出版年次は不詳）．グルネーが底本として用いた第 5 版はチャイルドの死後 1751 年に『新商業講話』の表題で発表されている．チャイルドの著作の出版の経緯につては，「交易論」のタイトルで邦訳した杉山忠平の「訳者解説」にくわしい．ちなみに，本論では『新商業講話』から引用するさいには，グルネーによる仏語訳の問題を検討することを主眼としているため，杉山訳を参考にしたものの，あえてこれに拠らなかった．

としたのも第5版であった．

　チャイルド『新商業講話』は前作の『商業講話』への批判に答える形式をとっているが，その最大の貢献は利子率の低下のもたらす効用をよりふかく解説し，かつ利子率と賃金水準，土地価格，貨幣の過不及，労働人口の増加やさまざまの商業分野の相互依存などとの関係を考究している点にある[39]．その意味からすれば，『新商業講話』はただ単に利子率の引き下げという政策提言だけでなく，利子率と商業活動一般との関連を解き明かすことを目的として書かれた，いわばマクロ経済分析のテキストと考える必要があろう．グルネーがチャイルドの著書の仏語訳を試みた一半の理由もこの点にあるといってよい．そしてグルネーがチャイルドの議論のなかでもっとも注目したのは，新しい富の概念とその形成・分配に関する分析であり，とりわけ富の形成における「労働」と「資本」の役割を重視していることであった．グルネーは例えば『新商業講話』第10章のチャイルドの議論を受けてつぎのようにいっている――．

　　富は金や銀にではなく土地と産業のなかにある〔中略〕．あらゆる商業
　　国家において金や銀は一商品にすぎない．そしてわれわれが金・銀を商
　　品と見做すようになるまで，われわれが商業においてもっとも開化的な
　　国家の一角を占めることは不可能であろう[40]．

　シモーヌ・メイソニエはこのパラグラフのなかにグルネーの経済思想の根幹を認めることができると指摘したうえでつぎのようにのべている．すなわち，「富はさまざまの素材に価値を付加する労働によって形成される．国家の富裕化はその所有する労働ストックに〔中略〕，つまりその国に居住する

---

39) この点に関するチャイルドの議論は，『新商業講話』の「商業に関する講話（A discourse about trade）」を参照されたい．
40) Gournay [2008 (1754)], p. 283. なお，17, 18世紀の「富」に関する定義や思想の変遷については，さしあたり，Perrot [1992]; Meyssonnier [1993] を参照されたい．

労働者の数に依存する」[41]．このことを解明することがグルネーのいわゆる「商業学（science du commerce/study of trade）」[42]の目標であるというのである．メイソニエのいうように，グルネーはチャイルドの主張を金科玉条とするのではなく，特殊フランス的諸事情にもとづく経済政策の策定と実施の必要性を追求し主張しているのである．たしかに津田内匠の指摘するように，グルネーの政策的主張は利子率の引き下げ，航海条例の実施，公信用の確立，商業諮問会議の強化，国内での自由放任の徹底などに集約できるが，大筋として，ジョン・ローの秘書官であったジャン=フランソワ・ムロンらの主張を継承したものと考えられるかもしれない[43]．だが，それにもかかわらずグルネー理論のこの分野における際立った革新性は，かれのいわゆる一連の経済政策の基礎を提供する学問（science）としての「商業学」を理論的に精緻化することを企図したところにある[44]．そしてそれを端的に示すのが，商業社会に特有の新しい富の概念の精緻化と富の形成・分配に関する分析の試みにあるといってよい．

---

41) Meyssonnier [2008], pp. xxxi-ii.
42) 原文は science du commerce" であるが，グルネーはチャイルドの『新商業講話』第3章「商社論（Des compagnies de marchands）」および第9章「貿易収支（De la balance du commerce）にある "a study on trade" から着想を得て考案したネオロジズムである（Child [1754], pp. 125, 201）．
43) 津田 [1993-98: 3]，7ページ．また，メイソニエも「何よりもまずグルネーは国外の著者を別にすれば，モンテスキューと同様にロー事件に批判的であった〔ジャン=フランソワ・〕ムロン，〔ニコラ・〕デュト，〔パリス・〕デュヴェルネーといったフランスの著者から着想を得ていた」（Meyssonnier [2008], p. xxv）とのべている．なお，ムロンの経済思想や経済理論については，岩根 [1979] をあわせて参照されたい．
44) グルネーはこのタームを第9章の「注釈（Remarque sur le ch 9 de la balance du commerce）」のなかでつぎのように解説している．すなわち，「商業学とは祖国のさまざまの優位を引き出し，それらに貨幣と人間そして土地を投入する術(すべ)を知ること以外の何物でもない」（Gournay [2008 (1754)], p. 219）．それは，メイソニエが的確に要約しているように，親方の商人たちが若い見習い商人たちに授ける職業訓練にとどまらず，「理論的見識と商人たちの携わる実務的見識との区別を意味する．理論的見識はと商業の諸原則の探求に熱心に打ち込む人間たちの勉学の成果である」（Meyssonnier [2008], pp. xxvii-viii）．なお，グルネーの商業学の評価については，アルノー・スコルニキの詳細な研究がある（Skornicki [2006]）．あわせて参照されたい．

付論 I. チャイルド―グルネー―テュルゴー

　この面でのグルネーの経済分析にみられる新機軸は，チャイルドの用いた語彙の解釈と分析にもとめられ，とくに農業・工業・商業の「生産的労働」と同様に富の源泉である「資本」という術語をより厳密に解釈し定義するところにあった．もっとも，チャイルドの『商業講話（第2版）』（1694年刊）および『新商業講話』（1751年刊）のなかで「資本」を意味する"capital"というタームが登場するのはわずか一度だけであり，かつ"capital stock"という用語も数えるほどである[45]．しかもこれらの単語は一般的に富または財産をあらわす"wealth"，"riches"や"estate"と時に区別なく用いているほか，"stocks"や"stock"といった別の単語も登場するから，グルネーには困難な作業であったと推察される[46]．ここでは翻訳作業の詳細に及ぶゆとりはなく，結論を急げばつぎのとおりである．

　すなわち，グルネーは"wealth"や"riches"の単語には"fortune"や"richesse"というフランス語を充て，他方"estate"は財産または一族の相伝財産を意味する"patrimoine"と訳出するが，それがとくに土地や建物からなるような場合には「不動産」を意味する"biens-fonds"，またその財産（estates of his own）に行使される所有権を示すさいには"fonds propres"つまり「自己資産」と呼んでこれと区別した．かてて加えてこの"estate"がある商人に帰属し，かつそれがかれまたは彼女の活動の生み出した成果である場合には，"capital considérable"すなわち相当額の貨幣のように"capital"という単語を用いて意訳している．さらにまた，グルネーはチャイルドのいわゆる「相当額の貨幣（財産）を保有する商人（merchant of large estate）」という英文について，当初「資本家（capitaliste）」というかれのネオロジスムをいったんは用いるものの，最終的に「貨幣所有者（possesseur d'argent）」という表現に差し替えている[47]．

---

45) チャイルド『商業講話』第2版，『新商業講話』と題された第5版で"capital"の初出はそれぞれ Child [1694], p. 22 および [1751], p. 26，また"capital stock"のそれは Child [1694], p. 19 および [1751], p. 23 である．
46) さしあたり，Child [1694], pp. 20-2; [1751], pp. 24-6 を参照されたい．
47) Child [1754], p. 48. メイソニエは「貨幣所有者」に注を付してつぎのようにのべて

一方，フランス語の"fonds"に相当する"stocks", "stock"は上記の単語と事情が違って複雑である．複数形の場合は，概していえば，貨幣ないし「貨幣的財産」すなわちその所有者がいつでも動産的資産に投資可能な貨幣である．これに対して，単数形の場合には「動産的財産（fortune mobilière）」，非貨幣的財産あるいは英語の「ストック（stock）」，すなわち一定の貨幣を運用して蓄積された貯蓄の成果といった語義をもたせるように工夫して訳出している．それゆえ，チャイルドがいうところの"capital stock"――グルネーはこれを"fonds capital"と訳出している――は"stock"から派生した概念として定位し，かつまた『新商業講話』の翻訳にさいして"stock"がその文脈から"capital stock"と考えられるようなケースでは，ただ単に"stock"したがってまた"fonds"ではなく"fonds capital"という仏語に置き換えているのは，そうしたグルネーの考え方に由来すると解することができる[48]．

　先に示唆するようにグルネーがチャイルドの用いた術語に詳細かつ厳密な吟味・検討を加え，そのうえで貨幣（stocks/argent）と資本ストックないし資本的資財（stock/capital stock）とを意図的に峻別したのは，後者が富の

いる．サン=ブリウ市立図書館所蔵の草稿では「われらが資本家たち（nos capitalistes）」という訳語が当てられていたが，アサンプレ・ナシオナルの図書館所蔵の草稿では「貨幣所有者」という表現に差し替えられた．もちろんだからといってグルネーが「資本家」というかれのネオロジスムを放棄したかといえばそうではないであろう．つぎの章句が一例である．オランダでは貨幣の利子率が（イングランドの半分の）3パーセントであるので，オランダ人は「そこにメリットを見出し，2, 3の資本（deux ou trois capitaux）から安んじて資金の採り入れ（emprunt）」を行う」（Ibid., p. 50）．訳文は原文とかならずしも同一ではないが，それでもここでいう「2, 3の資本」に「2, 3の資本家」という人格化した表現をあたえることも不可能ではないし，そして実際メイソニエは「かれらこそ『資本家（c'est eux les〈capitalistes〉）』そのもの」と評している（Meyssonnier [2008], p. 1）．

48) Idem, pp. xlix-l. ちなみに，チャイルドにあっては"capital ftock"という術語は，これと同義と思われる"ftock（現代語ではともにstock）"を加えても数回しか登場しないが，グルネーの仏語訳では10回を超える．ほかにも，チャイルドの著書には「合資」とか「共同出資」を意味する"joint ftock（またはjoint stock）"というタームも登場するが，グルネーはこれを"fonds uni"と訳出している．

形成過程の理解を可能とする指標となるからにほかならない[49]. 貨幣の状態にある資本すなわち「遊休貨幣（dead stocks）」[50]とは生産や流通などの事業活動に従事していない状態をいうのであるが，その貨幣が企業者の手にわたり，かれ（または彼女）の裁量にゆだねられて建物，原材料，工作器具類といった実物資産のかたちで生産過程に投入されるとともに，労働の対価としての労働賃金の支払いに用いられる. これらの貨幣的資産の使途は決定的であり，そしてそれが富を生みだすのは企業者の手元にある資本すなわち「資本ストック（capital stock/fonds capital）」として用いられる場合だけである. 別言するなら，貨幣から実物資産したがってまた資本ストックへと転化した瞬間から，貨幣的資産は単に資本の所有者すなわち「資本家」にのみ帰属するのではなく，「企業者」の手にあって国家を富裕にする資源として国家レベルの役割を演じることになる[51]. 個人的富（財産）が社会全体（マクロ）の経済的富（財産）へと転じるという論法である.

　このように一個人の家産的財産から国家的富への転化を論じるさい，グルネーはチャイルドの術語である「資本ストック」をとりわけ重視する. むろん，チャイルドにあっては"stock", "capital stock"という術語が無意識的に用いられている恨みが残るものの，時に応じて両者を同一と解したといえないこともない. 実際にもチャイルドは『新商業講話』で「資本ストック」という術語が最初に登場する「商業に関する講話」のなかで「イングランドの〔法定〕利子率が6パーセントから4または3パーセントへと引き下げが行われたならば，（イングランド）王国の富と資本ストック（capital stock）は20年も経たないうちに倍増するであろう」[52]といっているが，そ

---

49) *Idem*, pp. 1–li.
50) *Idem*, p. 1.
51) *Idem*, p. li.
52) Child [1754], p. 45; [1694], p. 19; [1751], p. 23. ちなみに，チャイルドにおいては"stock"は時に応じて生産のための手段（tools）または生産的資財と同一と考えられる場合もある. 例えば，『新商業講話』第8章におけるチャイルドのつぎの一節がそれである.——"for that being impoverifhed, we fhall lofe our Tools (our Ftock) to drive a great Trade."

れはのちのパラグラフで登場する「富とストック（stock/fonds）とは同じものである」[53]というくだりと同義と解釈することができる．はたしてそうであるとすれば，グルネーの解釈はチャイルドを意図的に深読みしたものとはいえないであろう．

それどころか，チャイルドの理論的記述を整序して定位した「資本」概念——それはまた新しい富の概念でもある——はグルネーのいわゆる「商業学」の，したがってまた経済学説の根幹をなすものであり，富が生産・分配される経済循環を「資本の循環」として考察する近代的マクロ経済分析の手法に理論的根拠をあたえることを可能にしたのである．その意味からすれば，グルネーは18世紀フランスの経済学研究の発展と深化において決定的な役割を演じたといってよいであろう．そしてかれの「商業学」にみられる諸学説は，後世，テュルゴーをはじめとする後世の経済学研究者たちによって継承・発展され，経済学の古典形成に大きな足跡を残したのである．

3. テュルゴー「資本」論の意義と貢献

(1) テュルゴーとグルネー

本論の冒頭で記したように，土地，労働とともに「資本」を経済の理論研究の枢要概念のひとつに据えて，体系的な経済分析を試みたのはアンヌ・ロベール・ジャック・テュルゴーであり，かれの著書『富の形成と分配に関する諸考察』は経済学説史上の貴重な貢献といわなくてはならない．しかし溯ってみるに，「資本」概念はテュルゴーのオリジナルでなく，グルネーの経済学説に着想を得てこれを継承・発展させた成果と考えることができる．こ

---

[53] Child [1754], p. 213. ただし，原文は"stock"（Child [1694], p. 76; [1751], p. 88）であるが，グルネーとは異なり，チャイルドがこれらの単語をどの程度まで区別して用いていたかどうかは，文面をみる限り定かではない．メイソニエのいうように，チャイルドのみならず当時の商人たちにとって，それらのタームはすぐれて日常的な用語であるから，あえて解説する必要を感じなかったというのもひとつの解釈かもしれない（Meyssonnier [2008], pp. li-ii）．

うしたこのふたりの人間関係をみるとき,ここに手塚壽郎のいわんとする「彼〔グルネー〕をして佛蘭西の經濟學史上に於る地位を重からしむる」[54] 理由の一端がある.

　テュルゴーは 1727 年,ノルマン系貴族の家庭の末子(三男)としてパリに生まれた.かれの父ミシェル=エティエンヌは末っ子が 2 歳のときから 10 年余,今日のパリ市長に相当するパリ市商人頭(Prévot des marchants)の要職にあり,パリ市街改造計画を託された人物であるが,息子には聖職に就くことをのぞみ神学校で教育を受けさせた[55].テュルゴー家の末子は両親の期待に違わず,長じてフランス・カトリックの総本山パリ大学神学部に進学,二十歳(はたち)前後の若さでソルボンヌ総会の議長に推されるなど,順風満帆,前途は光輝いているかのようにみえた.ところが,1720 年の「ロー・システム(Système de Law)」の崩壊とその後の財政難などの影響から,当時アカデミー会員ルイ・ブレゼに描かせたパリ市街図――いわゆる「テュルゴーのパリ市全図(Plan de Turgot)」――を基礎にした都市改造計画が挫折し,失意のうちに商人頭のポストを退いた尊父ミシェル=エティエンヌが 1751 年に死去するや,家庭の事情から聖職の道を断念せざるを得なくなり,翌年パリ高等法院の官職を買って官界入りをはたした.時あたかもグルネーがフォルボネらとともに取り組んできたサー・ジョサイア・チャイルドの『新商業講話』の翻訳作業を了えた年であった.

　テュルゴーがグルネーの知遇を得てかれのサロンに顔を出すようなるのは 1754 年のことである.爾来,テュルゴーはグルネーを"メントール"と呼ぶのである(この年,チャイルド商業講話の「注釈」が完成).一方その師はといえば,1753 年このかたつづけていた国内視察旅行にテュルゴーの随行をもとめ,1755 年にはラ・ロシェル,ボルドー,モントーバンなどを,翌

---

54) 手塚 [1927] 其一,41 ページ.
55) ここでの記述は,主として Schelle [1897; 1909]; Gignoux [1945] を参考にした.なお,関連論文として,手塚 [1926], 中川 [2006/2007: ii; 2011] をあわせて参照されたい.

年の視察ではオルレアネ、アンジュー、メーヌ、ブルターニュなどの国内各地を訪れたという[56]．またテュルゴーはこの間，ドニ・ディドロやジャン・ル・ロン・ダランベールらの主宰する『百科全書（*Encyclopédie, ou dictionnaire raisonné des sciences, des arts et des métiers*）』にも「団体（Fondation）」，「大市（Foire）」など論稿を数本寄稿しているが，グルネーの勧めもあってスコットランド出身の哲学者デイヴィッド・ヒューム，ウェールズ生まれの宗教家・思想家で「自由貿易（libre-échange）」的主張によって名をなした"商人坊主（commercial clergyman）"ことジョサイア・タッカーらの作品に仏語訳を完成させている．

ギュスターヴ・シェルのテュルゴーの評伝によると，テュルゴーはグルネーとの親交をふかめるかたわら，ポンパドール侯爵夫人の侍医フランソワ・ケネーのサロンにも足を運んでいたといわれる．だが，のちにくわしくみるように，テュルゴーが経済問題に関心をもち，その分析を精緻化するうえで多大の影響を及ぼしたのはグルネーの経済思想であり，ケネーのそれではなかった．そのことはグルネーのチャイルド『新商業講話』とその「注釈」に関するテュルゴーの評価をみれば明らかである．テュルゴーは前記「ヴァンサン・ド・グルネー頌」でこういっている．

　　〔グルネー氏は〕チャイルドの著書の仏訳書に興味ある膨大な注釈を付け加えた．同氏はその注釈のなかでチャイルドの説く諸原理をふかく吟味・検討し，そして商業のなかでもっとも重大な諸問題にそれらの諸原理を適用することによってその解明にこれ努めたのであった[57]．

---

56) Turgot [1759a], p. 613. シェルはこのパラグラフに「注」を付してこういっている．ピエール=サミュエル・デュポンによると，テュルゴーはこの時の視察のさいにノートを作成し，グルネーが政府に提出する視察報告用にノートを作成したという．デュポンはのちにノートを探したが発見できなかった．

57) *Idem*, p. 612. この点については，Schelle [1897], p. 372 の記述もあわせて参照されたい．

もとより，この一節だけではテュルゴーがグルネーの「注釈」に直に目を通したかどうか——あるいはメントールが愛弟子に中身を詳細に語り伝えたのかもしれない——判断するのは適当ではない．しかし，テュルゴーがグルネーの経済思想に精通していたと考えてまず間違いあるまい．そうであるとすれば，テュルゴーはグルネーを通して経済研究に「入門」したといって過言ではないであろう．手塚がグルネーをして「佛蘭西の經濟學史上に於ける地位を重からしむるものは佛蘭西の國政に效績を殘したる人々，就中チルゴー〔テュルゴー〕に少なからぬ影響を與へた」[58]ことというゆえんがここにある．

(2) テュルゴー「資本」論の形成——グルネー学説の継承と発展

土地の耕作あるいはさまざまの産業や商業のあらゆる分野にあっては，膨大な量の**資本**（capital）が駆けめぐっている．資本はまずあらゆる職業階級の各分野の企業者（entrepreneur）によって前貸し（avance）されたものであるから，一定の利潤をともなって企業者のもとに年々回収されなければならない．このような資本の前貸しと回収の継続こそが**貨幣の循環と呼ぶべきものを構成する**〔中略〕．貨幣の循環はゆたかで有益であり，社会のさまざまの職業を活発にする〔中略〕．ここに〔貨幣の循環を〕動物の体内の血液循環と比較考量する大きな理由がある[59]（文中ゴチック体は原文イタリック体．以下同）．

テュルゴーは『富の形成と分配に関する諸考察』（以下，『諸省察』と略記）第29節で資本の一般規定——いわゆる資本一般（capital en général）——を解説したのち，資本が生み出す富の形成と流通との関係を以上のように説明していたが，かれの説明は師であるグルネーのそれを整理し組織立って解説しようとしていることが認められる．そしてそのさい特記すべき点は，資本

---

[58] 手塚[1927] 其一，42ページ．
[59] Turgot [1766b], p. 575.

が「企業者」によって「前貸し」されるというところにあり，テュルゴーは『諸省察』第70節のなかでつぎのようのべている．

> あらゆる企業にとって，資本（capitaux）は労働や土地と同じように必要不可欠の基礎をなすものであるから，勤勉な人間〔企業者〕はその事業の生み出す利潤を，かれに資金（fonds）を提供する資本家（capitaliste）と進んで分かち合う[60]．

ここで注目すべきことは，テュルゴーがグルネーの自作ではあるが結果的に日の目をみなかった「資本家」というネオロジスムを復活させていることであり，しかもその場合にグルネーのいわゆる「貨幣所有者（possesseur d'argent）」ではなく「資本所有者（possesseur de capitaux）」という明確な定義をこれにあたえ，資本家と企業者の相互関係を規定している点にある[61]．すなわち，資本家とは一義的には資本の所有者であり，かれの保有する資本を企業者に提供する投資家的機能を担うものと規定される．一方，企業者は資本家（ないし投資家）から得た資本を「前貸し」してその事業を行い，一定の利潤とともに前貸し資本を回収する経営者であるとされる．それはまた資本家から企業者への資本の持ち手変換であり，「貨幣的資本（capital en argent）」から「前貸し資本」への，チャイルドやグルネーの表現を借りるならば「資本ストック（fonds capital）」への転化を意味する[62]．それゆえテ

---

[60] *Idem*, p. 576.
[61] 脚注47参照．ちなみに，テュルゴーの「資本所有者」というタームの初出は前出「ヴァンサン・ド・グルネー頌」のなかの一節である（Turgot [1759a], p. 607）．しかし，テュルゴーがのちに著した『諸省察』では「資本家」にとって代えられている．
[62] このことから，アントイン・E．マーフィーは，テュルゴーの資本論がケネーの「前貸し」論に「多くを負っている」（Murphy [2005], p. 15）というのであるが，「資本前貸し」の意味するところが「資本ストック（fonds capital）」であり，グルネーも「前貸し」というタームを用いているので，テュルゴーの「前貸し」論は基本的にグルネーの「資本ストック」を踏襲したものとみることができる．グルネーやテュルゴー的な意味での"capital"という術語が18世紀末以降，フランス国内で一般に普及したのに対して，グルネーのネオロジスムである"fonds capital"のほうは

ュルゴーはさらに進んで「資本ストック」について以下のように説明する.

> すべての貨幣的資本 (capital en argent) は〔中略〕その額と一定割合で等しくなる収入を生み出す土地と等価である. 資本の第一の使途は土地ストック (fonds de terre) の購入である〔中略〕. 自ら所有する土地の収入であろうが, 自己の労働あるいは勤勉からの賃金・報酬 (salaires) によってであろうと, 年々歳々自らの消費に要するもの以上の価値を受け取る人間たちは, それがたとえだれであろうと, その超過分 (super-flu) をそこから留保し蓄積することが可能である. このようにして蓄積された価値を**資本**というのである[63].

こういってテュルゴーはグルネーの学説を継承しつつも, かのメントールのなし得なかった資本の形成・蓄積論へと歩をさらに進めるのであるが, テュルゴー流の資本形成・蓄積論がのちの経済学研究の雛形となっていることはつとに知られるとおりであり, ここにかれの「資本」論の経済学説史上の貢献を認めることができる (これに関連して, 本節末尾の「補注」を参照). だが, テュルゴーの経済学の古典形成への貢献はそれにつきるものではなかった. 「資本家」概念の精緻化がそれである. 既述のように, テュルゴーのいわゆる資本家とは一義的には資本の所有者であり, 企業者に資本を提供する投資家ないし出資者としての機能を担う経済主体であると定義される. しかしかれは『諸省察』第63節以下では単なる「資本家」ではなく, 「農業資本家的企業者 (capitaliste entrepreneur de culture)」とか「貨幣貸付資本家 (capitaliste prêteur d'argent)」といった術語を用いている[64].

　　定着しなかった.
63) Turgot [1766b], p. 580. テュルゴーは第61節ではこうもいっている. 「企業者は, それが農業企業者であれ, 工業企業者であれ, 土地生産物あるいは製造された諸物を販売することによってのみ自らの前貸し資本と利潤を回収するほかはない」(Idem, p. 571).
64) Idem, pp. 571, 594.

その意味するところは，一方でリシャール・カンティヨンの「企業者」論を踏襲して，自らはその事業や企業の所有権を主張しない経営者と定義しつつも，他方同時にグルネーの「資本家」論を援用して両者を一体化したオーナーシップ（ownership）——企業の所有者に言及したものと考えられる．テュルゴーはこうした所有と経営を一体化した「資本家」概念を当時のフランスの経済実態に即して思いついたものと推察されるが，かれがグルネー学説を継承・発展して考案した新機軸のひとつとして評価すべきであろう．もっとも，後世の——主として19世紀のフランスやイギリスの経済研究では，テュルゴーの「資本家的企業者」は「資本家」とほとんど同義語と考えられ，とりわけ「企業者」のタームが18世紀半ばこのかた"死語"と化したドーバー海峡対岸のアルビオン島の，すなわちブルテン島の住民たち——この島の一都市を終の住み処としたカール・マルクスや実業家出身でマルクスの刎頚の友フリードリヒ・エンゲルスらをふくむ——は，ルイ16世治下の初代フランス王国財務総監として師グルネーの自由主義的改革を目指し挫折したオーヌ男爵アンヌ・ロベール・ジャック・テュルゴーのいわゆる「資本家的企業者」論の恩恵にあずかるところ大であった[65]．

(3) テュルゴー「資本」論の経済学説史上の貢献——経済学の古典形成への道

　以上，テュルゴーの「資本」概念が，かれのメントールであるジャック・ヴァンサン・ド・グルネーのそれを継承・発展させたものであり，テュルゴーがグルネーの紛れもない後継者であることを明らかにしてきた．だが，まったく反対のテュルゴー評価が存在することもまたたしかである．それはただ単にテュルゴーの経済学説だけでなく，溯ってかれの学説の基礎をなすグルネーのそれの評価，ひいては18世紀フランスを代表するふたりの経済学者との関係にも起因する．ギュスターヴ・シェルとアウグスト・オンケンと

[65) この点については，中川［2006/2007］を参照されたい．

のグルネーやテュルゴーに対する相異なる評価はその顕著な例である．ここでの問題の焦点は，手塚壽郎がその論文「グルネーの經濟思想」のなかで的確に要約しているように，シェルはグルネーを自由貿易主義者ないし自由主義経済学者と考え，一方のオンケンは保護貿易主義者ないし重商主義傾向の経済学者と見做している点にあるが，手塚によれば，いずれも正しくなく，グルネーは「自由貿易主義に近き穏和なる保護貿易主義者」[66]であるという．

手塚はかく語るも，グルネーにはもうひとつ別の，まったく異なる評価がある．すなわち，フィジオクラート派学説の先駆者という評価がそれであり，そのようなグルネー像の形成にテュルゴーが結果として手を貸したというのである．それを端的に示す資料が，テュルゴー自身グルネーの死去にさいして著した「ヴァンサン・ド・グルネー頌」であり，そこではグルネーが生前主張しなかった「自由貿易」，「単一課税」などの政策的提言を，あたかも師グルネーのものであるかのふうを装ってテュルゴーが伝えているという論法である．これが先にのべたシェルとオンケンの相異なる評価を生む遠因となっているばかりか，のちにテュルゴーを「フィジオクラート派」と見做す一因ともなったのである．

例えば，カール・マルクスは，有名な『反デューリング論 (Anti-Dühring)』の欄外注 (Randnoten) の草稿のなかで，オイゲーン・デューリングのつぎの一節を引用している．すなわち，「テュルゴーとともに，フィジオクラシー (Physiocratie) は実践的にも理論的にも終焉していた」[67]．またヨーゼフ・A. シュンペーターは，かれが死したのちに『経済分析の歴史 (History of Economic Analysis)』の表題で刊行されるかれの読書ノート（未定稿）のなかでテュルゴーをこう評していた．「テュルゴーはフィジオクラート派ではなかったが，フィジオクラート派にシンパシーを抱いていた」[68]．マルクスの場合，デューリングのパラグラフを肯定的に引用しているのかどうか

---

66) 手塚 [1927] 其六, 66 ページ．
67) Marx [1877], p. 1525. この点については，手塚 [1936] もあわせて参照されたい．
68) Schumpeter [1954], p. 244.

定かではないけれども，仮に肯定的に評価していたとすれば，マルクスはテュルゴーを「最後のフィジオクラート派」と見做していたと考えられないでもない．はたしてそのように考えることが許されるとすれ「最後の」とはどのような意味に解すればよいであろうか．かたやシュンペーターにあっても，テュルゴーが「フィジオクラート派ではなかった」という場合，そもそも「フィジオクラート派」の学説とは何を指すのであろうか．テュルゴーはその何に対して「シンパシー」を抱いたというのであろうか——といった多くの疑問を禁じえない．だが，それにもかかわらず経済学の二大巨匠（due virtuosi）の言葉が両サイドのサポーターたちによって"梵（Veda）の真言"よろしく盲信されてきたことはあらためていう必要もあるまい．ここでの議論は，そうしたさまざまの疑問に答えることを主たる課題とするものであるが，前掲手塚論文はこれらの疑問を理解する手掛かりを提供していると考えられる．

すなわち手塚は，グルネーやテュルゴーが百歩ゆずって「フィジオクラート派」であったとすれば，その「學説」とは何かと自問し，それは「次の如き三つの原理を含むシステム」であるといって，その「原理」に照らしてグルネー，テュルゴーの学説を吟味・検討している[69]．それによれば，フィジオクラート学説の「原理」とは，①「農業のみ生産的」である，②農業のみ「生産的」であるから「農業のみ租税を負擔」すべきである，そして③自由は「國内産業」のみならず「國際貿易にも最もよき制度」である——の3つである．このうち①はフランソワ・ケネーの『経済表（*Tableau économique*）』に象徴される経済的教義や学説に関するものであり，後二者はそうした教義や学説を基礎に展開した政策的主張であり，それぞれ「単一課税」や「自由貿易」のかたちで具体化している．ここでの問題は，一にグルネーなりテュルゴーの思想が「此ら特色のある思想に一致せるか否かを調ぶる」[70]ところにある，と手塚はいうのである．

---

69) 手塚 [1927] 其二, 50 ページ以下を参照されたい．
70) 同, 52 ページ．

まず①のフィジオクラート派の教義なり学説なりに関しては，もはや多言を要さないであろう．ここではテュルゴーが1766年2月にピエール=サミュエル・デュポン（・ド・ヌムール）宛て書簡のなかからつぎの一節を紹介しておくことにする．すなわち，「貴君〔デュポン〕は工業が非生産的（stéril）であると証明することに悦びを見出しているようです（工業が非生産的というのは誤解にもとづく考えです．見栄っ張りの工業家の鼻を明かそうとする行為に似ています．とはいえ，そうした工業家への不満はかえってかれらを利するだけです）〔中略〕．貴君はグルネー氏が手厳しく攻撃した工業の各分野を制約する障碍を打破することを忘れています」[71]．この一節からみられるとおり，『諸省察』を作成中のテュルゴーが，「農業のみ生産的」とするフィジオクラートの教義や学説に与しない旨の主張をはっきりと宣言したものであることは，だれの目からみても明らかであろう[72]．

はたしてそうであるとすれば，②の単一課税の主張もグルネーそしてテュルゴーもしないことになるはずである．実際にも，手塚はグルネーがそのような政策を主張しなかったというのである．だが，それにもかかわらずグルネーをして単一課税を提案せしめたと考えられる理由のひとつは，テュルゴーが「ヴァンサン・ド・グルネー頌」のなかでそのようにのべている点にあり，テュルゴーの「見方が不正確」であるからにほかならないという[73]．手

---

71) Turgot [1776a], pp. 506-7. もっとも，テュルゴーはケネーの「経済表」をまったく評価していないわけではない．例えば，テュルゴーは1766年12月にデュポンに宛てた書簡のなかでこういっている．「わたしは（『諸省察』のなかで），社会の動きと富の分配に関する詳細見取図を描くことを優先しました．そこでは代数（algébra）を用いず，抽象理論にもとづく部分をのぞけば『経済表』に相当する議論も存在しません」（Turgot [1766c], p. 26）．だが，テュルゴーの主張はケネーを金科玉条とするデュポンの受け容れるところとはならず，このことが『諸省察』をフィジオクラート派の機関紙である『市民日誌（Ephémérides du citoyen)』に掲載するさい，デュポンの独断でその一部を「修正」あるいは「改竄」したことから，テュルゴーが怒り原文への差替えをもとめる事件の一因となった．この点については，さしあたり，手塚 [1926] を参照されたい．また，本書の付論II「テュルゴー利子論への補遺」もあわせて参照されたい．

72) この点については手塚 [1927] のほか，手塚 [1926] も参照されたい．

73) 手塚 [1927] 其二，51ページ．手塚のいうように，テュルゴーはグルネーの財政

塚はまた，ギュスターヴ・シェルの著書『ヴァンサン・ド・グルネー (Vincent de Gournay)』を引いて自説の補強を試みている．すなわち，テュルゴーの前記「グルネー頌」は「グルネーの學説を説明するのに敬服すべき筆を以ってしてゐる．然し此らの學説が總てグルネーに屬するものなるか否か，チルゴー〔テュルゴー〕は自ら謙遜に師と呼べるグルネーに己の思想の或るものを貸したのではないか否か，確かではない」[74]と．

テュルゴーの主張はつぎにみる「自由貿易論」とともに「グルネーに己れの思想の或るものを貸した」証左と見做され，実際にもテュルゴーがのちにルイ16世治下の初代財務総監在職中にそうした政策を実践した．そしてそれが命取りとなってわずか2年で職を退くことになるのであるが，後世これらの政策は「フィジオクラート派の政策」と考えられてきたわけであるから，グルネーへの「テュルゴーによる裏切り (trahi par Turgot)」と称されるようになるのも無理からぬところかもしれない[75]．

ところが，百聞は一見に如かず――．グルネーはチャイルド『新商業講話』の「注釈」の結論 (Conclusion des Remarques) 部分で「単一課税」――ただし農業のみを対象とはしない――の導入を提案していたのである[76]．かれのこの問題に関するスタンスを理解するには，1750年代に時の財務総監――今日の総理大臣に相当する行政府の長――ジャン゠バティスト・ド・マショー・ダルヌーヴィルの「20分の1税」法制定時にまで時計の針をもどす必要があるかもしれない．1750年代に同税への反撥の強さもあって同法が実施されたのはブルターニュ，ラングドックをふくむ国内5つの州にすぎなかったが，このうち如上の2州については，グルネーがかれの知人で時の高位行政官に政治的影響力を駆使してからくも「20分の1税」の施行に

政策に関する考え方のなかに「単一課税 (impôt uniforme)」の導入について言及した一節 (Turgot [1759], p. 609) をその根拠としている．

74) Schelle [1897], p. 7. ただし，訳文は手塚 [1927] 其一，56ページより引用．
75) 手塚 [1927] 其一，56ページ．なお，Tsuda [1983] および津田 [1985] も参照されたい．
76) Gournay [2008 (1754)], p. 322.

漕ぎ着けたといわれる[77]. しかるに手塚らの主張するように, テュルゴーが「グルネーに己れの思想の或るものを貸し」て「多くの誤りを犯すに至らしめた」などとは断じていえないであろう[78]. テュルゴーの「頌」は「グルネーの眞相」を「神明ニ告グル者」(『詩経』より)であった.

ひるがえって, 単一課税政策がもし仮にグルネーあるいはかれのグループの主張であったとすれば,「フィジオクラートの原則」あるいは政策集団としてのフィジオクラート派の積極的主張とはどのようなものを指すといえばよいのであろうか. なるほど単一税制はひさしくフィジオクラート派の政策の目玉商品と考えられ, のちに紹介するように手塚をふくむほとんどの研究者によって信じて疑われることがなかった. しかし, はたしてそうであったろうか. もしもそうでないとすれば, ここでもまたグルネー, テュルゴーの経済思想なり学説をフィジオクラート派のなかに取り込むことはよりむつかしくなることを認めないわけにはいかないし, その場合の困難はつぎに取り上げる自由貿易原理を検討すればよりいっそう明らかである.

すでにみたように, 手塚はグルネーの経済思想を評して「當初自由貿易主義者であつたが, 中途で此主義を棄て〻, 穏和な保護主義者に變つたのかもしれぬ」と推理している. だが「グルネー頌」にあるとおり, テュルゴーの師が自由貿易的主張で名を馳せた"商人坊主"ジョサイア・タッカーの著書の紹介を愛弟子に勧めていたことに思いを致せば, グルネーが自由貿易に強い関心を抱いていたことは推察にかたくない. そして実際にもそうであったと解釈できるとすれば, 手塚のいうグルネーが「中途で此〔自由貿易〕主義を棄て〻」たというさいの「中途」とは一体いつのことであろうか. テュルゴーがタッカーの著書の翻訳作業を了えたのは 1755 年のことであり,「穏和な保護主義者に變つた」のはそれ以降というほどの意味であろうか.

一方, フィジオクラート派の主張に目を転じると, 手塚は「ケネーの発

---

77) Meyssonnier [2008], pp. xxxv-vi.
78) この点については, 津田 [1985] および Meyssonnier [2008] もあわせて参照されたい.

展」と題する論稿のなかで，ソーベール・ヂールダン（フランソワ・ソーヴェール=ジュールダン）の言葉を引用してケネーの主張とかれの支持者とそれとを区別する必要があることを強調している．すなわち，

> 對外貿易に就て "Laissez-faire, laissez-passer" を一歩も譲ることなき主張者たりしはケネーの弟子達である．此有名なる一句はケネーの著作には只一度現るゝのみであり，それも引用の形式に於てである．ケネーは自由貿易を原理として考えていたわけでは決してない[79]．

手塚の引用したソーヴェール=ジュールダンのいう「ケネーは自由貿易を原則として考えていたわけでは決してない」がもしも仮に正しいとすれば，フィジオクラート派はどこに主張の拠り所を見出したのであろうか．その答えを用意することは容易ではないかもしれないけれども，ケネー・グループともフィジオクラート派とも称されるセクト集団の成り立ちを考えることが，これに答えるひとつの解決策かもしれない．先に示唆するとおり，デュポン（・ド・ヌムール）らを別にすれば，フィジオクラート派には，グルネーに共感するメンバーがわずかではあれ存在していたこと，そしてかれらがこの集団のなかに自由貿易的主張を持ち込んだとは考えられないことなどが，その主な理由である．それゆえ見方によっては，「自由貿易原則」はフィジオクラート派固有の，というよりも旧グルネー・グループの政策的主張に影響された「原則」と推測することもできないでもないが，このような推理にも問題がないとはいえない．その最大のポイントは，グルネーの主張がもっぱら国内商業政策したがってまた国内経済政策に関するものであり，対外商業政策を支持する積極的主張を記録した資料が存在しないという点にこそもとめられなければならないからである．

だが，それにもかかわらずグルネーの自由主義——"Laissez-faire"

---

79) 手塚 [1929b]，144-5 ページ．ちなみに，ここでの手塚の引用は，Sauvaire-Jourdan [1903]，p. 21 からのものである．

——を対外商業政策に結びつけることが可能であるとすれば，それには何よりもまず国内商業の自由主義政策が対外政策を策定・執行するさいの競争条件を整備し優位性を築くための前提条件という主張が，その手掛かりとなるかもしれない．実際，これらが可能となれば，手塚も認めるように自由貿易原則を基準に対外商業政策を実施することになると考えられるからである[80]．既述のチャイルド『新商業講話』における航海条例へのグルネーの支持は，幼稚産業の保護・育成などとともにその一例とみてよいであろう．国内商業をめぐる国家による過度の介入・規制を撤廃するという政策的主張が対外商業の自由化に直結するというのはけだし短絡であろう．そのような解釈の欠陥の一斑は，一事が万事19世紀の「マンチェスター主義」的コードで18世紀のフランスやヨーロッパの経済事情を解読しようとしたところにある．いわば後知恵であるとはいえ，そのような解読が可能であるかのように主張した最初の人物こそ，別人ならず，スコットランドが生んだ偉大な思想家アダム・スミスであった．スミスは自著『国富論』第4編のなかで，かれ以前——すなわち「スミス以前（pre-Smithian）」の諸学説を「重商主義（mercantilism）」，「重金主義（bullionism）」と罵倒を浴びせ切り捨てたのであるが，

---

[80] この点について，手塚がその論文「比較生産費説と保護貿易」のなかで，リュシアン・ブロカールの『国民経済および国際経済原理（Pricipales d'économie nationale et internationale）』第1巻からつぎの一節を引用しているので紹介しておきたい．「外國の競争によって發展を妨げられてゐる若き國に對しては，保護貿易は充分なる理由をもつてゐる．保護貿易が最良効果をもつのも恐らくこの場合であろう．生れ出たばかりの産業は資本を集め，設備を整ひ，技術家と勞働者とを養ひ，市場を征服して行くために多大の困難に相遇する．其成功不成功は人々が此事業に與ふる援助の有無にかゝる場合がある．〔ジャン=バティスト・〕コルベールは，保護を此の様な場合に限ろうとした」（手塚［1930］，4-5ページから孫引き）．ちなみに，17, 18世紀の著者たちの "Laissez-faire（自由放任）" とは，国内商業自由化の政策的主張である．そして仮にそのように考えられるなら，チャイルドがサー・ウィリアム・ペティの『租税貢納論（Treatise of Taxes and Contributions, 1662）』からラテン語のマキシム "Res nolunt male administravi" なる一節を引用するのもゆえなしとしない．この一文は直訳すれば「森羅万象生きとし生けるもの下手にいじくりまわされることをのぞまない」ほどの意味であるが，チャイルドはこれに "Nature muft and will have its course" の英語をふっている（Child［1751］, p. 27）．けだし，チャイルド一流の "Laissez-faire, laissez-passer" 解釈であったかもしれない．

「スミス後（post-Smithian）」の研究者たちもそうしたスミス一流のスタイルを無批判的に踏襲したのである．

いずれにせよ，テュルゴーの師グルネーの「自由」と「保護」を二本柱とする政策的主張は，これをさらにつき詰めていうならば，グルネー一流の「市場観」に由来するといえないこともない．シモーヌ・メイソニエのいうように，グルネーは市場が経済主体の行動を調整する役割を演じるとしても「経済主体に対して市場自らがルールを課すなり，外的秩序から生じる超越的な自己調整システムではない」[81] と見做していた．そのように考えられるとすれば，グルネーの市場観は一面ではリシャール・カンティヨンのそれに一脈相通じるといえよう[82]．だがそれはそれとして，内外の商業政策において自由競争を行わせしめるには，これに必要な諸条件——とくに競争条件——を整備し，商業上の優位性を構築しなくてはならない．そしてそうした条件整備と優位性の確立こそが一国の商業を活発にし，国家を富まし強大たらしめることになるというのである．

はたしてそうであるとすれば，例えばデイヴィッド・リカードゥの提唱した「比較生産費（comparative advantage）」説と称される経済理論が存在しない状況下で航海条例の制定や幼稚産業の保護・育成などの主張をもって，グルネーを「マーカンティリスト」，「保護主義者」と断じることは適切では

---

81) Meyssonnier [2008], pp. xxvi-vii.
82) カンティヨンによれば，市場とは企業者のもつ経験や勤勉や才覚などに依存し，かれらがもしそうした資質を欠くならば，機能不全に陥る．なぜなら，「世の中の人間たちは，企業者とはすべて，その職業上，可能ならば何でもごまかして自らの顧客たちをどうにかだまそうとするに相違ない」（Cantillon [1755], p. 31. 訳 37 ページ）と考えるからにほかならない．カンティヨン（そしてある程度までグルネー）にとっての市場とは，アプリオリ（a priori）に「効率」的であるといえないばかりか，アダム・スミスのいわゆる「見えざる手（invisible hand）」（Smith [1776], p. 423. 訳 388 ページ）による自律調整機能をもつ機構ではないのである．だからこそ，企業者が市場機能を乱すような挙に及ばないように「規制」することもまた為政者の主要な任務ということになる．要するに，市場とは"成功"と"失敗"とが背中合わせの鴨の浮き寝のような存在と解釈してよいであろう．巷間伝えられる「市場の失敗」論とは単純素朴な「効率的市場」仮説の裏返しといっても誇張ではない．

付論 I. チャイルド—グルネー—テュルゴー

ない.手塚自らが「比較生産費説と保護主義」と題する小品のなかで,この問題をつぎのように論じているのは至当であろう.すなわち,「比較生産費説に基礎付けらるる自由貿易主義か又は幼稚産業の保護の後に期せらるる所の自由貿易主義か,純粋に經濟上見た貿易政策には此らの二つしか無かつたのが,近來に至るまでの貿易政策理論の實状であつた.だから嚴密に云へば保護貿易主義對自由貿易主義の理論的對立は最近に至るまでは經濟學史上存在しなかつた」[83].

さて,自由貿易原則に深入りすることを避けて結論を急げば,この原則がフィジオクラート派のものかともし問われるならばにわかに首肯しかねる,というのが正直なところである.したがってまたこれを先の議論と総合して評価するなら,グルネー,テュルゴーはいわれるような「自由貿易主義に近き穏和な保護主義者」ましてや「フィジオクラート派」——たとえそれが「最後の」フィジオクラート派という評価であろうと——であったとはとてもいえまい.ひるがえって,フィジオクラート派にしても,ケネーの教義——『経済表』によって示された所得フロー分析——をもってフィジオクラート派の政策的主張を同一視することも適切ではないし,そしてこのことをさらにつき詰めていうなら,フィジオクラート派をしてフィジオクラート派たらしめる教義や政策のオリジナリティとは一体何であったのか,ケネーの学説を継承・発展させる研究が実際に行われたのであろうか——というこの学説の存立に連なる根本的な疑問を禁じ得ないのであるが,ここでは指摘するにとどめることとしたい[84].

---

83) 手塚 [1930],4 ページ.
84) 手塚の「經濟學說に於ける政治的要素」と題する論稿(手塚 [1936])は,本文でのべたフィジオクラート派の経済学説史における位置づけのみならず,政治的側面に着目してその意義を検討したきわめて示唆にとむ研究である.ただし本文でも検討したように,手塚によるテュルゴーの経済思想やその経済学説史上の評価については誤解にもとづくものが多々あり,修正を要する箇所がすくなくないが,当時の一般的研究状況や資料的制約を考えればやむを得ないであろう.いずれにしても一読に値する.

[補注] 本論ではテュルゴーが自らの経済学説の形成過程においてグルネーの経済思想や学説の多くを負っており，グルネーからテュルゴーへの思想および学説の継承を紹介することを主眼としているとはいえ，そのことはしかし両者の間に見解の相違が存在しなかったということを意味するものではない．ここでは詳細に及ぶ紙幅がないが，ひとつだけ指摘すれば，特記すべきことは「公信用（crédit public）」，ありていにいえばジョン・ローの創設したバンク・ジェネラル（Banque Générale）——のちのバンク・ロワイヤル（Banque Royale）と紙幣発行による信用創造に関する理解と評価の相違である．グルネーはチャイルド『新商業講話』第5章の「注釈」のなかでこの問題にふれ，「われわれの隣国は公信用を創設・機能させることによって豊かにな〔った〕」（Gournay [2008 (1754)], pp. 162-3）といって公信用再建の必要性を強調している．もちろんグルネーはローの経済政策それ自体には批判的であり，かれの計画が失敗したことがフランスでの公信用の評価を低くしているとのべている．シモーヌ・メイソニエによれば，ここでのグルネーの記述の含意は「ローの計画の失敗の結果，公信用の重要性までも否定されたことは遺憾」（Meyssonnier [2008], p. xxxvii）という解釈が可能である．これに対して，テュルゴーは1749年4月ソルボンヌ学寮時代に知遇を得たシセ兄弟の長兄に宛てた書簡や1770年6月に友人のピエール=サミュエル・デュポンに書き送った書簡のなかでローの著作『貨幣と商業に関する考察』を「呪いの言葉（grimoire）」と口を極めて非難して嫌悪をむき出しにしている（Turgot [1749; 1770a] 参照）．この感情はグルネーと出合ったのちも変わらなかったようである．アントイン・E. マーフィーが的確に指摘するように，『諸省察』には「銀行」，「信用」といったタームは登場しないし，またかれが財務総監の職にあった1776年に師の希望した公信用の創設——それはまたバンク・ジェネラルの「復活」でもあった——を決定したおりにも，「銀行」という呪いの言葉を忌避して「割引金庫（Caisse d'Escompte）」と命名している（Murphy [2009], p. 140）．だが，それにもかかわらずテュルゴーがグルネーから受け継いだ「資本」論は，フランソワ・ケネーらとかれの支持者（フィジオクラート派）とは異なり，貨幣の積極的機能を認めるという点でジョン・ローの貨幣論と多くの点で共通点を有している．デュポンに代表されるフィジオクラート派——そもそも「フィジオクラシー（Physiocracie）」なる用語はデュポンの作ではあったが——のいうところの貨幣とはあくまでも「流通手段」や「支払手段」としてのそれでしかない．テュルゴーもまたマーフィーのいうように，カンティヨンさながらに資本の形成を資本家や企業者の「節約（économie）」や利潤の蓄積

——今日流にいえば自己金融——に限定してローの主張した紙幣発行を通じた信用創造や証券市場の役割を実質的に否定したのであるが，しかしテュルゴーの貨幣論なり信用論なりが結果としてアダム・スミスをはじめ後世の研究者たちによって受け容れられ，いわば古典的信用論の雛型となった．ヨーゼフ・A. シュンペーターが『経済分析の歴史』において，スミスはおろかこれに倣った J.S. ミル，オイゲーン・フォン・ベーム=バーヴェルク，アルフレッド・マーシャルらが「テュルゴーの資本形成論に何ひとつ付け加えるに至らなかった」(Schumpeter [1954], p. 325) というとき，そのように理解してよいように思われる．

むすびにかえて

これまでみてきたように，市場経済ないし資本主義の経済分析の最重要概念である「資本」という術語の歴史的形成と理論的深化の功が，サー・ジョサイア・チャイルド，ヴァンサン・ド・グルネー，そして最終的にはグルネーの愛弟子テュルゴーに帰するものであり，「経済学の揺籃」といわれる 18 世紀の経済学研究におけるこれら 3 人の経済思想や学説の貢献を逸することはできないであろう．なかでもグルネーのはたした役割は注目に値する．かれはチャイルドの議論を検討・吟味し，これを正当に評価したばかりか，その思想的営みの知的成果がやがてテュルゴーの継承・発展するところとなり，経済学の古典形成に多大の影響をあたえたからである．そうした学説上の継承関係が，津田内匠やシモーヌ・メイソニエらの手によるグルネーの草稿の発掘と研究の功によってようやく証明されるに至った．手塚壽郎一流の言葉遣いを借りるならば，「グルネー〔の經濟思想〕の眞相」がようやくにして解明されようとしているのである．

いまもしそのような理解が可能であるとすれば，18 世紀フランス経済研究における思想的潮流の見直しをも同時につき付けることになろう．これを一言でいえば，経済思想や経済学説が「重商主義」の時代から「フィジオクラート派」を経て「古典経済学派」に至るという学説史研究の流れを根柢か

ら見直さなくてはならないということである．ここでは無用の重複を避け結論だけ示すことにするが，「フィジオクラート派」と称される思想・政策集団の主張は，かれらが「師」と崇めるケネーの経済理論と同一ではないし，理論面でもケネーを継承・発展させた形跡を認めるとはかならずしもいえない．一方，グルネーの経済研究にはかれの学問的後継者がすくなくないとはいうものの，とりわけテュルゴーはグルネーの経済思想や経済学説を継承・発展させるうえで多大の貢献をした．なるほどケネーの「経済表」は，例えば櫻井毅のいうように「現在でも評価され尊敬は続いている」[85]とはいえ，しかし経済学説の歴史——こと資本理論の生成・発展のプロセスをふり返るなら，ケネーと同じくらい，あるいはむしろグルネー—テュルゴーのラインのほうがケネーよりも貢献度は大であったとえいえるかもしれない．

そしてさらに溯れば，なかんずくリシャール・カンティヨンの経済学説史上の位置づけとその意義もまた見直さなくてはならないであろう．『商業一般の本性に関する試論』の著者であるアイルランド出身の国際的銀行家には，この間ひさしく「フィジオクラート派の先駆的重商主義者」であるとか，「重商主義とフィジオクラシーの橋渡し役」[86]であるとか，どちらかという

---

85) 櫻井［2009］，215ページ．ただし櫻井は別の箇所でケネー（およびフィジオクラート派）の限界についてこういっている，「確かに，以前のヴォーバンにしろ，ボアギュベール〔またはボワギルベール〕にしろ，あるいはカンティヨンにしても農業を中心とする地主経済によるある種の再生産の循環をイメージしている．ただそこにはシステムとなる一つの完結した対象は出来ていない．重商主義的な視角では経済政策は論じられても経済学はできない〔中略〕．体系化のためには一つの国家による外囲が設定され，経済活動の持続性と完結性が保障されなくてはならない．それは事実上，経済政策の根拠そのものを問うことにもなる．その点で経済学の古典形成で果たしたフィジオクラートの功績は大きい．その内容はマルクスが言うように資本主義的な生産のシステムを封建的な外観で装うという擬制の形をとっていた〔中略〕．そうした矛盾が，重農主義体系の不十分さと理解の困難をもたらしたことも明らかであろう．そのハイブリッドな性格こそマルクスによってすでに喝破されたものだし，〔デイヴィッド・〕マクナリによって『フィジオクラシーのパラドックス』と呼ばれているものである」（同上，200-1ページ）．ちなみに，テュルゴーとケネーとの関係については，シェル版『テュルゴー全集』所収の「グルネー頌」末尾のシェルの付記 "Turgot chez Quesnay"（Turgot [1759a], pp. 622-3）を参照されたい．

86) この点については，久保田［1965］および中川［2011］を参照されたい．

と二次的な評価があたえられてきたが，これまでの説明からそうした評価は決して妥当ではない．ありていにいえば，カンティヨンの名を腐(くた)す以外の何物でもない．そうであるにもかかわらず，そのような評価がまかり通ったのは，「一跡ノ路ニ循(したが)ヒテ一遇ノ指(むね)ヲ守ル」(『淮南子』要略篇より)さながらに，われらがスコットランド出身の偉大な思想家の『国富論』第4編の「重商主義批判」の所説を金科玉条とすることに由来するといっていいすぎではあるまい[87]．

チャイルドやかれも参照したサー・ウィリアム・ペティをはじめとする17, 18世紀の経済研究者は，サー・フランス・ベーコンが『ノウム・オルガヌム（NOVVM ORGANVM）』のなかでいう「劇場のイドラ（Idola theatri）」に踊らされて――簡明直截にいえばスミス流の「重商主義」説の色メガネをとおして歴史を解釈しようとしたために目が曇り，本来であれば正当な評価をあたえるべき人物やその思想を，十把ひとからげに「マーカンティリスト」,「ブリオニスト」呼ばわりして蔑んできた．さもなければ，それよりは多少は程度がいいのかもしれないが，フランソワ・ケネーのように「農業システム」の「誤った学説」の学徒として切り捨てられたのである[88]．あまつさえ資本概念にスミスの言が及ぶとき，チャイルドはもとより，グルネーやかれの後継者であり最大の功労者であるテュルゴーの名だに登場しないのは奇妙かつ奇天烈な話ではある．だが，これもベーコンのいわゆる"filia auctoritatis（権威の娘）"たち――スミスを「経済学の生みの親」として神

---

[87] 櫻井毅が自著『イギリス古典経済学の課題と方法』のなかで的確にのべているように，スミスが『国富論』第4編を重商主義の紹介と批判に割いているが，経済学（political economy）の課題が「諸国民の富の性格と原因を扱うものである」といいながら，「他方でこれを政治家や立法者なるもののおこなうべき学問の一部と考えており，ポリティカル・エコノミーの目標が『国民の富と力』をもとめることをあきらかにしている」(櫻井 [1988]，43-4ページ)．スミスが重商主義者であるというつもりはないが，「国民の富と力〔強大さ〕」をもとめる政策的主張をもって「重商主義」とのレッテル貼りする根拠とはならないであろう．なお，重商主義研究については，Grampp [1952]; Wilson [1958] もあわせて参照されたい．

[88] この点については，馬場 [2008]（とくに第5部第12章「資本・資本家・資本主義」）が参考になる．

棚に祭り上げた人間たちにしてみればすこしも奇妙でもなければ奇天烈でもないのである[89].

テュルゴーはスミスのように論理学なり道徳哲学なりを講義して生計を立てる職業教師ではなかったのであるから，斯界で権威を気取り名を成すことなど思いもよらなかったであろう．ましてや後世ウィリアム・スタンレー・ジェヴォンズのいうような，スミスの著作『国富論』にその名を刻むことをこのうえない名誉などとは考えだにしなかったであろう．ありていにいえば，コンドルセやデュポンなどのいう，スミスがテュルゴーの資本理論を「剽窃」したかどうかの問題追及など，当のテュルゴーにあってはどうでもいい，まったくの"perparvus（些末事）"であったに相違あるまい．『国富論』が刊行された1776年から遡ること10年前に仕上げた『諸省察』の著者「X氏（Mr. X）」がテュルゴーであり，スコットランドはグラスゴー大学の道徳哲学の教師であった人物がその著作のなかで名を引かずとも「X氏」ことテュルゴーの経済理論を踏襲していることぐらい，当時の知識層に属する人間たちであれば容易に察しがついたであろう．そもそも，『国富論』刊行の年，財務総監というフランス王国最高行政責任者の座にあったテュルゴーとかれの政治・社会思想的背景に思いを致せば，周囲がどう思おうが「社稷壇トナル」（『淮南子』人間編より）王国の行く末――ありていにいえばブルボン王家の，ではなく，故国フランスの行く末――を案ずることのほうがはるかに大事であったろうことは推測にかたくない．

外野席に鎮座まします御仁らのことはさて措き，テュルゴーの気質に照らしていうならば，スミスの業績を祝福こそすれ，ことさら非難すべきことで

---

89) 『国富論』（中央公論社『世界の名著』シリーズ）の邦訳者の大河内一男は，「序論および本書の構成」のなかでスミスの「資本」概念を紹介しているが，そのさいグルネーはもとより，チャイルド，テュルゴーにさえ一言半句も割いていない．大河内のような解釈は，第1にブリテン島の人間たちの研究をのみ対象にした当然の帰結であること，第2にスミス一流のブラフを鵜呑みにして，取り上げるべき人間がいちじるしく限定されたことである．とくにチャイルドやテュルゴーに言及しなかったことは，その顕著な例である．スミスの資本理論および大河内のスミス解釈の問題点については，脚注88で紹介した馬場[2008]が参考になる．

はなかったと思われる．学問の分野では徹底した世俗主義を貫いたテュルゴーではあったが，敬虔なカトリック教徒らしく，『国富論』刊行の年に元グラスゴー大学教員からエジンバラ市の関税委員に"栄転"したスミスに向かって"Dominus tecum（主のみ恵みがありますように）"といったとしても不思議ではない．実際，そのことは政界引退後の1778年3月下旬にウェールズ出身の哲学者・宗教家ドクター・プライス（リチャード・プライス）に宛てたテュルゴーの書簡のなかのスミスへの低からぬ評価からも裏づけることができる[90]．そうであるとすれば，デュポンやコンドルセらのいう「剽窃」とは，畢竟，スミスその人というよりはむしろ，かれがテュルゴーらの名を『国富論』のなかで引かなかったことを勿怪の幸いとばかりに，すべてをスミスの手柄に仕立て神棚に奉安した「スミスの弟子（Smithians）」を気取る後世の連中に対して吐くにふさわしい言葉であろう[91]．

とはいえ，"Veritas filia temporis est（真実は時の娘なり）"とはよくいったものである．経済学の古典形成のプロセスをふり返るなら，経済学の最重要概念のひとつである資本の生成と成立をめぐるチャイルド－グルネー－テュルゴーの経済学説上の継承関係が，「千載ののちまでも（how many ages hence）」（シェークスピア）何人も否定することのできない「歴史の真実」として立ちあらわれようとしている．そしていまこれを歴史の真実と見做すことがもし許されるならば，重商主義，重金主義，農業システムないしフィジオクラシーなる経済思想の潮流の再考・再評価にとどまらず，経済学の古典

---

90) テュルゴーのスミス評価については，Turgot [1778] を参照されたい．ちなみに，現存するテュルゴーの書簡中スミスの名が登場するのは，ドクター・プライスに宛てた書簡だけである．

91) これまでみてきたように，スミスがテュルゴーの知的成果から多くを吸収したであろうことは否定しようのない事実である．別言すれば，スミスがテュルゴーの資本理論を知らなかった振りをしたかどうか定かではないものの，同時代人は当時相当の評判になった『諸省察』を知ったうえで論を展開したと思ったであろう．しかるに，馬場が前記「資本・資本家・資本主義」のなかでいう，スミスが〔テュルゴーなどの先行説を〕必要なのに挙げないばかりか主要な著者文献を意図的に隠蔽」（馬場 [2008]，ivページ）するのに長けているとの評価は，その言い分にも一理あることを認めるにやぶさかではないとはいえ，厳しすぎるように思われる．

形成の評価——「スミス前 (pre-Smithian)」,「スミス後 (post-Smithian)」の区分けなどをふくむ——にも抜本的なメスを入れなくてはならないことを教えてくれる.すくなくともそのために必要な歴史的資料を手にしているはずである.

その意味からすれば,アントニー・ブリュワーをして「テュルゴーは最初の古典経済学者」[92]といわしめたのは当然至極であり,また正しい判断であろうと考えるものである.しかしそうであるとしても,テュルゴーにあたえられる栄誉の一部はグルネー,チャイルドらにも等しく分けあたえられるべき性質のものである.

---

92) Brewer [1986], p. 186.

II. テュルゴー利子論への補遺
「貨幣貸付に関する覚書」を中心にして

> 「ポワロは微笑した.『想像力を働かせすぎるんですよ.想像力はよき下僕だが,主人には不向きだ.もっとも単純な説明が,いつもたいてい当たっているんですよ』」
> ——アガサ・クリスティ『スタイルズ荘の怪事件』より

はじめに

ユダヤ教徒がトーラー (תּוֹרָה; Torah) といい,キリスト教徒がモーセ五書 (Pentateukhos; PENTATEVCVS)——聖書 (BIBLIA SACRA) の最初の5つの書に相当——と呼ぶユダヤ教およびキリスト教に共通する経典には,金銭および金銭トラブルにちなんだ記述が多数ふくまれている.およそ宗教なるものが人民の「救済」を旨とする限り,それも当然といわなくてはなるまい.そのなかでもとくに興味を引くのは「金貸し」という金融業者たちが登場し,かれらの借り手への元利金の取立てを戒めるくだりをいくども目にすることである.のちに詳述するとおり,一説では紀元前2400年ころメソポタミアの諸都市で発祥し,やがて地中海沿岸に広まったとされる商人や金融業者による貸借取引,とりわけ付利をともなう貸借取引が批難の対象となり,貸し手に対してはあこぎな元利金の返済はこれを厳に慎むこと,それどころか,借り手には何物も要求するな,と諭すのである.それは同時に,借り手に対しても安易な借入を行わないように,ということかもしれない.ところが,批難の矛先はもっぱら貸し手である金融業者に向けられてきた.そして中世期になると,神学者たちがいにしえの聖人のつぎの5文字をもって付利禁止を正当化し法制化することを提唱したのである.すなわち,

Mutuum date nihil inde sperantes（EVANGELIVM SECVNDVM LVCAM, VI, 35）（何も当てにせずに貸しなさい）[1].

　もっとも，ここでいう "mutuum" とは貸借取引一般ではなく，主に「（金銭）消費貸借」を示す言葉である．だから，例えばウィリアム・シェークスピアの有名な戯曲に登場するユダヤ人の金貸しシャイロックが3カ月の期限で金3,000ダカットをヴェニスの商人アントーニオに貸したとき，期限までにもしも返済できなければ，利子を取らない代わりに，くだんの商人の肉1ポンドを切るという貸借の条件は正当化されるはずであった．なぜなら，「貨幣が貨幣を生む」という思想は経典や古代の聖人たちの教えに反するというアントーニオに，わがユダヤの民は「創世記」第30章のヤコブのラバンとの「駆け引き」による利殖話（LIBER GENESSIS, XXX, 25-43）を引用して自らを正当化していたからである．曰く，「これが利殖の道であり，ヤコブは天の恵みを受けた」．これに対して，ヴェニスの商人は，目，手，五臓六腑，四肢五体，感覚，感情，そして情熱をもつユダヤの民に向かって「悪魔も手前勝手な目的のために聖書（[Holy] Scripture）を引用する」（『ヴェニスの商人（*The Merchant of Venice*）』第1幕第3場）といって応酬する．

　この場合，ユダヤ人の金貸しに分があるのか，それともヴェニスの商人の言い分に理があるのか——はたして大いに議論のある（disputandum）ところである．いい換えれば，付利禁止の教えは「律法（תַּלְמוּד; talmūd）」なのか，「戒律（præceptum）」なのか，はたまた単なる「勧告（commendatio）」なのかということでもある．結論を先取りすれば，金貸しは「悪魔」呼ばわりされ，一方の借り手は無辜の民であり金の犠牲者となった哀れな民草——という構図が形成され，あたかも議論の余地のない（non disputandum）教

---

1) 以下，本論で聖書を引用するさい，断りのない限り，ラテン語は *IUXTA VUL-GATAM VERSIONEM*（Editio quinta）von Robert Weber und Roger Gryson, Stuttgart, Deutsche Bibelgesellschaft, 2007 に，また邦語訳は共同訳聖書実行委員会訳『聖書 新共同訳』日本聖書協会刊，1993年による．

えとして受け容れられてきた。だが，17世紀後半とくに18世紀になると，そうした状況への異議申立てがしだいにふえ，やがて新たな解釈がなされるといった一大転換が訪れる。17世紀末のイングランド利子論争がそれであり，のちに例えばモンテスキューに代表されるように，付利禁止は宗教上の「勧告」にすぎないという解釈が鮮明なかたちをとってあらわれるに至った。これらを受けて，この問題に学問的な意味で終止符を打った人物こそ，ルイ16世治下の初代財務総監を務めたアンヌ・ロベール・ジャック・テュルゴー（のちにオーヌ男爵（baron de l'Aulne））その人であった。

テュルゴーは代表作である『富の形成と分配に関する諸省察（*Réflexions sur la formation et la distribution des richesses*）』（以下，『諸省察』と略記）のなかで，それ自体が「（金銭）消費貸借（prêt à la consommation）」である"mutuum"と，近代商業社会における「（有利子）貨幣貸付（prêt d'argent）」とは基本的に異なることを解き明かし，最終的には資本・利子関係として立ちあらわれる商業社会の仕組みを理論的に提示した。その功績は高く評価され，テュルゴーを「古典経済学の創始者」と呼ぶものゆえなしとしない[2]。しかもテュルゴーの利子論が『諸省察』脱稿から約3年後の1770年1月の作品といわれる「貨幣貸付に関する覚書（Mémoire sur les prêts d'argent）」のなかで，かれは貨幣利子論をよりいっそう精緻化しているといってよい。

この「覚書」は，1769年にテュルゴーの任地リモージュに隣接する地方

---

2) ヨーゼフ・A. シュンペーターはかれの死後に未亡人らの手によって編集・刊行された『経済分析の歴史（*History of Economic Analysis*）』のなかで，テュルゴーの利子論がかれと親交のあったスコットランドの哲学者・政治思想家のデイヴィッド・ヒュームの理論をはるかに上回る優れた理論であると高い評価をあたえたのち，つぎのようにいう。「〔テュルゴーの利子論は〕18世紀が生んだもっとも偉大な業績であるのみならず，19, 20世紀のもっとも偉大な思想の多くを先取りしていた」（Schumpeter [1954], p. 332）。このほか，最新の研究として，Brewer [2010] もあわせて参照されたい。なお，古代から中世期に至る金融業や17世紀イングランド利子論争などについては，とりあえずつぎの文献を参照されたい。Grampp [1954]; Dauphin-Meunier [1966]; Rivoire [1994]。

都市アングレームで実際に起きた賃金業者を手玉に取った高利告発事件——いわゆるアングレーム詐欺事件——の顚末に関するパリの中央政府への報告書である．同時にまたテュルゴーは本件の背景にある諸事情を踏み込んで究明し，この種の事件の再発防止策を具申している．それというのも，この詐欺事件が利子率に関する法律（法定利子）の盲点を巧妙についたものであるからである．すなわち，「企業者（entrepreneur）」と称される，すぐれて近代的な経済主体が商人や，盗人・詐欺師の類とつるんで，わがシャイロックの末裔にいっぱい食わせたばかりか，その貸し手の何人かを奈落のどん底（nadir）に突き落とすという一大スキャンダルに発展し，ために開明的思想の持ち主として知られたエティエンヌ・メノン=ダンヴォーを財務総監に戴くパリの中央政府も無視し得なくなっていた．リモージュ地方長官の「覚書」はそうした事情を背景に作成されたのである．

ここでのテーマは，テュルゴーの「覚書」を中心とする貨幣利子論の検討にあり，その経済学の古典形成における意義を明らかにするところにあるが，この論稿を取り上げることのインプリケーションは以下の点にある．ひとつには，シュンペーターがいみじくもいうように，この作品をつうじてテュルゴーが近代的利子論の偉大なパイオニアであることを再確認できることである．いまひとつは，そのようなテュルゴー学説の近代経済学の形成史における位置をあらためて問うことである．その最大のポイントは，テュルゴーが『諸省察』において貨幣貸付資本の役割の重要性を説きながらも，最終的にこれを否定したのかどうかというところにある．否定説によれば，そうした主張の変質こそは，テュルゴーがフランソワ・ケネーを開祖とするフィジオクラート派の学説を乗り越えることを企図しつつも，結果としてこの派に「回帰」した証左である——つまりテュルゴーはケネー学説の継承・発展させたところにこそ最大の業績があり，その意味ではフィジオクラート派のなかに位置づけられるにふさわしい経済学の研究者であるというのである．

はたしてそうであろうか——．仮にもしテュルゴーの利子論が「覚書」に示されるとおりであるとすれば，否定論者の主張するようにフィジオクラー

ト派の教義に「回帰」したと考えることはできないであろう．そしてそのように考えられるとすれば，『諸省察』における理論上の問題はもっと別のところにあるといえないこともない．これらの諸問題に立ち入って検討を加え解答することが，ここでのいまひとつのテーマをなしている[3]．

はじめに構成を示せばつぎのとおりである．まず，付利禁止の問題を論じる前提として，太古のむかしから語り継がれてきた金銭貸借をめぐる戒律やエピソードを紹介し，その意味するところを理解する．つぎに，借り手が手足れの金貸しを手玉に取ったアングレーム事件の深層と顛末をテュルゴーの「覚書」を手掛かりに考察する．そしてそのうえで，テュルゴーの本件に関する見解と事件再発防止策のなかにみられる経済理論，とりわけ資本・利子論の意義を分析する．それはまた，『諸省察』における利子論の問題点をあらためて問い，テュルゴーの経済思想や経済学説の経済学の古典形成における位置を再評価することにつながる．

1. 付利禁止の理念と現実――ユダヤ教およびキリスト教の経典の含意

同胞から利子，質（担保）を取ってはならない，という「根源的律法」を，異邦人（または異教徒）からは取ってもよい，という解釈によって金貸し業を盛んに行ったユダヤ教徒に対して，キリスト教徒の場合は，貸付利子を合法化する解釈に至るまでの道のりは長く険しかった．ユダヤ教徒もキリスト教徒も，同じ経典――すくなくともユダヤ教徒がトーラーともモーセ五書ともいう経典――から生まれたことに思いを致せば，それ自体が興味あるテーマをなしているのであるが，ここでは経典で示された付利を戒める根源的律

---

[3] わが国ではテュルゴーの経済学説研究は皆無に近いが，そのなかにあってテュルゴーがフランソワ・ケネーの経済理論を「継承・発展させた」人物，フィジオクラート派の一員とする解釈がすくなくない．例えば，山口 [1930]; 渡辺 [1967] が，それである．だがのちにみるように，こうした見解はかならずしも適切ではない．

法の理解と解釈を太古のむかしに遡って概説することにしたい．

付利を戒める記述はかなり古く，トーラーもしくはモーセ五書と称される経典の2作目「出エジプト記」のなかに登場する．例えば同第22章の一節ではつぎのような記述がみられる——．

> si pecuniam mutuam dederis populo meo pauperi qui habitat tecum non urgues eum quasi exactor nec usuris opprimes (LIBER EXODI, XXII, 25)（もし，あなたがわたしの民，あなたと共にいる，貧しい者に金を貸す場合，彼に対して高利貸しのようになってはならない．彼から利子を取ってはならない）[4]．

こういう記述もある．

> Si pignus a proximo tuo accepetris vestimentum ante solis occasum redde ei (*Idem*, XXII, 26)（もし，隣人の着る物を質に取る場合には，日没までに返さなければならない）．

つまり，民草の日常生活では，かれらの浪費癖のためか，あるいは生活苦のためであるか，自ら何がしかの質草をもって「金貸し」の戸口を叩き，かれらから金や生活資財を引き出すというケースがあとを絶たなかったということかもしれない．こうした状況は時代が下って「申命記」の世界でも認めることができる．なかでも同第24章第10，11節ではつぎのような興味ぶか

---

4) 共同訳聖書では "non urgues eum quasi exactor nec usuris opprimes" は「彼らに対して高利貸しのようになってはならない」と訳出されているが，「金貸しのようであってはならない」の語をつける邦訳聖書も散見される．後世，俗語の "usura"，"usure" が利息または利子のほか，「金貸し」，「高利貸し」の語義を有するようになることは知られている．だからといって，"credita pecuniae（貨幣貸付）" がつねに「高利貸付（usura）」でないのと同じように，"qui usuram perscribet（利子を取って貨幣を貸し付ける者）" がすべて「高利貸し（usurario; usurier）」であると決めてかかることができないこともまたたしかなことである．

い記述がある．すなわち，

> cum repetes a proximo tuo rem aliquam quam debet tibi non ingredieris domum eius ut pignus auferas / sed stabis foris et ille tibi proferet quod habuerit（LIBER DEVTERONOMII, XXIV, 10 et 11）（あなたが隣人に何らかの貸し付けをするときには，担保を取るため，その家に入ってはならない／外にいて，あなたが貸す相手の人のところに担保を持って出て来るのを待ちなさい）．

このような記述が登場するということの一斑の理由についていえば，実際には貸し手は借り手の家に入り込み，貸出のさいの「担保物件（pignus）」として適当な物品（時に借り手本人や女・子どもまでも）を物色していたということである．つまり，「出エジプト記」の時代このかた，金貸し業はいっそう繁盛し，つれてかれらの手口も巧妙になったということかもしれないが，反面，借り手も借り手で律法を守るどころではなかったと考えてよいであろう．だから，「エズラ記II」[5]の第5章ではこんな一節が収められたのである．

> Et ego et fratres mei et pueri mei commondavimus plurimis pecuniam et frumentum non repetamus in commune istud aes alienum quod debetur nobis / reddite eis hodie agros suos vineas suas oliveta sua et domos suas quin potius et centestimam pecuniae frumenti vini et olei quam exigere soletis ab eis date pro illis（II ESDRAE, V, 10 et 11）（わたしも，わたしの兄弟も部下も金や穀物を貸している．わたしたちはそ

---

5) ここではウルガタ訳聖書を用いているので "II ESDRAE（エズラ記II）" から引用したが，当該文はユダヤ教の聖典配列では「諸書（כתובים）」に収められている．また，後世のキリスト教徒による聖典配列では，LIBER PARALIPOMENON I および LIBER PARALIPOMENON II（「歴代誌」の上，下）のあとの LIBER NEHEMIAE（ネヘミヤ記）として収録．

の負債を帳消しにする／あなたたちも今日あなたたちに負債のある者に返しなさい．畑も，ぶどう園も，オリーブ園も，家も，利子も，穀物も，ぶどう酒，油も）．

時代が下って，マケドニア系のプトレマイオス朝エジプトはアレキサンドリアで70人の賢者が紀元前280年ころから約200年の歳月をかけたヘブライ語でつづられたユダヤ教の経典のギリシャ語訳作業の末，ギリシャ語版の経典――七十人訳聖書（SEPTVAGINTA）――が誕生すると，経典はひとりユダヤ教徒だけのものでなくなる．しかもイエス（Iesu; Jésus）が誕生して，かれを救い主と仰いでつき従い，かれの死後も信仰を固め広めるうえで多大の功のあった「十二使徒（DVODECIM APOSTOLI）」のひとりマタイ（ラテン語ではマタエウス）の時代になると，いわゆる"律法破り"は多くの債務奴隷を生むなどいよいよ深刻な社会問題となった．例えばマタイによる福音書第25章の諸節ではつぎのような興味ぶかいエピソードがある．引用がやや長くなるがつぎのとおりである．

> Sicut enim homo proficiscens vocavit servos suos et tradidit illis bona sua / Et uni dedit quinque talenta alii autem duo alii vero unum uniquique secundum propriam virtutem et profectus est satim / abiit autem qui quinque talenta acceperat et operatus est in eis et lucratus est alia quinque / similiter qui duo acceperat lucratus est alia duo / qui autem unum acceperat abiens fodit in terra et abscondit pecuniam domini sui / post multum vero temporis venit dominus servorum illorum et posuit rationem cum eis / et accedens qui quinque talenta acceperat obtulit alia quinque dicens domine quinque talenta mihi tradidisti ecce alia quique superlucratus sum (EVANGELIVM SECVNDVM MATTHAEVM, XXV, 14-20)（ある人が旅行に出かけるとき，僕(しもべ)たちを呼んで，自分の財産を預けた／それぞれの力に応じて，一人に

は五タラント, 一人には二タラント, もう一人には一タラントを預けて旅に出かけた〔タラント (tálanton; talentum) は古代ギリシャ・ヘブライの重量単位または重量相当の金貨や銀貨. 1タラントは約25キログラム〕. 早速／五タラントを預かった者は出て行き, それで商売をして, ほかに五タラントをもうけた／同じように, 二タラント預かった者も, ほかに二タラントもうけた／しかし, 一タラント預かった者は, 出て行って穴を掘り, 主人の金を隠しておいた／さて, かなり日がたってから, 僕たちの主人が帰って来て, 彼らと清算をはじめた／まず, 五タラント預かった者が進み出て, ほかの五タラントを差し出して言った. 「御主人様, 五タラントお預けになりましたが, 御覧ください. ほかに五タラントもうけました」).

僕たちの話を聞いた主人から返ってきたのは, つぎのような優渥(ゆうあく)なる労(ねぎら)いの言葉であった. しかも, それは五タラントといわず, 二タラントをもうけた僕についても同様である.

ait illi dominus eius euge bone serve et fidelis quia super pauca fuisti fidelis super multa te constituam intra in gaudium domini tui accessit autem et qui duo talenta acceperat et ait domine duo talenta tradidisti mihi ecce alia duo lucratus sum / ait illi dominus eius euge serve bone et fidelis quia super pauca fuisti fidelis supra multa te constituam intra in gaudium domini tui (*Idem*, XXV, 21-23) (主人は言った. 「忠実な良い僕だ. よくやった. お前は少しのものに忠実であったから, 多くのものを管理させよう. 主人と一緒に喜んでくれ」／次に, 二タラントを預かった者も進み出て言った. 「御主人様, 二タラントをお預けになりましたが, 御覧ください. ほかに二タラントもうけました」／主人は言った. 「忠実な良い僕だ. よくやった. お前は少しのものに忠実であったから, 多くのものを管理させよう. 主人と一緒に喜んで

くれ」).

ところが、一タラントの金を主人から預かっていた僕については、わがご主人どのは、如上の「良い僕たち（servi boni）」に対するのとは打って変わってつぎのようにいって厳しく詰(なじ)る。すなわち、

> accendens autem et qui unum talentum acceperat ait domine scio quia homo durus es metis ubi non seminasti et congregas ubi non sparsisti / et timens abii et abscondi talentum tuum in terra ecce habes quod tuum est / respondens autem dominus eius dixit ei serve male et piger et sciebas quia meto ubi non semino et congrego ubi non sparsi / Oportuit ergo te mittere pecuniam meam nummulariis[6] et veniens ergo recepissem utique quod meum est cum usura (*Idem*, XXV, 24-27)（ところで、一タラントを預かった者も進み出て言った。「御主人様、あなたは蒔かない所から刈り取り、散らさない所から集められる厳しい方だと知っていましたので／怖ろしくなり、出かけて行って、あなたのタラントを地の中に隠しておきました。御覧ください。こ

---

6) 元来"鋳貨（コイン）"や"小銭"を意味する"nummus"に由来する"nummularius"（ここでは与格の nummulariis）は「銀行」というよりはむしろ、両替商ないし貨幣取扱業者と訳出するのが適当であろう。もっとも、このラテン語の単語は俗語訳聖書でも"banca"、"banco"や"banque"、さらにラテン語からはほど遠い英語や米語でも"bank"と訳出されているので邦語訳に違和感を抱かなかったものと推察される（例えば、世界中の5つ星超高級ホテルから場末の安宿に至るまで、およそ宿泊施設という宿泊施設の必須アイテムのひとつである国際ギデオン協会（The Gideons International）版新約聖書を参照されたい）。だがここで指摘しておくべきことは訳語が正しいかどうかということではない。福音書にいう「銀行」がじつは広義の金融業者の範疇にふくまれ、今日の銀行に相当する業務の一部を担い、のちに金融業務の発展に寄与した金融業者であるといっても、近代的な「金融仲介業としての銀行（banque en tant qu'intermédiaire financier）」を指したものではないということである。要するに、いにしえの聖人たちが目のあたりにした"nummularius"は金融仲介業者としての銀行家（banquier）の成長と発展をうながす種々さまざまの金融業者の一部を形成したにすぎない。

れがあなたのお金です」／主人は彼に答えた．「怠け者の悪い僕だ．わたしが蒔かない所から刈り取り，散らさない所から集めるということを知っていたのか／それなら，わたしの金を，銀行に入れておくべきであった．そうしておけば，帰って来たとき，利息付きで返してもらえたのに」）．

この記述でとくに注意を要するのは人間と土地に関するところである．これらはいずれも神の所有するところであり，したがって「富」はなべて盗みの結果というように読めることである．富の源泉を「盗み」ではなく，「純生産物（produit net）」の生産にもとめたフランソワ・ケネーではあったが，土地や人間はこれを「神の摂理（providentia dei）」に自らの教義のバックボーンをもとめる根拠がこのようなところにある．すくなくとも土地についてはそうである．この点，商業社会あるいは資本主義社会では土地ないし土地ストック（fonds de terre）もひとつの「商品（merx: marchandise）」にすぎず，それ自体が売買の対象となると説くテュルゴーの土地所有観とは異なるのであるがここでは問わない．それはそれとして，「怠け者の悪い僕（servus malus et piger）」に話をもどせば，わがご主人どのはこういってかれを厳しく批難するのである――．

tollite itaque ab eo talentum et date ei qui habet decem talenta / Omni enim habent dabitur et abundabit ei autem qui non habet et quod videtur habere auferetur ab eo / Et inutilem servum eicite in tenebras exteriores illic erit fletus et stridor dentium（*Idem*, XXV, 28-30）（「さあ，そのタレントをこの男から取り上げて，十タレント持っている者に与えよ」／だれでも持っている人は更に与えられて豊かになるが，持たない人は持っているものまでも取り上げられる／この役に立たない僕を外の暗闇に追い出せ．そこで泣きわめいて歯ぎしりするであろう）．

如上のマタイの言葉は，「出エジプト記」のなかの源律法にもとづくものであるといわれる．したがって，イエスが生きて布教活動をしていた時代，そしてかれがローマに対する反逆者として訴えられ西暦 30 年ころエルサレム郊外で磔刑に処されたのちの時代になっても，くだんの源律法がまったく，あるいはほとんど遵守されていなかったことの「歴史的証言」といえるかもしれない．けだし，これと同様の記述がルカによる福音書の第 19 章のつぎの一節にもみられるもの当然といえば当然である．すなわち，

　　et quare non dedisti pecuniam meam ad mensam[7] et ego veniens cum

---

7) 　脚注 6 でも指摘したのと同様に，ギリシャ語の "*τράπεζα* (trapèze)" に相当する "mensa"——文中では前置詞 "ad" を加えて "mensam" と対格になっている——を「銀行」と訳出することは，社会科学的には適切とはいえない．なるほど現代ギリシャでも，2008 年の金融危機や 2010 年のギリシャ債務危機の発現と深化の影響によって経営破綻が懸念されるギリシャ中堅銀行エンポリキ・グループ（Banque Emporiki/Emporiki Bank）——フランス金融大手クレディ・アグリコール・グループ（Groupe Crédit Agricole）が 2006 年に買収するも，2012 年 8 月に売却を決定——のギリシャ語表記は "*Εμπορική Τράπεζα*" である．しかし現代の "*τράπεζα*" が如上の福音書のそれと同一ではないことは，ギリシャ人はおろかフランス人をはじめとするヨーロッパ人たちも承知している．それはいにしえの聖人の時代の "*τράπεζα*" とは異なり，近代的金融仲介業としての "*τράπεζα*" である．同様に，俗語の banca, banco, banque のもうひとつの語源といわれるラテン語の "mons（複数形 montes）" という単語を屋号とする，現存する世界最古の銀行イタリア中西部のトスカーナ地方を地盤とする MPS（シエナ銀行）グループ（Grupo MPS）についても，同行が 1472 年の設立当時の "Monte dei Paschi（慈善銀行）" とは似て非なるものであることぐらい，シエナ人であればだれでもが知っているはずである．要するに，屋号は同一でも中身は変わっているのである．しかるに，イタリア人，スペイン人，フランス人の場合，banca, banco, banque が「千載ののちまでも（How many ages hence）」（シェークスピア『ジュリアス・シーザー（*Julius Ceaser*）』第 3 幕第 1 場）語り継がれたとしても，その過去と現在とを明確に識別できるが，われわれ日本人にはできない芸当である．われわれの知る「銀行」なる単語は，イエズス会宣教師たちの鹿児島上陸から数えてじつに 300 年余の歳月を経て，いわゆる「文明開化」の波に乗ってヨーロッパから渡来した近代的金融仲介業としての「銀行」だけだからである．だがそれはそれ，むしろここで特記すべきことは，マタイによる福音書では "nummularius" であった単語がルカによる福音書では "mensa" と表記されていることである．フランスの経済学者・経済史家アシル・ドーファン＝ムーニエによると，"mensa" は「〔プトレマイオス朝〕エジプトのそれに類似した公立銀行

usuris utique exegissem illud（EVANGELIVM SECVNDVM LVCAM, XIX, 23）（ではなぜ，わたしの金を銀行に預けておかなかったのか．そうしておけば，帰って来たときに，利息付きでそれを受け取れたのに）．

以上，駆け足で経典の世界で利子，質草(しちぐさ)（担保物件）とそれをもとにした利殖行為がどのように描かれていたかをみてきた．結論を急げば，YHVH すなわち唯一にして必然的存在 YaHaVeH（ヤーウェー）の預言者モーセの御世(みよ)からイエスとその使徒の時代に至るまで，律法は遵守されていなかった．いや，そればかりか時代が下るにつれて，貸借取引が多様化かつ巧妙化して，金貸し業はますます繁盛していった．だが，それにもかかわらず後世とくに中世期のキリスト教神学者たちは付利禁止の根源的律法であるとする立場を一歩も譲らず，これを堅持するべく立法化を試みたのである．法定利子率の制定——東ローマ帝国皇帝ユスティニアヌス1世治世下で編纂されたローマ法大全（CORPVS IVRIS CIVILIS IVSTINIANE I）にその根拠をもとめたといわれる——は，その顕著な事例である．そして法定利子は，ジャン・カルヴァンがこれに異議申し立てをしたといわれるものの，大筋として18世紀末に至るまで踏襲されたのである．

(banques publiques)」(Dauphin-Meunier [1964], p. 29. 訳37ページ）であり，その起源はローマ紀元402（西暦紀元前352）年に遡るといわれる．"mensa"の名称は「その職員が仕事をした机（mensa）から来ている／この銀行の目的は〔属〕州の租税を集めて〔ローマ〕帝国の国庫に送り，帝国の工房（atelier）で鋳造された金貨を一般公衆に散布し，帝国内に流通している種々の貨幣の平価〔交換比率〕を保証することにあった」（Idem. 訳37-8ページ．ただし，引用文は邦訳とは同一ではない）．その意味からすれば，後世の「造幣局（Hôtel de la Monnaie）」ないし「中央銀行（banque centrale）」に近い存在であり，マタイによる福音書にいう"nummularius"はもとより，一般に金融業者または半商人・半金融業者を指す"argentarius"や"taberna"，それに帝国周辺の属州で主としてユダヤ教徒の経営する金融業者"negotiator"とは明らかに異なる．ともあれ，"nummularius"にしろ，"mensa"にしろ，いにしえの聖人たちとかれらの教えの記録者たちの残した言葉はそれぞれの時代相を映しており，神学や哲学の観点ばかりでなく，社会科学の観点からみても興味をそそられる．なお，以上については，Rivoire [1994], pp. 6-11 もあわせて参照されたい．

2. アングレーム事件（1769年）の深層と顚末——テュルゴーの「覚書」を読む

本論の冒頭でみたルカによる福音書にいう"Mutuum date nihil inde sperantes"が「戒律」であるかどうかは議論の余地があるが，18世紀フランスの偉大な思想家モンテスキューは大著『法の精神（De l'Esprit des lois）』第22編第19章「利付き貸付について」のなかで宗教上の「勧告」にすぎないといってはばからない．すなわち，「他人に自分の金を無利子で貸すのはたしかにきわめてよい行いである．だが，それは，たんに宗教上の勧告でしかありえず，市民法（loi civile）ではありえないことに人々は気づいている」[8]．けれども先に引用したシェークスピアの『ヴェニスの商人』のシャイロックがそうであるように，それが古来「勧告」であって，「法」ではないとしても，金貸したちの行為は神の教えどころか人倫に悖る「悪魔の所業」と見做されてきた．罪深いのは貸し手である金貸したちであり，借り手には罪がなく，かれらは金貸したちの犠牲者であった．ふたたびシェークスピアから引用すれば，「それ，金だ，人の心には毒より恐ろしい毒……」（『ロミオとジュリエット（Romeo and Juliette）』第5幕第1場）ということであろう．もうひとつ，サー・ウィリアム・ペティがシェークスピアよりも高く評価し愛したモリエールの名作『守銭奴（L'Avare）』の主人公アルパゴンが己の吝嗇ぶりを棚に上げて借金の取り立てにきた連中に向かって吐いた捨て台詞はユーモラスではあるが事の本性を見事に言い当てていると思われる．「この連中はほかにいうことがないとみえる．カネ，カネ，カネ……何かにつけてカネのことばかり．カネ！　これが奴等の守り刀というわけか！」．

はたしてそうであったのだろうか．問題はなべて貸し手サイドにあったのであろうか．本論のテーマである1769年フランス西部アングモワ地方の都

---

8) Montesquieu [1748], p. 675. 訳513ページ．

市アングレーム(現シャラント県の県都)で起きた,貨幣の借り手が貸し手の金融業者を手玉に取った詐欺事件の経緯と顛末をみれば,貸し手が貸し手であれば,借り手も借り手といわざるを得ないのが現実である.本件の一部始終は,1770年に時のリモージュ地方長官アンヌ・ロベール・ジャック・テュルゴーがグート師——のちにアルジリエ主任司祭,フランス革命前夜に憲法制定国民議会(Assemblée constituante)の議長——を介して,テュルゴーの知人で時の財務総監エティエンヌ・メノン=ダンヴォーの命を受けて作成した,全53のパラグラフからなる比較的長文の報告書——「貨幣貸付に関する覚書」(以下「覚書」と略記)——のなかでつまびらかにされている.すなわち,テュルゴーは「覚書」のなかで事件の原因究明にとどまらず,これを理論的に掘り下げて分析し,そのうえで爾後同種の事件の再発を防止すべく貨幣貸付にかかる法改正のための政策を具申している.

もっとも,如上の「覚書」をここで取り上げる最大の理由のひとつは,リモージュ地方長官の詳細にして要を得た事件報告もさることながら,事件を生んだ背景や諸事情などを分析するなかで貨幣貸付論や利子論がかれの代表作である『諸省察』のなかで展開したそれとの間の論理的整合性を考察するうえで有益と考えられるからである.いまその結論を先取りしていえば,テュルゴーは『諸省察』のなかで論じた利子論を「覚書」でよりいっそう理論的に精緻化しているということである.

それではフランス西部の都市アングレーム事件とは一体どのような事件であったのであろうか,それはなぜ,どのようにして生じて,どのように終熄し,そしてどのような結果をもたらしたのであろうか——.われらがリモージュ地方長官の報告書によると,アングレーム市は経済的にそれほど恵まれた都市とはいえず,製紙業,武器製造のための冶金業それにアルコール類の販売などが主たる産業であった.しかもその多くは経営基盤の虚弱な中小の製造業主や商人によって営まれ,事業主の経営破綻も決してめずらしくなかった[9].事件は破綻した企業主T-P某と,元旅籠屋主人T某のふたりが仲間の数名と共謀して手形を偽造し,これを貸金業者に持ち込み融資を受けた

ことからはじまる．前二者はその事業がすでに破綻していたにもかかわらずこれを隠蔽し，あたかも事業を継続する事業者，企業者であるかの風をよそおっていた．しかもかれらが当地の貸金業者にくだんの偽造手形を持ち込むさい，これに仲間うちがそれぞれに裏書して貸金業者を信用させるという計画性と巧妙ぶりを発揮したのである．

一方，貸金業者は持ち込まれた手形を割り引いて金を貸し付けるさい，当地の企業主の経営基盤が虚弱であり，かれらの「支払不能に陥る可能性（insolvabilité）」がきわめて高いことに鑑みて，法定利子（通常 4 ないし 6 パーセント）を上回る利子率を適用していたとされる．つまり，テュルゴーがいみじくもいうように，商業活動が未発達で資本の絶対的不足をつねとする当地アングレームにおいて貸金業を営む金融業者は必然的に自ら負うであろう高いリスクに対する代償としてより高い利子率を課す，いわば「ハイリスク・ハイリターン（gros risque et gros profit）」ビジネスとならざるを得なかった[10]．見方を換えていうならば，貸金業者は「高利貸し」ということになるかもしれない．本件の発端は一にこの点に起因する．

くだんの詐欺一味（cabale）は，ほかにも商人たちを引き入れて別の詐欺集団を組織していたようであるが，一味の首領格ヌエル某は融資の返済期限の近づいた時期に当地の有力者であり貸金業を営んでいたシェナンサック家を，1769 年 9 月 26 日に法律違反の「高利」で金を貸していたとしてセネシ

---

9) Turgot [1770a], pp. 156-7. ちなみに，アングレーム市は今日に至るもどちらかというと経済的に遅れた都市という特質は変わっていない．1980 年代にフランソワ・ミッテラン政権下の地方分権化法施行後，市財政が破綻し，財政再建団体の指定を受けたフランス最初の地方自治体（commune）となった．

10) *Idem*, p. 157. もっとも，資本不足は当地の企業者や商人たちに限ったことではなかった．テュルゴーの「覚書」によると，なかでも首都パリ周辺の状況はより深刻で，中小の企業者や商人の懐中が空であることに付け込んだ貸金業者は年 10 パーセント超の利息を課していたといわれ，なかには年利ではなく週単位で利息を徴収するというものさえあったという．例えば，貸付金 1 エキュ（3 リーヴル銀貨）につき 2 スー（1 スーは 20 分の 1 リーヴルに相当）の利子が週ごとに課せられた．これを年利に換算すると，借り手は借入金 100 リーヴルにつき元利金あわせて 173 リーヴル 3 分の 1 を貸し手に支払わなくてはならなかったという（*Idem*, p. 165）．

ャル裁判所（sénéchal）に告発したのである[11]．本件にかかる地方裁判所での審理経過は省略し結論を摘記すれば以下のようである．すなわち，本件の担当判事 T 氏はシェナンサック家に法律違反の廉で「有罪」とし，かつ詐欺師たちに 60,000 リーヴルの支払いを命じる判断を下した．要するに，詐欺集団はなんなく貸金業者から「分捕り品」を手にすることを得たのである．一方，シェナンサック家は「高利貸し」という緋の烙印を押されたうえ，多額の損失をこうむることになった．

この成功に味をしめ勢いづいた詐欺団は，当地の商人や企業主たちを抱き込んで他の貸金業者に対しても同様の手口で高利を「告発」している．しかもその手口はしだいに巧妙になり，かつ要求内容もエスカレートしている．それゆえ，すくなからぬ貸金業者が「高利告発」の犠牲となったのであるが，特筆すべきはシェナンサック家がまたしても詐欺集団の餌食となったことである．以下は詐欺一味がシェナンサック家の当主に送りつけた書状の一節である．すなわち，

> 1763 年 12 月 20 日，M-C の裏書きする M-B 宛て〔約束〕手形（額面 1,000 リーヴル）につき，貴殿は小生から 60 リーヴルを受け取りました．小生は 30 リーヴルの返還と 18 リーヴルの利息を要求します．もしも貴殿が小生に当該金額の返還なき場合，昼食後ただちに本件の証文を手にするためにリュエルに赴き，これを〔裁判所に〕持参して貴殿を告発する旨を通知します．小生，礼儀をわきまえ諍いをこのまない質(いさか)（honnête homme）ではありますが，貴殿がそのような小生の言葉を信頼いただけないからには，右のとおりにいたす旨をご承知おきいただきたい[12]．

本状の文面は誠実な人間（honnête homme）——"宮廷人の典型"という

---

11) *Idem*, p. 159.
12) *Idem*, p. 161.

意味もある——を気取ってはいるが，紛うかたなき「恐喝 (chantage)」である．ここに書かれている「手形」云々のくだりは6年前，つまりシェナンサック家の先代が行った貸借取引のことを指す．詐欺一味はどこからか本件にかかる証書を手にし，これをネタにシェナンサック家の当主を「告発」すると脅しをかけたのである．しかもくだんの「誠実な人間」はあろうことか，本来なら借り手が2,000リーヴルを超える遅滞金を支払わなくてはならないにもかかわらず，資金を貸した父親になり代わりそのむすこに「返還」を要求したのである．アングレームの地方裁判所がいとも簡単に高利告発に耳を貸すため，一方では盗人・詐欺師たちはますます貪欲かつ執拗となり，もう一方であらゆる貨幣貸付業者は「高利」の二文字に心底震え慄くといった状況が形成されたのである．もっとも，のちに高利告発が偽装と判明し，詐欺集団のメンバーは逮捕されるが，一方の貸金業はといえば法定金利を超える貸付利息を課したことに変わりなく，結局のところ，その罪を完全にまぬかれることはなかった．

　以上，アングレーム高利告発事件をかいつまんで紹介してきたが，テュルゴーは一連の経過を報告したのち，その根柢に貨幣利子に関する当時の法律に不備・欠陥があり，それが一連の事件を引き起こしたといって法改正をふくむ貨幣貸付ならびに利子の規定の制定を提言している．この部分のテュルゴーの見解は自ら「忌憚のないところを申し上げます」といっているとおり，いつになく歯切れがよく明晰かつ当を得ている．聖職者の道を断念し，パリ高等法院 (Parlement de Paris) で官界への第一歩を踏み出したのち，リモージュ地方長官の要職を拝命して当地の経営に意を尽くす能吏としてのテュルゴーの面目躍如といわなくてはなるまい．やや長くなるが引用しておこう．すなわち，

　　裁判所の認めた一連の法律は間違っています．わが王国の法制は〔中略〕神学者が無知のゆえに何世紀にもわたる利子への強い偏見にもとづいて定めれらたものです．これらの法律を厳守するとなると，商業とい

付論 II. テュルゴー利子論への補遺

う商業はなべて崩壊するでありましょう．詰まるところ，法律は厳守されていません．すなわち，それらは資本の譲渡（sans aliénation du capital）をともなわない〔貨幣貸付の〕付利をふくむあらゆる利子の規定を禁じています．〔裁判所の判断はブロワ〕王令（Ordonnance de prince de Blois）の定め以上に厳しく，貸付利子をすべて不正として禁じています．ご高承のように商取引の大部分が資本の譲渡をともなわずに借り入れた資本のうえに営まれることなく，したがってまた利子も〔商取引の〕場での貨幣の多寡や借り手の支払能力によってではなく，〔法的な〕取決めによって調節されるような商業の地（place de commerce）など，およそこの世に存在しません[13]．

ここでのテュルゴーの主張のポイントは，高利貸しと商業活動に特有な資本の譲渡をともなわない貨幣貸付——利付貸付——とは異なるというころにある．そしてこれをさらにつき詰めていうなら，付利禁止の適用範囲と法定利子の見直しへと至るのであるが，テュルゴーが報告書の結論部分でつぎのようにいうのはけだし当然至極であろう．

本書の主目的を要約し，小官の愚見を申しのべますならば，当地アングレームのセネシャル裁判所にて係争中の高利告発を国務顧問会議に諮ること，および同会議に本件に関する特別委員会を立ち上げこれに審理を

---

13) *Idem*, p. 163. これと同様の主張はのちのパラグラフでも認められる（*Idem*, p. 168 参照）．なお，テュルゴーがここで「ブロワ王令」といっているのは，アンリ2世とカトリーヌ・ド・メディシスとの間に生まれたヴァロワ王朝最後の国王アンリ3世が，兄のシャルル9世（在位1560-74年）の死後に王位を継承して間もない1579年に，フィリップ4世美男王（在位1285-1314年），"民衆の父"ことルイ12世（在位1498-1515年）の王令などに倣って制定した王令を指す．同王令の第202条はそれまでよりも厳しく付利を禁じている．ちなみに，「ブロワ」はアンリ3世の居城の所在地ブロワ——ヨーロッパ中でも名城のひとつに数えられるお城（ブロワ城［Château de Blois]）の城下町というよりも，神の啓示を受けたジャンヌ・ダルクが英仏百年戦争末期の1429年にイングランド軍との戦闘に赴くさい，時のランス大司祭がオルレアンの少女の旗印に祝福をあたえた地として著名——で公布されたことに由来する．

行わしせしめること——この2点につき提案いたしたいということであります．また当該委員会は同時に，商業上の利付貸付の慣行を定着させるための王令の作成作業を担当するものといたします[14]．

アングレーム事件はそうした高利貸しと資本の譲渡をともなわない貨幣貸付とを混同し，企業者たちがその商業活動に必要な資金の採入れの途を法律によって塞いでしまったところに，その根本的な問題があった．リモージュ地方長官テュルゴーはそのことを説明するのに「『法の精神』の著者 (l'auteur de *l'Esprit des lois*)」の言葉と断ったうえでつぎのようにいう．すなわち，「法律が必要なことがらを禁じれば，それを行う者を不正直にするだけであります」[15]．

テュルゴーによれば，そもそも商事上の法規定では資本の譲渡をともなわない利付貸付はこれを容認しているのに対して，裁判所サイドは利子一般を否認し，利息が元金 (capital) に充当されるという立場をとっていた．それゆえ裁判所は資本の譲渡をともなわない貸付利子も「高利」に相当し刑罰の対象となるという判断を示したのである．すなわち，初犯の刑罰は加辱刑 (amende honorable)，国外追放，罰金などであり，また2度目すなわち再犯の場合には民事上の諸権利剝奪 (mort civile) へと導く財産の没収，無期徒

---

14) *Idem*, p. 202. 詳細は割愛するが，テュルゴーは1770年4月24日にグート師に書簡を送り，アングレーム事件を教訓とする利付貸付に関する国務顧問会議の裁決 (Arrêt du Conseil évoquant l'affaire des banquiers d'Angoulême)」を論評し，同会議の裁決を概ね評価しているといってよいであろう．なお，この点に関しては，さしあたり，Turgot [1770e] を参照されたい．

15) Turgot [1770a], p. 164. もっとも，テュルゴーの引用 (quand les lois défendent une chose nécessaire, elles ne réussissent qu'à rendre malhonnêtes gens ceux qui la font) は正確ではなく，モンテスキューの文言どおりではない．念のため『法の精神』第20篇第20章の当該箇所を示せば以下のとおりである——．"toutes les fois que l'on défend une chose naturellement permise nécessaire, on ne fait que rendre malhonnêtes gens qui la font（本来的に必要と認められたことがらを禁ずれば，その度ごとにそれを行う者を不正直にするしかない）" (Montesquieu [1748], p. 639. 訳506ページ．ただし引用文は邦訳とは同じではない).

刑（世が世であれば奴隷とともにガレー船を漕ぐ刑に処せられる），無期限国外追放といったより厳しい刑罰が待っている[16]．けだし，アングレーム事件のさいシェナンサック家をはじめ，当地のすくなからぬ貸金業者が恐怖のどん底に陥ったのも無理からぬところであった．そしてそれが詐欺一味の付け目でもあった．

　いずれにせよ，そうした罰則を盛り込んだ（ブロワ）王令の文言をもとに神学者たちや法曹家たちが「高利」とみる貸付のケースとそれ以外のケースとを混同することは，とりも直さず商業という商業をなべて破壊へと導くことになる．もちろんテュルゴーといえども，ルカによる福音書の「何も当てにしないで貸しなさい」に配慮していないわけではない．このことは『諸省察』なかでも認められるところであり，とくに『諸省察』がフィジオクラート派の機関紙『市民日誌（*Éphémérides du citoyen*）』に1769年末から翌年にかけて掲載されるさい，かれの友人で同誌の編集者であったピエール=サミュエル・デュポンが『諸省察』のオリジナルテキストから削除した「第75節　ある異論への回答（§ LXXV.- Réponse à une opposition）」のなかでくわしく論じられている（本節は付論末尾の〔付録〕に収録）[17]．

　本節について，テュルゴーは1774年3月に秘書のアントワーヌ=ベルナール・カイヤールに送った書簡のなかでいうように，当初はかれの利子論への

---

16) Turgot [1770a], p. 164. テュルゴーがここでいっている刑罰は，脚注13で紹介したブロワ王令第202条の規定である．

17) テュルゴーが『諸省察』の原稿を脱稿したのは1766年11月とされるが，それが『市民日誌』に掲載されたのは1769年11月から翌年1月であった．ただし，テュルゴーが原稿を同誌に入稿したのはそれよりもはるか以前であり，1769年12月にデュポンに宛てた書簡のなかで掲載の遅れを質し早期掲載を催促するとともに，原文どおりに掲載することを要求している（Turgot [1769], p. 73）．もっともその後，テュルゴーが1774年3月に秘書のアントワーヌ=ベルナール・カイヤールに送った書簡（Turgot [1774a]）のなかでは，デュポンが第75節を削除したことに関して大筋として諒解する旨をのべている．このため，現在ではデュポン版全集ほか，これを受け継いだデール=デュサール全集，さらにギュスターヴ・シェル版全集でも『諸省察』はオリジナルの第75節を収録せず，全篇100節としている．なお，テュルゴーのオリジナルテキストの解説については，さしあたり，Lundberg [1964]；手塚 [1926] を参照されたい．

神学者たちの批判に答える意図をもっており，そしてこの問題を論じるにふさわしい人物がたとえ時のリモージュ地方長官を措いてほかにいなかったとしても，「そうした神学論はいまにしてみれば〔『諸省察』の読者の〕思考の糸を断つ」[18]——という惧れがあるといって，デュポンが本節を『諸省察』のオリジナルテキストから削除したことを結果的に容認している．ことほどさように，テュルゴーがオリジナルテキストの第75節で論じようとしたテーマは，ルカによる福音書第6章第35節にいう"Mutuum date nihil inde sperantes（何も当てにしないで貸しなさい）"を「厳格に解釈する人間たち〔神学者たち〕による法の適用範囲がいかに間違っているか，そしてそれが福音書の意味するところといかにかけ離れているか」を究明することにあった．テュルゴー自ら認めるように，本節の議論は，例えばギュスターヴ・シェル版テュルゴー全集収録の『諸省察』第72節「貨幣貸付利子に関する誤った見解」および第74節「教条主義的神学者の反論の誤謬」のなかでも認めることができ，現行の『諸省察』の諸節ではオリジナルテキストの第75節におけるよりもパリ大学神学部の同窓たちを容赦なく痛烈に論難している．しかし，そのいずれにせよテュルゴーの結論はつぎとおりであった．すなわち，

〔ルカによる福音書の教える〕利子を取らずに貨幣を貸す義務と利子を取って貨幣を貸すことの義務とは明らかに相互に関連する．すなわち，これらふたつは同じ規範に属し，しかもそのいずれも寛容の精神の定めるところより発するのであるが，しかし貨幣が貸し付けられるあらゆる事由に適用される厳格な法の定めより発するものではない[19]．

---

18) Turgot [1774a], p. 675.
19) 本論末尾の付録を参照されたい．ちなみに，このパラグラフを『法の精神』の著者であるラ・ブレードおよびモンテスキュー男爵どの一流の表現を拝借すればつぎのようになろう——．「もっとも広い意味において，法律（lois）とは事物の本性に由来する必然的関係のことである（原注）．この意味では，あらゆる存在が法をもつ．神は神の法をもち，物質界は物質界の法をもち，人間にまさる知的存在（天使）はその

要約しよう．教条主義的神学者たちが"梵の真言（mantra）"よろしく唱えて止まないルカによる福音書のなかの"mutuum（消費貸借）"と商業社会における資本の譲渡をともなわない貨幣貸付（prêt d'argent sans aliénation du capital）とは明らかに異なるということである．かれら教条主義的神学者たちによる福音書の理解と解釈は，事柄本来の意味するところを省みない金銭貸借や貨幣利子に関する度し難いまでの偏見にもとづくというのである．くり返しになるが，アングレーム事件はそうした偏見が生んだ産物であった——これがテュルゴーのいわんとするところである．

3.「覚書」における利子論の意義と問題——『諸省察』との関連を中心にして

以上，テュルゴーの「覚書」をもとにアングレーム事件の発生と経緯についてみてきた．かれはこのなかでただ単に事件経過を報告するだけでなく，その根柢にある法律上の不備や欠陥に言及しつつ法改正の必要性を強く上書したのであったが，ここで注目すべき最大のポイントは貨幣貸付や利子に関する主張の論理性であり，それがテュルゴーの提言に強い説得力をもたせていることである．もちろん，テュルゴーの優れた利子理論はこの「覚書」のなかではじめてみられたものではない．かれの代表作『諸省察』のそれがあってはじめて可能であった．のちにくわしくみるように，テュルゴーが「覚書」のなかで論じた利子論は大筋として『諸省察』のそれを取り込んで展開されている．その意味からすれば，前者の利子論は後者のそれを継承・発展させたといえるかもしれない．しかし同時にまた，「覚書」と『諸省察』の間には矛盾とはいえないものの，ある種の齟齬が認められることもまた否定することができない．

周知のように，テュルゴーの『諸省察』の最大の功績は，資本理論に関す

法をもち，禽獣は禽獣の法をもち，そして人間は人間の法をもつ（原注）」(Montesquieu [1748], p. 232. 訳369ページ）．

る分野にあり，自らそのことを 1766 年 12 月にピエール=サミュエル・デュポンに送った書簡のなかで，「資本の形成とその運動，貨幣利子などに関しては徹底的に論じました．それはひとつの概観（canevas）です」[20]とのべていた．その意味するところは，テュルゴーが"メントール（Mentor）"と仰ぎ生涯敬愛してやまなかったジャック・ヴァンサン・ド・グルネーの提唱した新しい富の概念としての「資本（capital）」の精緻化にあり，貨幣の積極的機能に基礎を置く資本概念の定位と，これを分析の中心とする商業社会の社会的再生産と流通，したがってまた一国における富の形成と分配のプロセスがくり返されるという商業社会もしくは市場経済社会の本質的理解を試みたことを指すものである．それは，とどの詰まり，一国の富の形成と分配が資本・利子関係として把握されることを明らかにしたといってよい．テュルゴーが「覚書」のなかで問題にしているのは，教条主義的神学者たちのいうような"mutuum（消費貸借）"ではなく，商業社会に特有な「資本の譲渡をともなわない貨幣貸付（prêts d'argent sans aliénation du capital）」である．つまり，貨幣貸付とは資本（貨幣）の「使用権」の売り手と買い手の関係であり，したがってまた貨幣利子は使用権の価格（もしくは対価）である．テュルゴーはそのことをほぼ 3 年前に仕上げた『諸省察』のなかで明らかにしていた．例えば，『諸省察』第 71 節にはつぎのような記述が認められる——．

> 有利子貸付は明らかにひとつの商取引にほかならない．この取引では，貸し手はその保有する貨幣の**使用権**（usage）を売る人間のことであり，借り手はこれを買う人間である．この関係はあたかも土地所有者とその

---

20) Turgot [1766b], p. 519. なお，グルネーの経済思想や経済理論については，Gournay [2008 (1754)] を，グルネーの評伝や経済思想の研究については，Schelle [1897]; Perrot [1993]; Meyssonnier [1993; 2008] などを参照されたい．また，邦語の研究としては，手塚 [1927] を参照されたい．手塚論文はこの分野では戦前・戦後をつうじてわが国唯一の優れた研究業績であり，高く評価されなくてはならない．このほか，本書の付論 I「チャイルド—グルネー—テュルゴー」は上記の研究業績を批判的に検討したものである．あわせて参照されたい．

借地人が貸借に供される土地ストックの**使用権**を売り買いするのと同様である（文中ゴチック体は原文イタリック体．以下同）[21]．

　それゆえテュルゴーにあっては，利子（率）とは一義的にはつぎのような原則によって決定される．かれはこのことを『諸省察』第72節「利子率に関する誤った見解」の一節でこういっている．すなわち，「〔貨幣貸付〕の対価は他のあらゆる商品と同じように，売り手と買い手の間の交渉によって，需要と供給のバランスによって決まる」[22]と．いまもしもテュルゴーのいうとおりであるとすれば，貸し手が借り手に対して貨幣利子を要求する根拠は一体どこから生じるのであろうか．この問いに対して，かれは同じ節のなかでつぎのように記している――．

　　〔貸し手の〕貨幣はかれのものである．貨幣が貸し手のものである以上，これを手元に置くことはかれの自由である．自ら保有する貨幣を貸し出す義務を課すものは何もない．したがって，もしかれが自己の資本を貸し出すとすれば，自らののぞむ条件でこれを行うことができる[23]．

　だからテュルゴーがつづく第75節でつぎのようにいうのは至極もっともなことといわなくてはならない．すなわち，

　　貸し出された貨幣の利子は需要と供給とのバランスによって決定される．それゆえ，貨幣を需要する借り手が多ければ多いほど，貨幣利子はそれだけ高騰する．貸出を行う貨幣の所有者が多ければ多いほど，利子は低落する〔中略〕．それは，他のあらゆる商品と同じように，自主的に決定される市場価格である．この価格は貸し手が自らの資本の喪失に備え

---

[21]　Turgot [1766b], p. 577.
[22]　*Idem.*
[23]　*Idem*, p. 580.

た安全性（sureté）〔の程度〕に応じて多少なりとも変動する[24]．

こうした主張は『諸省察』脱稿から数えて3年余ののちに作成された「覚書」でも踏襲されているばかりか，文章表現がより厳密かつ当を得たものとなっている．例えば『諸省察』でみられた貨幣貸付や利付貸付は，「覚書」では「資本譲渡をともなわない貨幣貸付（もしくは利付貸付）」といった表現にあらためられている．これは商業社会における貨幣貸付が貨幣ないし資本の「使用権」の売買であることを強調するうえできわめて意味があるといえよう．けだし，テュルゴーの利子論を批判対象とする同窓の神学者たちへの有力な反論を意識し，かれらとの間に一線を画することを可能としたといってよいであろう[25]．そしてかれの試みは成功していると考えられる．

だが，問題はその先である．という意味はこうである．すなわち，かれは『諸省察』第88節のなかで利子率の商業社会における役割を論じたうえで，「貨幣の市場利子率は資本の寒暖計と見做すことができる．それは一国がその土地耕作，製造業および商業の企業に供給可能な〔資本の多寡の〕度合いを計測する尺度である」[26]という．その意味するところは，利子率が資本の社会的配分の，したがってまた生産資源の社会的分配の機能をもつということである．テュルゴーの考えによれば，利子率は企業者の収益を目的とする活動を調整する投資選択基準だからである．そしてかれがここで投資基準ということの謂いとは，企業者の収益が市場（実勢）利子率を上回るか，さもなければこれと等しくなる投資だけが行われる，というところにもとめられる．テュルゴーが如上の「覚書」のなかで「商取引において利子は貨幣〔の使用権〕の価格です．この価格は〔アングレームにおける〕一連の事件の経過〔の判断〕と商業上の討論にゆだねられなくてはなりません」[27]という場

---

24) *Idem*, pp. 580-1.
25) テュルゴーは「覚書」第25パラグラフから第30パラグラフにかけて「教条主義的神学者の誤った見解」を批判している．この点に関しては，Turgot [1770a], pp. 172-87 を参照されたい．
26) Turgot [1766b], p. 592.

付論 II. テュルゴー利子論への補遺

合，『諸省察』での議論を踏まえたものであり，ある種の法曹家たちや神学者たちの主張する「付利禁止」の理論的根拠を批判し法定利子の廃止をふくむ法律改正をパリの中央政府に具申する根拠ともなっている．

ことほどさように，テュルゴーは「覚書」のなかで「法律が必要なことがらを禁じれば，それを行う者を不正直にするだけであります」というばかりか，こうした「法律を守るとなると，商業という商業はなべて崩壊するでありましょう」とのべていた．なぜならば，「商取引の大部分が資本の譲渡をともなわず借り入れた資本のうえに営まれることなく，したがってまた利子も〔商取引の〕場での貨幣の多寡や借り手の支払能力によってではなく，〔法的な〕取決めによって調節されるような商業の地など，およそこの世に存在」しないからである．この点は『諸省察』の利子論と「覚書」の利子論との間の相違を考えるうえで重要である．テュルゴーは「覚書」のなかで商業社会では経済主体である企業者の大部分——それが農業，工業，商業の企業者であることを問わない——が資本の所有者つまり資本家から貨幣を借り入れていることを前提にしているからである．これに対して，『諸省察』では，上記とは異なる主張をしているかのようにみえる．例えば，テュルゴーは第 99 節でつぎのようにいっている．

> 土地の耕作企業者たちはほとんど〔外部からの貨幣の〕借り入れを行わず，そのすべての経営はかれらの資本だけで成り立っている．自らの財産を強固にすることを欲するし〔中略〕借入資金による経営に意を用いる〔工業や商業などの〕他事業の企業者たちは失敗する危険性がきわめて高い[28]．

このパラグラフを卒然として読むならば，貨幣貸付資本家は工業や商業の企業者に貨幣を貸し付けない——すくなくとも躊躇するのが当然であるかの

---

27) Turgot [1770a], p. 191.
28) Turgot [1766b], p. 601.

ようにテュルゴーが主張しているとみえないこともない．ことほどさように，例えば山口正太郎は「チュルゴー〔テュルゴー〕の『富の形成と分配』」と題する論文においてこのくだりをもって「チュルゴーの貨幣論に於いて，我々は從來重農學派の人々によつて看過せられた貨幣の偉大なる職能に就いて新しく開拓された途を発見し，チュルゴーが此の派と決袂する事の所以を知ることが出來るのである」とテュルゴーの議論を高く評価しつつも，結局はテュルゴーが貨幣機能を流通手段のほかに見出そうとしない「重農學派の陣営に歸つたのである」[29]という解釈をしている．また渡辺恭彦はその論文「テュルゴーの経済理論の思想的構造」のなかでこう断言していた．すなわち，テュルゴーは「〔フランソワ・〕ケネーの重農主義的限界を超えようとした」にもかかわらず，結果としてケネー流の農業に「限定された資本の概念を彼独自の純生産物と結びつけた農業以外」[30]の資本を認めないことになったと．

　しかしながら，テュルゴーのいう「土地の耕作企業者たちはほとんど〔外部からの貨幣の〕借り入れを行わず，そのすべての経営はかれらの資本だけで成り立っている」は事実として正しくない．かれがここで想定しているのは，ご多分にもれず「領主が地主〔土地所有者〕」へと変貌をとげて自らが企業者となるケースである．ありていにいえば，「農業資本家的企業者 (capitaliste entrepreneur d'agriculture)」のケースであると推察される．ところが，そうした芸当はかなりの大貴族か資産家でもなければとてもできない相談であって，わがラ・ブレードおよびモンテスキューの男爵どののような地方——かれはフランス南西部ペリゴール地方の出身である——の中堅貴族や中規模土地所有者または中小の資本家的農業企業者は往々にして資金繰りに難渋し，貨幣貸付資本家に依存することがすくなくなかった．それにまた，「借入資金による経営に意を用いる」工業や商業などの「他事業の企業者たちは失敗する危険性がきわめて高い」とのべているけれども，そのことはテ

---

29) 山口 [1930]，95 ページ．
30) 渡辺 [1967]，106 ページ．

ュルゴーが企業者を農業分野に限定した結果でもなければ，工業や商業などの企業者の資金借入を排除するものでは断じてなかった[31]．

先に指摘したように，工業や商業の分野の企業者たちが「失敗する危険性がきわめて高い」という場合，それはかれらの企業活動のリスクについて言及したものとみなければならない．そうでなければ，貨幣の貸し手はただでさえ農業分野でも資金需要がないところに加えて，リスキーな工業や商業などの企業者たちに資金を提供できないとなれば「商売も上がったり」になるはずである．実際，テュルゴーは貨幣利子率が一義的には市場での需要と供給のバランスによって決定されるが，「貸し手の資本の喪失に備えた安全性〔の程度〕に応じて多少なりとも変動する」といっていた．テュルゴーがここでいう「安全性（sureté）」とは，借り手の支払能力（solvabilité）や信用力（crédibilité）のことであって，だからこそうえの引用文のあとつぎのように主張するのである——．すなわち，借り手たちの「安全性〔信用力ないし支払能力〕」が等しければ，利子率は資金量の多さと資金需要に応じて決定される」[32]．言葉を換えていうなら，このことは貨幣貸付資本家（capitaliste prêteur d'argent）が企業者に資本を貸し付けるさいに，当該企業者の経営にかかるリスクを上乗せすればすむ問題である．現代の教科書風に表現すれば，当時は第一級の安全資産であった土地ストックに比較して企業者の資産はなおリスキーであり，農業セクター以外の企業者からいわばその代償として「リスク・プレミアム（prime de risque）」を取得するということでもある．

もちろん，資金の出し手である貨幣貸付資本家サイドからみれば，アングレームのケースとは違った意味で商工業の企業者への貨幣貸付は「ハイリスク・ハイリターン」ビジネスであったかもしれないが，一方で当時の企業者たちの多くが，経営基盤が虚弱で「失敗する危険性がきわめて高」かったこ

---

31) この点については，さしあたり，Murphy [2004; 2009b] などを参照されたい．なお，のちにみるように，テュルゴーは「覚書」のなかではこれとはあい異なることを記している．

32) Turgot [1766b], p. 581.

ともまた否定できない事実であろう．それでもなお，テュルゴーが「覚書」のなかでいう「商取引の大部分が資本の譲渡をともなわず借り入れた資本のうえに営まれることなく，したがってまた利子も〔商取引の〕場での貨幣の多寡や借り手の支払能力によってではなく，〔法的な〕取決めによって調節されるような商業の地など，およそこの世に存在」しないのくだりは，畢竟，商業活動全般についての神学者たちの無知への誅筆ともいうべき痛烈な批判と理解すべきであろう．

はたしてそのような理解が可能であるとすれば，企業者を農業資本家的企業者に限定し，それ以外の工業や商業などの企業者の活動を認めなかったとする山口や渡辺のような主張は当たらない．ましてやテュルゴーが「ケネーの重農主義的限界」を超えられなかったとの解釈が成り立とうはずもない．なるほどテュルゴーの『諸省察』における表現に難があるし，説明不足の謗りをまぬかれないこともたしかである．テュルゴーの説明不足が後世の研究者たちをしてその想像力をたくましくさせる遠因といえるかもしれない．だが，かれらの想像力は『諸省察』のほかのテキストを参照する労を厭ったことの産物以外の何物でもない．そもそもテュルゴーが『諸省察』第99節で「借入資金による経営に意を用いる〔工業，商業などの〕他事業の企業者たちが失敗する危険性がきわめて高い」の一節のみを拠りどころとして，すべての商工業企業者が「失敗」して農業企業者にシフトすると解釈するのは紛うことなき思考の短絡であるといわなくてはなるまい．それはあくまでも可能性の問題であって，現実的問題を論じたものではないからである．

ひるがえって，農業資本家的企業者をみても，工業や商業などの産業分野の企業者たちのように「借り入れ資金に意を用いる」ことがないかといえば，かならずしもそうとはいえないであろう．ことほどさように，テュルゴーは「覚書」のなかでつぎのようにいっている．すなわち，

　　　企業者が貨幣を借り入れないような商業の地はこの世に存在しません．
　　　他人の懐中物（bourse de l'autrui〔貨幣貸付〕）に頼らなくてもすまさ

れるというような商品取扱い業者はおそらくただのひとりもおりません．もっとも豊富に資本を保有する人間たちでさえ，こうした資源〔貨幣貸付〕を必要としないと自らが進んで確信できるのは，〔前貸しされず〕遊休している資金 (fonds loisifs) の一部を保持している場合，したがってまた自己の事業規模を〔拡張するのではなく〕縮小する場合に限られます[33]．

みられるように，テュルゴーはかれが『諸省察』第99節のなかでいう「土地の耕作企業者たちは借り入れを行わず，そのすべての経営はかれらの資本だけで成り立っている」ことを実質的に否定しているのである．「もっとも豊富に資本を保有するもの」でさえ，時と場合によっては「他人の懐中物」――外部の貸付資金に頼らざるを得ないのである．そうであるとすれば，農業以外の「失敗する危険性がきわめて高い」工業や商業などの産業分野の企業者はもとより，「もっとも豊富に資金を保有する」土地所有者や農業資本家的企業者もまた，時と場合によっては「他人の懐中物」つまり貨幣貸付資本家の資金に依存することが避けられないのである．

この点は重要である．それというのも，テュルゴーの資本概念はケネーの「前貸し (avances)」とは異なり，貨幣形態で定義されているからである[34]．テュルゴーの説くところでは，土地，労働について収入を得る「第3の手段」としての「資本」とは何よりもまず貨幣的資本であり，「前貸し」とは貨幣的資本が農業，工業，商業などの産業分野に投資され資本ストックに姿態（すがた）を変えたものである．資本の所有者である資本家 (capitaliste) の農業，工業，商業などの産業分野で事業を行う企業者に対する関係は一義的には投資家・出資者であり，企業者に資金を提供する――つまりかれらの必要とする事業資金を貸し付ける経済的機能をはたすのである．テュルゴーは貨幣貸付資本家の経済的機能を評してこういっている．すなわち，

---

33) Turgot [1770a], p. 168.
34) 以下で示すテュルゴーの所説については，本書第2, 3章を参照されたい．

〔貨幣貸付資本家は〕富の生産に絶対的に必要な商品を取り扱う商人 (négociant) と見做さなくてはならない[35].

いまはたしてそのように考えられるとすれば，テュルゴーの『諸省察』における資本・利子関係に関する所説を最終的に修正しフィジオクラート派へ「回帰」したという巷説は，ある種の研究者の想像力の産物であったと断じても誇張とはいえないであろう．テュルゴーが『諸省察』の脱稿から数えて約3年後に稿を起こした「覚書」では，かれが前者で展開したテーマ——なかでも資本・利子関係のロジックが基本的に踏襲されていると考えられる．すくなくとも，両者の間に基本的な相違がないばかりか，『諸省察』では「不明」と思われ，それがために読む者たちをして「想像」をたくましゅうすることを余儀なくさせたテーマを，後者ではよりふかくかつより厳密に論じているといってよいのである．つまり，テュルゴーが1770年に作成した「貨幣貸付に関する覚書」はかれの貨幣利子論が首尾一貫していたことを証明する第一級の資料——そういってまず間違いないであろう．

むすびにかえて

以上みてきたように，時のリモージュ地方長官の報告書は，さしあたりはアングレームで起きた「高利告発」を騙った一大スキャンダルの顚末に関するパリの中央政府への報告書であったが，それにとどまらず詐欺事件の再発防止のための提案を兼ねている．そしてその提案が読者をして承服せざるを得なくした最大のポイントは，テュルゴーが『富の形成と分配に関する諸省察』など一連の論稿のなかで明らかにした商業社会の「新しい富の概念」である資本の生産・流通と資本の蓄積に関する優れた経済分析にあり，なかでも資本・利子関係論こそは『諸省察』のそれを継承・発展させた卓越した経

---

35) Turgot [1766b], p. 598.

済的主張である——という意味からすれば,テュルゴーがパリの中央政府のために作成した報告書としての性格を超える第一級の研究論文として高く評価しないわけにはいかない.

もっとも,テュルゴーの「覚書」を取り扱った研究はフランス内外でもすくなく,わが国では皆無といってよい.その一斑の理由は,この論稿が一義的にはパリの中央政府への報告書であったという点にもとめられる.つまり,「覚書」が実質上の「公式文書」であり,一般公衆や知人・友人を対象に起稿した論稿ではなかったということである.この論稿の執筆直後にこれを目にすることを得た人間たちがパリの政府関係者をのぞけば,テュルゴーの知人・友人の一部などごくわずかであったであろうことは,テュルゴーが1770年1月末デュポンに書き送った書簡からもうかがい知ることができる[36].一般公衆が目にするようになったのは,そのデュポンが1789年の革命後に編集・刊行した『テュルゴー氏全集』に収録されてからであった.とはいえ,ありていにいえば,この論稿が『諸省察』に比べると経済学の研究者たちにそれほど注目されなかったこともたしかであった.

それはともかく,テュルゴーがデュポンに送った書簡のつぎの一節には興味をそそられる記述がある.すなわち,

> わたしは貴君が『富〔の形成と分配に関する諸省察〕』の原稿のごく一部しか受け取ったにすぎないということを知っているかどうか分かりません.わたしは〔1770年の年初に〕**貸金業**(usure〔または利子〕)に関する論稿を一本仕上げました.これは**有益**(utile)な論稿です.貴君にこれを〔お送りしようにも〕お送することはできません.この論稿のなかで〔デュポンがテュルゴーに断りなく削除した『諸省察』のオリジナルコピー第75節のテーマである〕"mutuum date"に関する議論を取り入れました.わたしは大法官〔モープウ公爵ルネ・ニコラ〕と財務

---

[36] Turgot [1770b], p. 372.

総監〔ジョゼフ=マリー・テレー師〕に，アングレームのすべての商取引を根柢から覆すことを試みた巧妙な盗人ども（fripons）の詐欺事件のおりに作成したこの論稿をこれから送るところです[37]（文中ゴチック体は原文イタリック体を示す）.

　テュルゴーがこの書簡のなかでいう「論稿」が，本論で取り上げた「貨幣利子に関する覚書」であることは前後の脈絡からみて疑いを入れない．だがここで重要なことは，この「覚書」が「有益」であるとその重要性をテュルゴーが明記したうえで，この論稿と『諸省察』との関係に言及している点にある．テュルゴーが「覚書」のなかで『諸省察』の議論を踏まえて作成されたというように読めるといっても，それこそ想像力の働かせすぎとはいえないであろう．1769年12月にテュルゴーがデュポンに書簡を送り，『諸省察』の『市民日誌』に掲載するさいのかれの編集方針を厳しく批難していることを思えば，「覚書」における貨幣利子に関する議論が『諸省察』の理解と解

---

37) *Idem*. テュルゴーがここでいう「財務総監」とはジョゼフ=マリー・テレー師であり，ほぼ1カ月前にエティエンヌ・メノン=ダンヴォーからその職を受け継いだばかりであった．テレー師は，穀物貿易の自由化に乗り気でなく慎重な姿勢を堅持するなど，前任のメノン=ダンヴォーやテュルゴーとは異なる経済思想の持ち主であったとはいえ，難事に逡巡するような性質の人物ではなく，財務総監在任中は破綻寸前の国家財政の再建と王国の復興に意を注いだ．だが，テレー師がそのために提案した20分の1税や人頭税の徴収の見直しをめぐってパリ高等法院などと鋭く対立してはたせず，国王がルイ15世からルイ16世へと代替わりする1774年8月に辞任を決意する（この点については，テュルゴーが1774年8月24日に新国王ルイ16世に宛てた有名な書簡（Turgot [1774b]）を参照されたい）．奇しくもテレー師のあとを継いだのは，3カ月前にモールパ伯ジャン=フレデリック・フェリポーの推挙により海軍大臣のポストに抜擢されたばかりのテュルゴーその人であった．そのさい，くだんのデュポン宛て書簡に登場するモープウ公爵こそ，テュルゴーの財務総監就任を強く推した人物のひとりであったといわれるが，テレー師はこれに表立って異を唱えなかったようである．ちなみに，テュルゴー全集の編者であるギュスターヴ・シェルによると，テュルゴーが時の財務総監テレー師に送った書簡は4通あったとされるが，うち3通はテュルゴーの存命中に消失し，現存する1通は1770年の「穀物貿易」に関するテュルゴーの意見をしたためた書簡（Turgot [1770g]）だけである．そうとはいえ，この書簡はテュルゴーの穀物貿易への見解を知る手がかりをあたえる貴重な資料であるといって決して誇張ではないであろう．

釈にとって「有益」であることをあらためてのべた——それをデュポンが理解できたどうか，おそらくは理解できなかったであろう——と考えても穿ちすぎではあるまい．そしてそうであればなおのことテュルゴーが『諸省察』第100節で書いたつぎのパラグラフには疑問を禁じ得ない．

> ほとんどすべての貯蓄は貨幣のかたちで行われる．すなわち，土地所有者が手にする収入，そしてあらゆる種類の企業者に還流する前貸しと利潤は貨幣のかたちにおいてである．したがって，かれらが貯蓄するのは貨幣であり，そして年々の資本の増加も貨幣のかたちであらわされる．しかし，企業者はあげて，かれらの運営する企業のさまざまに異なる性質の資産に貨幣を即座に（sur-le-champ）転化するほかに用途はない[38]．

このパラグラフの問題については別の機会で論じたので無用の重複を避け要点だけを示せば以下のとおりである[39]．すなわち，テュルゴーがこの一節でのべていることは，企業者は自らの手にした利潤のかたちで蓄積する余剰を前貸しするというようにも読める．そうであるとすれば，先に示唆する貨幣貸付資本家が企業者に資金を提供する余地はなくなるであろう．けだし，アントイン・E. マーフィーがこれを評して「自動的自己金融型貯蓄・投資モデル（self-financing saving-investment model）」[40]と命名したのもゆえなきことではない．別言すれば，テュルゴーはこの一節をもって企業者が「他人の懐中物」に依存する必要がないこと——さらにいえば貨幣貸付資本家ひいては貨幣市場における資金調達の途を塞ぐことになりかねないのである．テュルゴーが『諸省察』第29節で提示した貨幣的資本とその役割を前提にすれば，マーフィーのいうように貨幣貸付資本を恃みとする「外部金融型貯蓄・投資モデル」が可能であったはずであるが，この点に関してテュルゴー

---

38) Turgot [1766b], p. 601.
39) この点に関する理論的問題点の検討は本書第3章で行っている．
40) Murphy [2009b], p. 147.

は「覚書」のなかで一言半句も割いていない.

　マーフィーはテュルゴーの「自動的自己金融型貯蓄・投資モデル」が，ジョン・ローとかれの政策への不信感，とくに紙幣発行と信用創造への度し難いまでの嫌悪の情が惹起したものであるとのべているけれども，あながち間違いとはいえないように思われる．実際，テュルゴーのローとかれの政策への不信感は，テュルゴーが聖職者の道を志向していた時期に遡り，長じては1770年2月にデュポンに書き送った書簡のなかにあるように，ローの経済的主張と冒険事業(システム)を「呪いの言葉（grimoire）」[41]といって拒絶するところに認められる．さらにいえば，テュルゴーが1774年に，ブルボン朝最後の国王ルイ16世の初代財務総監に就任したのち，ジョン・ローの提案を受けて1716年に先代のルイ15世の特許を得て設立されたバンク・ジェネラル（Banque Générale）——のちに国有化されてバンク・ロワイヤル（Banque Royale）へと衣替えする——にきわめて近似した公信用機関ないし公立銀行の「割引金庫（Caisse d'Escompte）」設立にさいして"banque（銀行）"という名称を意識的に避けて，代わりに"caisse（金庫）"という慎重な名称をもって安んじている[42][43]．

---

41) Turgot [1770c], p. 375.
42) テュルゴーの割引金庫設立に関する所見については，Turgot [1776] を参照されたい．
43) ドーファン=ムーニエがローの銀行とテュルゴーの割引金庫との関係についてつぎのようにいうのは正しいであろう．「フランスでは，かれ〔ジョン・ロー〕の思想は銀行券に対する大衆の信頼を久しく低調ならしめた．そして1776年5月24日の国家参事会〔国務顧問会議〕の布告によってフランスに新しい発券機関が財務長官〔総監〕であったテュルゴーも，ジュネーヴ出身の銀行家〔イザーク・〕パンショーも，それを銀行と呼ぶことを避けたほどである．ローの銀行〔バンク・ジェネラル／バンク・ロワイヤル〕の嫌な思い出にふれないように，かれらは割引金庫という慎重な名称で安んじたのである」（Dauphin-Meunier [1964], p. 94. 訳112ページ）．ちなみに，フランスで「銀行」という名称が復活するのは1800年のことであり，時の執政官ナポレオン・ボナパルトが革命暦VIII雪月(ニヴォーズ)28日（1800年1月18日）付法律によってテュルゴーの置き土産ともいうべき割引金庫を母体に設立したフランス銀行（Banque de France）が，それである（Idem, pp. 96-7. 訳115-6ページ）．なお，以上に関しては，中川 [2011]（とくに第1章および第6章）もあわせて参照されたい．

こうしたテュルゴーの姿勢を巷説——と呼べるほどわが国では戦前・戦後を通じて多くの研究があるわけではなく，手塚壽郎の優れた研究業績をのぞけば，耳目を惹くようなテュルゴー研究はおよそ皆無である——では「重農主義的限界」と評していたようである．だがしかし，上記の諸点を考慮すれば，テュルゴーの経済思想や経済理論そのものに内在する問題と考えるほうがむしろ適切であろう．実際にも時の財務総監がその設立に合意した割引金庫に関する所見をみれば，かれが『諸省察』で論究した資本・利子関係との論理整合性に疑問を禁じ得ないのであるが，これについては他日あらためて行う所存である．

付録 『富の形成と分配に関する諸省察』オリジナルテキスト第75節（仮訳）

第75節　ある異論への回答（§ LXXV.- Réponse à une objection）

　ここでの考察によって，われわれは〔ルカによる福音書第6章第35節の〕"Mutuum date nihil inde sperantes（何も当てにしないで貸しなさい）"を厳格に解釈する人間たちの適用規範がいかに間違っているか，そしてそれが福音書の意味するところといかにかけ離れているかを理解することができる．この一文を解釈するとすれば，節度があって理性的な神学者の理解するように，寛容もしくは慈愛の精神（charity; charité）を説いたものであることは明らかであり，すべての人間は他の人間たちの助けにならなければならない．すなわち，富める者はかれの同胞が困窮しているのを見て，苦しみから救う代わりに助けになるものを売り付けるとすれば，かれはキリスト教徒としての，そして人間としての義務をなすのを怠ったことになろう．このような状況にあってこそ，寛容の精神は利子を取らずに貨幣を貸すようにと教えているのである．つまり，金を貸せ，そして必要ならばあたえよ，とわれわれに命じているのである．こうした寛容の精神の定めから厳格な法の規定をなすことは，〔ルカによる〕福音書の目標と意義に異を唱えることに等しい．わたしがここで批判の対象とする人たちは，誰某の金を貸すことは法の義務であると主張する人たちではない．それゆえにこそ，かれらは"Mutuum date"という福音書の一節の最初の言葉が寛容の精神の教える原則以外の何ものでもない，ということを受け容れなくてはならない．それではなぜ——とわたしは問う——この一節の結びを法の義務として解釈すべきである，とかれらは主張するのであろうか．貨幣を貸すことそれ自体は厳格な法の定めるところでなく，二義的なものであるとすれば，何が貸付の条件をあるひとつのものにつくり替えることができるのであろうか．もしそのようなことが可能であるとすれば，畢竟，つぎのようにいうほかにないのである——．「あなたがお金を貸すか貸さないかは，あなたの自由です．しかし，あなたがもし貸すなら，あなたの貸すお金の利子を受け容れないということに注意を怠らないことです．ある商人がたとえ大きな儲けを期待するかれの事業のために，あなたからお金を借りたいという要請があったとしても，かれがあなたに提供する利子を受け取ることは罪となるでしょう．確実に必要なことは，あなたが無償でお金を貸すか，さも

なければまったく貸さないかのどちらか,ということです.実際にも,あなたは利子を受け取ることを擁護するひとつの手立てをもっています——.あなたは自分のお金を,期限を定めずに貸し付け,そしてあなたがお金を貸した人間がその希望する,または可能なときに返済されるお金を受け取る権利を,あなたは放棄することができます.もしあなたが,それは〔貸したお金が確実に返済されるという〕安全性のうえで障碍となると考えるならば,あるいはもしもあなたが何年かのちにお金が入り用になると予想するなら,あなたが採り得る唯一の途は,お金を貸さないことです.すなわち,かの商人が儲けのための,とても貴重な機会を逸することのほうが,かれにその機会を得させる手助けをするといった罪を犯すよりもましだということです」.以上が,誤った形而上学者たちによってつくり出された偏見とともに解釈されるさいの,"Mutuum date nihil inde sperantes"という5つの単語のなかに見出された意味である.そうした偏見なしにこの一節を読む人間ならば,それがたとえだれであろうと,その真に意味するところを理解するであろう.すなわち,「あなたがたは人間として,キリスト教徒として,みなが兄弟であり,そして友人です.あなたがたは兄弟として,友人として互いに向い合って行動しなさい.あなたに足りないものがあるときは互いに助け合いなさい.あなたの財布をあなたの兄弟や友人たちに貸しあたえなさい.そして寛容の精神があなたの義務とする貨幣の貸付にかかる利子を要求することによって,あなたがたがあたえなければならない互いに持っている助けはこれを売ってはなりません」.これこそが,問題の一節の真に意味するところである.利子を取らずに貨幣を貸す義務と利子を取って貨幣を貸すことの義務とは明らかに相互に関連する.すなわち,これらふたつは同じ規範に属し,そしてそのいずれも寛容の精神の定めるところから発するのであるが,しかし貨幣が貸し付けられるあらゆる事由に適用される厳格な法の定めより発するものではないということ,これである.

(訳出にあたっては,W. J. Ashley (ed.), *Turgot: Reflections on the Formation and Distribution of Riches*, New York, The Macmillan Company, 1922: Economic Classics translated and edited by Ashley (New York and London, 1898) および Ronald L. Meek (ed.), *Turgot on Progress, Sociology and Economics*, Cambridge, Cambridge University Press, 1973 所収の "The Reflexions on the Formation and Distribution of the Wealth", translated by Ronald L. Meek を底本とした.)

参考文献

1. 欧文文献

Ashley, W.J. (ed.) [1922], *Turgot: Refletions on the Formation and Distribution of Riches*, New York, The Macmillan Company: Economic Classics translated and edited by Ashely (New York and London, 1898).

Bély, Lucien [2003], *La France moderne 1498-1789*, Paris, Quadrige / Presses Universitaires de France: 1re édition, 1994.

Béraud, Alain et Gibert Faccarello (sous la dir. de) [1993], *Nouvelle histoire de la pensée économique*, tome 1: Des scolatiques aux classiques, Paris, Éditions La Découverte.

Blauge, Mark [1991], "Introduction to *Richard Cantillon (1689-1734) and Jacques Turgot (1727-1781)*", in Mark Blauge (ed.), Pioneers in Economics Series, Vol. 9, Aldershot, Edward Elgar Publishinng Co., 1991.

Brewer, Anthony [1986], *Richard Cantillon: Pioneer of Economic Theory*, London, Routledge; reprint 2002.

Brewer, Anthony [2010], *The Making of the Classical Theory of Economic Growth*, London / New York, Routledge.

Cannan, Edwin [1903], *A History of the Theories of Production and Distribution in English Political Economy from 1776 to 1848* (Second edition with two additional sections), London, P.S. King & Son; reprint, Eliborn Classics Series, Adamant Media Corporation, 2005.

Cantillon, Richard [1755], *Essai sur la nature du commerce en général*; réimpression de l'édition de 1952 (sous la direction d'Alfred Sauvy) avec le préface d'Antoin E. Murphy, fondé sur le texte original (*Essai sur la nature du commerce en général*, à Londres, Chez Fletcher Gyles dans Holborn) de 1755, avec études et commentaires revus et augumentés, Paris, Institut national d'études démographiques (I.N.E.D.).

Cartelier, Jean [2008], *Quesnay: Physiocratie*, Paris, GF Flammarion.

Charles, Loïc [2009], "Le moment de Vincent de Gournay: Réflexions à props des *Remarques sur le commerce de Josiah Child*, éditées et préfacées par Simone Meyssonnier (2008)", *Cahier d'économie politique: Histoire de la pensée et théorie*, 56, publié avec le soutien du CNRS, de l'Université Paris X-Nanterre et de Science-Po Lille, Editions L'Harmattan.

Chaussinand-Nogaret, Guy [1993], *Gens de Finance au VXIIIe siècle*, Paris,

Editions Complexe; précédemment paru chez Borbas en 1972.

Child, Sir Josiah [1694], *A Discourse about Trade* (Second Edition): reprint, General Books Publication, UK, 2009.

Child, Sir Josiah [1751], *A New Discourse of Trade* (Fifth Edition); reprint, Genenral Books Publication, UK, 2009. 杉山忠平訳『新交易論』東京大学出版会, 1967 年.

Child, Sir Josiah [1754], *Traité sur le commerce et sur la réduction de l'intérêt de l'argent, par Josiah Child, Chevalier Baronet*, avec *Un petit traité contre l'usure, par Chevalier Thomas Culpepper*, traduction de l'anglais, à Amsterdam et à Berlin, chez Jean Néalme, et se vend à Paris, chez Guénin et Delatour dans *Traité sur le commerce de Josiah Child: suivi Remarques de Jacques Vincent de Gournay: text intégral d'après les manuscrits*, édition et préface de Simone Meyssonnier, Paris, Editions L'Harmattan, 2008.

Clerc, Denis [1999], "Turgot, le libéral acceptable par la gauche?", *Alternatives Économique-L'Économie politique*, n° 001, janvier.

Colemann, D.C. [1957], "Eli F. Heckscher and the idea of mercantilism", *Scandinavian Economic History Review*, V. 1 (1); reprint in Mark Blaug (ed.), *The Later Mercantilists: Josiah Child (1630-1699) and John Locke (1632-1704)*, Pioneers in Economics Series, Vol. 5, Aldershot, Edward Elgar Publishing Co, 1991.

Condorcet, Marie Jean Antoine de Carita, marquis de [1786], *Vie de Mr. Turgot*, Londres; reprint, Kessinger Publishing, 2009.

Dauphin-Meunier, Achille [1964], *Histoire de la banque* (3e édition), Paris, Presses Universitaires de France: Collection 〈Que sais-je?〉 n° 456: 1re édition, 1950. 荒田俊雅, 近澤敏里共訳,『銀行の歴史』〈文庫クセジュ〉69, 白水社, 1952 年 (邦訳は 1950 年出版の初版より).

Denis, Hector [1895], *Histoire des systèmes économiques et socialistes*, tome 1, Bruxelles, Charles Rosez, Libraire-Éditeur: Bibliothèque Belge des connaissances modernes.

Dooley, Peter C. [2005], *Labour Theory of Value*, London, Routledge: Routledge Frontiers of Political Economy.

Dostaler, Gilles [2009], "Antoine de Montchréstien, inventeur de l'économie politique", *Alternatives Économiques-Mensuel*, n° 279, avril.

Dostaler, Gilles [2010a], "Turgot, théoricien du capitalisme, avocat du libéralisme", *Alternatives Économiques-Mensuel*, n° 290, avril.

Dostaler, Gilles [2010b], "Vincent de Gournay, précurseur du libéralisme et protectionniste", *Alternatives Économiques-Mensuel*, n° 296, novembre.

Du Pont de Nemours, Peirre-Samuel [1844 (1770)], "Observations sur les points dans lesquels Adam Smith est d'accord avec la théorie, sur ceux dans lesquels il s'en est écarté", dans *Œuvres de Turgot*, Vol. I, nouvelle édition, classée par ordre de matière avec les notes de Dupont de Nemours augumentée de lettres inédites, de questions sur le commerce, et d'observations et de notes nouvelles par Eugène Daire et Hippolyte Dussard (réimpression de l'édition 1844, tome I, Osnabrück, Otto Zeller, 1966).

Dussard, Hippolyte [1844], "Mémoire sur les prêts de l'argent: Observations de l'éditeur", *Œuvres de M. Turgot*, tome I, Nouvelle édition, classée par ordre de matières avec les notes de Dupont de Nemours, augumentée de lettres inédites, des questions sur le commerce, et d'observations et notes nouvelles,par MM. Eugène Daire et Hippolyte Dussard, Paris, Réimpression de l'édition 1844, Osnabrück, Otto Zeller, 1966.

Eagly, Robert V. [1974], *The Structure of Classical Economic Theory*, Oxford, Oxford University Press.

Erreygers, Guido [2000], "Turgot et le fondement subjectif de la valeur", dans *Le Libéralisme économique: Interprétations et analyses*, Cahiers d'économie politique, n° 16, Paris, Editions L'Harmattan.

Fitzsimmons, Michael P. [2010], *From Artisan to Worker: Guilds, the French State, and the Organization of Labor, 1776-1821*, Cambridge, Cambridge University Press.

Gallais-Hammono, Jean [1982], "Le premier exemple d'un concept économique en extention et en compréhension: le concept de capital travaillé par Turgot", dans Bordes, Christian et Jean Morange (sous la dir. de), *Turgot, économiste et administrateur: Acte d'un séminaire organisé par la Faculté de droit et de sciences économiques de Limoges pour le bicentenaire de la mort de Turgot, 8, 9 et 10 octobre 1981*, Limoges, Presses Universitaires de France: Publications de la Faculté de droit et de sciences économiques de l'Université de Limoges.

Gignoux, Claude-Joseph [1945], *Turgot*, Paris, Librairie Arthème Fayard: Les grandes études historiques.

Gournay, Jacques Vincent de [2008 (1754)], *Remarques sur le commerce de Josiah Child; dans Traités sur le commerce de Josiah Child; suivi des Remarques de Jacques Vincent de Gournay: texte intégral d'après les manuscrits*, édition et préface de Simone Meyssonnier, Paris, Éditions L'Harmattan.

Grampp, William D. (1952), "The liberal elements in English mercantilism", *Quarterly Journal of Economics*, 66 (4); reprint in Mark Blaug (ed.), *The Later Mercantilists: Josiah Child (1630-1699) and John Locke (1632-1704)*, Pioneers in Economics Series, Vol. 5, Aldershot, Edward Elgar Publishing Co., 1991.

Grange, Henri [1974], *Les idées de Necker*, Paris, Librairie Klincksieck et Cie.

Graslin, Jean-Joseph-Louis [1767], *Essai analytique sur la richesse et sur l'impôt*: reprint, éd. Djalel Maherzi, Paris, Editions L'Harmattan, 2008.

Groenewegen, Peter D. [1970], "A Reappraisal of Turgot's theory of value, exchange and price determination", *History of Political Economy*, 2 (1); reprint in Mark Blaug (ed.), *Richard Cantillon (1689-1734) and Jacques Turgot (1727-1781)*, Pioneers in Economics Series, vol. 9, Alershot, Edward Elgar Publishing Co., 1991.

Groenewegen, Peter D. [1984], "The Physiocrats: the origine of scientific political economy and the single tax", in Groenewegen, *Eighteenth Century Economics: Turgot, Beccaria and Smith and Their Contemporaries*, London, Routledge, 2002.

Groenewegen, Peter D. [1992], "Turgot and Adam Smith", in Groenewegen, *Eighteenth Cencury Economics: Turgot, Becaria and Smith and Their Contemporaries*, London, Routledge, 2002.

Grospelier, Joelle [2005], "What could have prompted Keynes to call Montesquieu ⟨the real equivalent of Adam Smith, the greatest of French economists⟩?", *Student Economic Review*, Vol. 19, Trinity College (Dublin): http://www.tcd. ie/Economics/SER/sqi/downroad.pdf?key=1 (Undergraduate Best Paper Award Competition, The 60th International Atlantic Economic Conference, New York, 6-9 October, 2005).

Higgs, Henry [1897], *The Physiocrats: Six Lectures on French Économistes of the 18th Century*, London, Macmillan and Company: reprint, Batoche Books, Kitchener, Ontario, 2001. 住谷一彦訳『重農學派』社会科学ゼミナール 16, 未来社, 1957 年.

Higgs, Henry [1934], "Life and work of Richard Cantillon", in Higgs (ed.), Richard Cantillon, *Essay sur la nature du commerce en général*, London, Royal Economic Association: reprint, New York, Augustus Kelly, 1964.

Hoffman, Philip T., Gilles Postel-Vinay et Jean-Laurent Rosental [2001], *Des marchés sans prix: Une économie politique du crédit à Paris, 1660-1870*, Paris, Editions de l'Ecole des Hautes Etudes en Sciences Sociales (EHESS): Collection ⟨Civilisation⟩.

Hoselitz, Bert F. [1951], "The early history of entrepreneurial theory", *Explorations in Entrepreneurial History*; reprint in Marl Blaug (ed.), *Richard Cantillon (1680-1734) and Jacques Turgot (1727-1781)*, Pioneers in Economics, Vol. 9, Aldershot, Edward Elgar Publishing Co., 1991.

Hutchison, T.W. (Terence Wilmot) [1982], "Turgot and Smith", dans Bordes, Christian et Jean Morange (sous la dir. de), *Turgot, économiste et adminis-*

trateur: *Acte d'un séminaire organisé par la Faculté de droit et des sciences économiques de Limoges pour le bicentenaire de la mort de Turgot, 8, 9 et 10 octobre 1981*, Limoges, Presses Universitaires de France: Publication de la Faculté de droit et de sciences économiques de l'Université de Limoges.

Jessua, Claude [1991], *Histoire de la théorie économique*, Paris, Presses Universitaires de France: Collection ⟨Économie⟩ dirigée par Claude Jessua, Christian Labrousse et Daniel Vitry.

Jessua, Claude [2004], *Le capitalisme* (3ᵉ édition), Paris, Presses Universitaires de France: Collection ⟨Que-sais-je?⟩ n° 315; 1ʳᵉ édition, 2001.

Kiener, Michel C. et Jean-Claude Peyronnet [1979], *Quand Turgot régnait en Limousin: Un tremplin vers le pouvoir*, Paris, Fayard.

Laurent, Alain [2004], *La philosophie libérale*, Paris, Les Belles Lettres.

Law, John [1705], *Money and Trade Considered, with Proposal for Supplying the Nation with Money*, Edinburgh, printed by the Heirs and Succession of Andrew Anderson, Printer to the Queens most Excellent Majesty, anno Dom 1705, dans *John Law: Œuvres complètes*, tome I, éd. Paul Harsin, Paris, Libreairie du Recueil Sirey, 1934: reprint, Vaduz / Liechtenstein, Topos Verlag, 1980.

Law, John [1711-1712], "Projet d'établissement d'une banque à Turin", dans *John Law: Œuvres complètes*, tome III, éd. Paul Harsin, Paris, Librairie du Recueil Sirey, 1934; reprint, Vaduz / Liechtenstein, Topos Verlag, 1980.

Law, John [1994 (1704)], *John Law's Essay on a Land Bank*, ed. Antoin E. Murphy, Dublin, Aeron Publishing.

Legrand, Robert [1900], *Richard Cantillon: Un mercantiliste précurseur des Physiocrates*, Paris, V. Giard et E. Brière; reprint, Breinigsville, PA, Kessinger Publishing, 2009.

Le Pichon, Philippe et Arnaud Orain [2008], *Jean-Joseph-Louis Graslin (1727-1790): Le temps des Lumières à Nantes*, Paris, Presses Universitaires de Rennes.

Lundberg, I. G. [1964], *Turgot's Unknown Translator: Réflexions and Adam Smith*, The Hague, Nijhoff.

Mahieu, François Régis [1997], *William Petty (1623-1687), Fondateur de l'économie politique*, Paris, Éd. Economica: Collection ⟨Économie Poche⟩ 44.

Marion, Marcel [1891], *Machault d'Arnouville: Etude sur l'histoire du Contrôle Général des Finances de 1749-1754*; Paris, Librairie Hachette et Cⁱᵉ; reprint, Breinigville, PA, Kessinger Publishing, 2009.

Marx, Karl [1864-67], *Le Capital: Processus d'ensemble du capital, Matériaux pour le deuxième volume du Capital - Livre III*; dans *Marx: Œuvres*, tome II - Économie, Édition établie et annotée par Maximilien Rubel, Bibliothèque de la

Pléiade, Paris, Gallimard, 1968. 岡崎次郎訳, マルクス＝エンゲルス全集版『資本論』第3巻第2分冊 (7), 国民文庫25, 大月書店, 1972年.

Marx, Karl [1877], "En marge de l'histoire critique de l'économie politique d'Eugen Düring": traduction française par Rubel et Évrard: "Randnoten zu Dürings Kritische Geschichte der Nationalökonomie", dans *Karl Marx: Œuvres-Économie*, tome I, édition établie et annotée par Maximilien Rubel, Bibliothèque de la Pléiade, Paris, Gallimard, 1972.

McCormick, Ted [2009], *William Petty and the Ambitions of Political Arthmetic*, Oxford / New York, Oxford University Press.

Meek, Ronald L. (ed.) [1973], *Turgot on Progress, Sociology and Economics*, Cambridge, Cambridge University Press: Cambridge Studies on the History and Theory of Politics.

Meyssonnier, Simone [1993], *La balance et l'horloge, la genèse de la pensée en France XVIIIe siècle*, Paris, Passion.

Meyssonnier, Simone [2008], "Présentation", dans *Traités sur le commerce de Josiah Child: suivi de Remarques de Vincent de Gournay*, édition et préface de Simone Meyssonnier, Paris, Editions L'Harmattan.

Montesquieu, Charles-Louis de Secondat, baron de La Brède et de [1748], *De l'Esprit des lois*, Bordeaux, Publication de dialogue de Sylla et d'Eucrate; dans *Montesquieu: Œuvres complètes*, tome II, Edition établie et annotée par Roger Callois, Bibliothèque de la Pléiade, Paris, Gallimard, 1951. 井上幸治訳『法の精神』,『世界の名著』中公バックス (34), 中央公論社, 1980年, 所収.

Morellet, André (l'abbé) [1821], *Mémoires de l'abbé Morellet inédits sur le Dix-huitième siècle et sur la Révolution*, deuxième édition (1822), considérablement augumentée par Pierre Edouard Lémontey, Paris, Librairie française de Ladvocat (Slatkine Reprint, 1967): *Mémoires de l'abbé Morellet*, Paris, Mercure de France, 2000: Collection 〈Le Temps Retrouvé〉. 鈴木峯子訳「十八世紀とフランス革命の回想」,『自伝・回想録——十八世紀を生きて』, 中川久定・村上陽一郎責任編集「十八世紀叢書」I, 国書刊行会, 1997年, 所収.

Murphy, Antoin E. [1986], "Le développement des idées économiques en France, 1750-1756", *Revue d'histoire moderne et contemporaine*, Vol. XXXIII, octobre -décembre.

Murphy, Antoin E. [1993], "Richard Cantillon et le Groupe de Vincent de Gournay", dans Alain Béraud et Gilbert Faccarello (sous la dir. de), *Nouvelle histoire de la pensé économique*, tome I, Paris, Edition La Découverte 〈Hors collection Sciences Humaines〉.

Murphy, Antoin E. [1997], "Préface à l'*Essai sur la nature du commerce en général*", dans Richard Cantillon, *Essai sur la nature du commerce en général*;

réimpression de l'édition de 1952, Paris, Institut national d'études démographiques (I.N.E.D.), 1997.

Murphy, Antoin E. [2004], "Law and Turgot: The importance of money", Paper to be presented at the Conference on French Political Economy 1650-1850 at Stanford University, April 16-19: http://www.library.stanford.ed/dept/harsrg/frint/pdfs_gimon/murphy.pdf.

Murphy, Antoin E. [2007], *John Law: économiste et homme d'État*, Vol. 2, Economie et Histoire, Bruxelles, P.I.E. Peter Lang, Editions scientifiques internationales: traduction française par Christophe Billon: Origially published in English as *John Law: Economic Theorist and Policymaker*, Oxford, Oxford University Press, 1997.

Murphy, Antoin E. [2009a], "François Quesnay: The Circular Flow of Income", in Murphy, *The Genisis of Macroeconomics; New Ideas from Sir William Petty to Henry Thornton*, Oxford, Oxford University Press, 2009.

Murphy, Antoin E. [2009b], "Anne Robert Jacques Turgot: The Importance of Capital", in Murphy, *The Genesis of Macroeconomics: New Ideas from Sir William Petty to Henry Thornton*, Oxford, Oxford University Press, 2009.

Neymarck, Alfred [1885], *Turgot et ses doctrines*, tome I et tome II, Paris, Librairie Guillaumin: reprint, Eliborn Classic Series, Adamant Media Corporation, 2006.

Nys, Jean-François [1982], "Le commerce et l'industrie chez Turgot: mercantilisme ou physiocratie?", dans Bordes, Christian et Jean Morange (sous la dir. de), *Turgot, économiste et administrateur: Acte d'un séminaire organisé par la Faculté de droit et des sciences économiques de Limoges pour le bicentenaire de la mort de Turgot, 8, 9 et 10 octobre 1981*, Limoges, Presses Universitaires de France: Publication de la Faculté de droit et de sciences économiques de l'Université de Limoges.

Perrot, Jean-Claude [1992], *Une histoire intellectuelle de l'économie politique* (XVIIe-XVIIIe *siècle*), Paris, Editions de l'Ecole de Hautes Etudes en Sciences Sociales (EHESS).

Perroux, François [1962], *Le capitalisme* (5e édition), Paris, Presses Universitaires de France: Collection 〈Que sais-je?〉, n° 315: 1re édition, 1950. 金山康喜訳『資本主義』〈文庫クセジュ〉51, 白水社, 1952年（邦訳は1950年出版の初版より）.

Petty, Sir William [1927], *The Petty Papers: Some Unpublished Writings of Sir William Petty*, Vol. 1, Edited from the Bowood Papers by the Marquis of Lansdowne, London, Contestable & Co.

Quesnay, François [1758], *Le Tableau économique. Première version* (novembre-décembre), dans *François Quesnay: Œuvres économiques complètes et autres textes*, tome 1, édités par Christine Théré, Loïc Charles et Jean-Claude Perrot, Paris, Institut national d'études démographiques (I.N.E.D.), 2005.

Quesnay, François [1766], "Analyse de la formule arthmétique du Tableau économique Première édition, juin)", dans *François Quesnay: Œuvres économiques complètes et autres textes*, tome 1, édités par Christine Théré, Loïc Charles et Jean-Claude Perrot, Paris, Institut national d'études démographiques (I.N. E.D.), 2005.

Ravix, Joël-Thomas et Paul-Marie Romani [1997], "Le 〈système économique〉 de Turgot", dans *Turgot: Formation et distribution des richesses, textes* choisis et présentés par Ravix et Romani, Paris, GF Flammarion.

Rivoire, Jean [1992], *Histoire de la banque* (2e édition), Paris, Presses Universitaires de Paris: Collection 〈Que sais-je?〉 n° 456: 1re édition, 1984.

Roncaglia, Alessandro [2006], *Wealth of Ideas: A History of Economic Thought*, Cambridge, Cambridge University Press; Originally published in Italian as *La ricchezza delle idee*, Manuali Laterza 2001 e Guis Laterza Figli 2001.

Sauvaire-Jourdan, François [1903], *Isaac de Bacalan et les idées libre-échangistes en France: vers le le milieu du dix-huitième siècle*, Paris, Librairie de la Société du recueuil général de lois des arrêts; reprint, Breiningsville, PA, Kessinger Publishing, June 2010.

Schelle, Gustave [1897], *Vincent de Gournay*, Paris, Guillaumin; reprint, Genève, Slatkine Reprint, 1984.

Schelle, Gustave [1909], *Turgot*, Paris, Librairie Félix Alcan; reprint, Eliborn Classics Series, Adamant Media Corporation, 2006.

Schumpeter, Joseph A. [1954], *History of Economic Analysis*, London, George Allen & Unwin; reprint, London, Routledge, 1994.

Skornicki, Arnault [2006], "L'État, l'expert et le négociant: Le réseau de la 〈Science du commerce〉 sous Louis XV", *Genèses*, 2006/4 n° 65.

Smith, Adam [1776], *An Inquiry into the Nature and Causes of the Wealth of Nations*, edited, with introduction, notes, marginal summary and an enlarged index by Edwin Cannan, M. A., New York, Randam House, 1937; reprint, 1965. 大河内一男訳『国富論』,『世界の名著』31, 中央公論社, 1968年.

Spengler, Joseph J. [1952], "Cantillon: l'économiste et le démographe", Richard Cantillon, *Essai sur la nature du commerce en général*, sous la direction d'Alfred Sauvy, Paris, Institut national des études démograpiques (I.N.E.D.): Réimpression de l'éditon de 1952, 1997.

Spengler, Joseph J. [1984], "Boisguilbert's economic view vis à vis those of contemporary réformateurs", *History of Political Economy*, 16-1, Duke University Press; reprint in Mark Blaug (ed.), *Pre-Classical Economics Series*, Vol. 2, Aldershot, Edward Elgar Publishinng Co., 1991.

Stephens, William Walker [1895], *The Life and Writings of Turgot: Controller General of France 1774-76*, New York, New York Public Library; reprint, New York, Burt Franklin, 1971: Research & Source Works Series 76, Selected Essays in History, Economics and Social Science 274.

Stettner, Walter F. [1945], "Sir James Steuart on the public debt", *Quarterly Journal of Economics*, 59, May; reprint in Mark Blaug (ed.), *David Hume (1711-1776) and James Steuart (1712-1780)*, Pioneers in Economics Series, Vol. 11, Aldershot, Edward Elgar Publishing Co, 1991.

Steuart, Sir James [1810 (1759)], *Principles of Banks and Banking of Money, as Coin and Paper: with the Consequences of any Excessive Issue on the National Currency, Course of Exchange, Price of Provision, Commodities, and Fixed Income*, London; reprint, LaVergne, TN, General Books Publication, 2010.

Tsuda, Takumi (éd.) [1979], Richard Cantillon, *Essai sur la nature du commerce en général*, Bibliothèque municipale de Rouen, Collection de Leber 919 (3050), Tokyo. 津田内匠訳『商業一般試論』名古屋大学出版会, 1992年.

Tsuda, Takumi [1983], *Traité sur le commerce de Josiah Child: avec les remarques de Vincent de Gournay*, Economic Research Series, No. 20, Tokyo, Kinokuniya / Institute of Economic Research, Hitotsubashi University.

Tsuda, Takumi [1993], *Mémoires et lettres de Vincent de Gournay*, Economic Research Series, No. 31, Kinokuniya / Institute of Economic Research, Hitotsubashi University.

Turgot, Anne Robert Jacques [1748], "Liste d'ouvrage à faire", éd. Gustave Schelle, *Œuvres de Turgot et documents le concernant*, tome I, Paris, Librairie Félix Alcan, 1913-1923.

Turgot, Anne Robert Jacques [1749], "Lettre à l'abbé de Cicé du 7 avril, Paris", éd. Gustave Schelle, *Œuvres de Turgot et documents le concernant*, tome I, Paris, Librairie Félix Alcan, 1913-1923.

Turgot, Anne Robert Jacques [1750a], "Tableau philosophique du progrès successifs de l'esprit humain (Discours prononcé en latin dans les écoles de la Sorbonne, pour la clôture des Sorbonniques, le 11 décembre 1750)", éd. Gustave Schelle, *Œuvres de Turgot et documents le concernant*, tome I, Paris, Librarie Félix Alcan, 1913-1923.

Turgot, Anne Robert Jacques [1750b], "Plan d'un ouvrage sur la Géographie politique (Idées générales; divers aspects de la Géographie politique)", éd. Gustave Schelle, *Œuvres de Turgot et documents le concernant*, tome I, Paris, Librairie Félix Alcan, 1913-1923.

Turgot, Anne Robert Jacques [1751], "Plan d'un premier discours sur l'Histoire universelle", éd. Gustave Schelle, *Œuvres de Turgot et documents le concernant*, tome I, Paris, Félix Alcan, 1913-1923.

Turgot, Anne Robert Jacques [1753-1754a], "Remarque sur les notes qui accompagnent la traduction de Child", éd. Gustave Schelle, *Œuvres de Turgot et documents le concernant*, tome I, Paris, Librairie Félix Alcan, 1913-1923.

Turgot, Anne Robert Jacques [1753-1754b], "Plan d'un ouvrage sur le commerce, la circulation et l'intérêt de l'argent, la richesse des états", éd. Gustave Schelle, *Œuvres de Turgot et documents le concernant*, tome I, Paris, Librairie Félix Alcan, 1913-1923.

Turgot, Anne Robert Jacques [1755], "Questions importantes sur le commerce, à l'occasion des oppositions au dernier bill de naturalisation des protestants étrangers de Josiah Tacker": ouvrage traduit de l' anglais de Josiah Tacker, paru en 1752 sous le titre de ⟨Reflection on the Expediency of a Law⟩, éd. Gustave Schelle, *Œuvres de Turgot et documents le concernant*, tome I, Paris, Librairie Félix Alcan, 1913-1923.

Turgot, Anne Robert Jacques [1759], "Eloge de Vincent de Gournay", éd. Gustave Schelle, *Œuvres de Turgot et documents le concernant*, tome I, Paris, Félix Alcan, 1913-1923.

Turgot, Anne Robert Jacques [1760], "Lettre à Choiseul du 26 avril (pour demander l'intendance de Grenoble)", éd. Gustave Schelle, *Œuvres de Turgot et documents le concernant*, tome II, Paris, Librairie Félix Alcan, 1913-1923.

Turgot, Anne Robert Jacques [1761], "Lettre à Voltaire du 24 août (au sujet de la nomnation de Turgot), Paris", éd. Gustave Schelle, *Œuvres de Turgot et documents le concernant*, tome II, Paris, Librairie Félix Alcan, 1913-1923.

Turgot, Anne Robert Jacques [1763], "'Article de M. Quesnay, fondu dans la ⟨Théorie de l'Impôt⟩ et la ⟨Philosophie Rurale⟩", Gustave Schelle, *Œuvres de Turgot et documents le concernant*, tome II, Paris, Librairie Félix Alcan, 1913-1923.

Turgot, Anne Robert Jacques [1766a], "Lettre à Pierre-Samuel Du Pont du 20 février, Limoges", éd. Gustave Schelle, *Œuvres de Turgot et documents le concernant*, tome II, Paris, Librairie Félix Alcan, 1913-1923.

Turgot, Anne Robert Jacques [1766b], *Réflexions sur la formation et la distribution des richesses*, éd. Gustave Schelle, *Œuvres de Turgot et documents le concernant*, tome II, Paris, Librairie Félix Alcan, 1913-1923.

Turgot, Anne Robert Jacques [1766c], "Lettre à Pierre-Samuel Du Pont du 9 décembre, Limoges", éd. Gustave Schelle, *Œuvres de Turgot et documents le concernant*, tome II, Paris, Librairie Félix Alcan, 1913-1923.

参考文献

Turgot, Anne Robert Jacques [1766d], "Questions sur la Chine adressé à deux Chinois", éd. Gustave Schelle, *Œuvres de Turgot et documents le concernant*, tome II, Paris, Librairie Félix Alcan , 1913-1923.

Turgot, Anne Robert Jacques [1767a], "Lettre à David Hume du 25 mars, Limoges", éd. Gustave Schelle, *Œuvres de Turgot et documents le concernant*, tome II, Paris, Librairie Félix Alcan, 1913-1923.

Turgot, Anne Robert Jacques [1767b], "Observations sur le mémoire de M. Saint-Péravy", éd. Gustave Schelle, *Œuvres de Turgot et documents le concernant*, tome II, Paris, Librairie Félix Alcan, 1913 -1923.

Turgot, Anne Robert Jacques [1767c], "Observations sur un mémoire de M. Graslin", éd. Gustave Schelle, *Œuvres de Turgot et documents le concernant*, tome II, Paris, Librairie Félix Alcan, 1913-1923.

Turgot, Anne Robert Jacques [1767d], "Des caractères de la grande et de la petite culture", éd. Gustave Schelle, *Œuvres de Turgot et documents le concernant*, tome II, Paris, Librarie Félix Alcan, 1913-1923.

Turgot, Anne Robert Jacques [1769a], "Lettre à Pierre-Samuel Du Pont du 2 décembre, Limoges", éd. Gustave Schelle, *Œuvres de Turgot et documents le concernant*, tome III, Paris, Librairie Félix Alcan, 1913-1923.

Turgot, Anne Robert Jacques [1769b], "Valeurs et monnaies (Projet d'article)", éd. Gustave Schelle, *Œuvres de Turgot et documents le concernant*, tome III, Paris, Librairie Félix Alcan, 1913-1923.

Turgot, Anne Robert Jacques [1770a], "Mémoire sur les prêts d'argent (Limoges, janvier)", éd. Gustave Schelle, *Œuvres de Turgot et documents le concernant*, tome III, Paris, Librairie Félix Alcan, 1913-1923.

Turgot, Anne Robert Jacques [1770b], "Lettre à Pierre-Samuel Du Pont du 30 janvier, Limoges", éd. Gutave Schelle, *Œuvres de Turgot et documents le concernant*, tome III, Paris, Librairie Félix Alcan, 1913-1923.

Turgot, Anne Robert Jacques [1770c], "Lettre à Pierre-Samuel Du Pont du 6 fávrier, Limoges", éd. Gutave Schelle, *Œuvres de Turgot et documents le concernant*, tome III, Paris, Librairie Félix Alcan, 1913-1923.

Turgot, Anne Robert Jacques [1770d], "Lettre à Pierre-Samuel Du Pont du 20 février, Limoges", éd. Gustave Schelle, *Œuvres de Turgot et documents le concernant*, tome III, Paris, Librairie Félix Alcan, 1913-1923.

Turgot, Anne Robert Jacques [1770e], "Lettre à Pierre-Samuel Du Pont du 23 mars, Limoges", éd. Gutave Schelle, *Œuvres de Turgot et documents le concernant*, tome III, Paris, Librairie Félix Alcan, 1913-1923.

Turgot, Anne Robert Jacques [1770f], "Lettre à l'abbé Gouttes du 24 avril (sur l'intérêt de l'argent), Limoges", éd. Gustave Schelle, *Œuvres de Turgot et documents le concernant*, tome III, Paris, Librairie Félix Alcan, 1913-1923.

Turgot, Anne Robert Jacques [1770g], "Lettre au Contrôlleur Général (abbé Terray) du 30 octobre (sur le commerce des grains), Limoges", éd. Gustave Schelle, *Œuvres de Turgot et documents le concernant*, tome III, Paris, Librairie Félix Alcan, 1913-1923.

Turgot, Anne Robert Jacques [1774a], "Lettre à (Antoine Bernard) Caillard du 12 mars, Paris", éd. Gustave Schelle, *Œuvres de Turgot et documents le concernant*, tome III, Paris, Librairie Félix Alcan, 1913-1923.

Turgot, Anne Robert Jacques [1774b], "Lettre au Roi, contenant ses idées générales sur le ministère des finances, qui venait de lui être confié. (A Compiègne, le 24 août)", dans *Œuvres de Turgot*, Vol. II, nouvelle édition, classée par ordre de matière avec les notes de Dupont de Nemours augmentée de lettres inédites, de questions sur le commerce, et d'observations et de notes nouvelles par Eugène Daire et Hippolyte Dussard (réimpression de l'édition 1844, tome IV, Osnabrück, Otto Zeller, 1966).

Turgot, Anne Robert Jacques [1775], "Mémoire sur les municipalités", éd. Gustave Schelle, *Œuvres de Turgot et documents le concernant*, tome IV, Paris, Librairie Félix Alcan, 1913-1923.

Turgot, Anne Robert Jacques [1776], "Arrêt du Conseil portant établissement de la Caisse [d'Éscompte]", éd. Gustave Schelle, *Œuvres de Turgot et documents le concernant*, tome IV, Paris, Librairie Félix Alcan, 1913-1923.

Turgot, Anne Robert Jacques [1778], "Lettre au Docteur Price du 22 mars, Paris", éd. Gustave Schelle, *Œuvres de Turgot et documents le concernant*, tome V, Paris, Librairie Félix Alcan, 1913-1923.

Velde, François R. [2009], "Was John Law's System a bubble?: Mississippi Bubble revisited", in Jeremy Atack and Larry Neal (eds.), *The Origins and Development of Financial Markets and Institutions: From the Seventeenth Century to the Present*, Cambridge, Cambridge University Press, 2009.

Vissol, Thierry [1982], "La notion de 〈sur-le-champ〉 dans la théorie du capital de Turgot", dans Bordes, Christian et Jean Morange (sous la dir. de), *Turgot, économiste et administrateur: Acte d'un séminaire organisé par la Faculté de droit et de sciences économiques de Limoges pour le bicentenaire de la mort de Turgot, 8, 9 et 10 octobre 1981*, Limoges, Presses Universitaires de France: Publications de la Faculté de droit et de sciences économiques de l'Université de Limoges.

Voltaire (François-Marie Arouet) [1759], *Mémoire pour servir à la vie de M. Voltaire écrit par lui-même*; reprint, Paris, Mercure de France, 2008. 福鎌忠恕訳『ヴォルテール回想録』大修館書店, 1989 年.

Voltaire (François-Marie Arouet) [1761], "Réponse de Voltaire [à la lettre de Turgot du 24 août 1761], 2 septembre" (extrait), éd. Gustave Schelle, Œuvres de Turgot et documents le concernant, tome II, Paris, Librairie Félix Alcan, 1913-1923.

Waszek, Norbert [2003], L'Ecosse des lumières: Hume, Smith, Ferguson, Paris, Presses Universitaires de France.

Weulersse, Georges [1950], La physiocratie sous les ministères de Turgot et de Necker (1774-1781), Paris, Presses Universitaires de France.

Wilson, Charles H. [1958], "The other face of mercantilism", Transactions of The Royal Historical Society, 5th series, 9: reprinted in Mark Blaug (ed.), The Later Mercantilists: Josiah Child (1630-1699) and John Locke (1632-1704), Pioneers in Economics Series, Vol. 5, Aldershot, Edward Elgar, 1991.

2. 邦語文献

出口勇藏 [1941]，「テュルゴの精神進歩の理論」，京都帝國大學經濟學會『經濟論叢』第53巻第6號, 12月, 所収.

出口勇藏 [1942a]，「テュルゴの社會進歩の理論」，京都帝國大學經濟學會『經濟論叢』第54巻第5號, 5月, 所収.

出口勇藏 [1942b]，「テュルゴの歴史觀」，京都帝國大學經濟學會『經濟論叢』第54巻第5號, 6月, 所収.

岩根典夫 [1979]，「二つの商業論——J.-F. ムロンとモンテスキューとの出会い」，関西学院大学商学会『商学論究』第26巻第4号，所収.

川島信義 [1972]，『ステュアート研究——重商主義の社会・経済思想——』未来社.

久保田光明 [1965]，『重農学派経済学——フィジオクラシー（第5版）』前野書店（同書の初版は1940年に刊行された『新經濟學全集』（日本評論社刊）に久保田が寄稿した「フィジオクラシー」を加筆・補正，前野書店から1950年に出版）．

櫻井毅 [1988]，『イギリス古典経済学の方法と課題』ミネルヴァ書房.

櫻井毅 [2009]，『資本主義の農業的起源と経済学』社会評論社.

津田内匠 (訳) [1962]，『チュルゴ経済論集』岩波書店.

津田内匠 [1985]，「グルネの生涯の不明な部分，そして辞表」，一橋大学『社会科学古典資料センター年報』第5巻，所収.

津田内匠 [1993-98]，「J.-F. ムロンの『システム』論 (1〜4)」，一橋大学『社会科学古典資料センター年報』第13, 14, 16, 18巻，所収.

常松三郎 [1923]，「チルゴー著考察の英譯に就て」，慶應義塾大學理財學會『三田學會雑誌』第16巻，所収.

手塚壽郎 [1926]，「チルゴーの『考察』のテキストに就て（其一・二）」，神戸高等商業學校『國民經濟雑誌』第43巻第1, 2號，所収.

手塚壽郎 [1927]，「グルネーの經濟思想（其一〜六）」神戸高等商業學校『國民經濟

雑誌』第44巻第1, 2, 3, 4巻, 第45巻第1, 2號, 所收.
手塚壽郎 [1929a],「ガリアニの Della Moneta に就て」, 神戸高等商業學校『國民經濟雜誌』第47巻第2號, 所收.
手塚壽郎 [1929b],「ケネーの發展――アグラリアニスムより自由へ」, 小樽高等商業學校『商學討究』第4輯 (1), 所收.
手塚壽郎 [1930],「比較生産費と保護貿易」, 神戸高等商業學校『國民經濟雜誌』第48巻第4號, 所收.
手塚壽郎 [1933],「心理的經濟價値説の歴史的研究の一節――チュルゴーの Valeurs et monnaies の想源に就て」, 福田徳三博士追憶論文集 (神戸高等商業學校『國民經濟雜誌』第55巻第2號), 所收.
手塚壽郎 [1936],「經濟學説に於ける政治的要因：重農學派の凋落とリベラル・アンチフィジオクラチックとを決定せる政治的要素」, 小樽高等商業學校『商學討究』第11輯 (小樽高等商業學校創立二十五周年記念論文集), 所收.
中川辰洋 [2006/2007],「リシャール・カンティヨンと価格メカニズム――『経済学の揺籃』の意味するもの―― (I, II)」, 青山学院大学経済学会『青山経済論集』第58巻第3, 4号, 所收.
中川辰洋 [2011],『ジョン・ローの虚像と実像――18世紀経済思想の再検討――』青山学院大学経済研究所研究叢書7, 日本経済評論社.
永田清 (訳) [1934], チュルゴオ著『富に関する省察』岩波文庫.
馬場宏二 [2008],『経済学古典探索――批判と好奇心――』, 御茶の水書房.
浜林正夫編 [1962],「シェル文庫目録」, 小樽商科大学附属図書館.
原田光三郎 (訳) [1924], チュルゴー著『富の形成と分配』弘文堂書店.
三邊清一郎 (訳) [1940], P. ヴギグルウ著「テュルゴーの資本形成論」, 社會經濟史學會『社會經濟史學』第9巻 (10), 所收 (Originally published in French as Pierre Vigreux, "La formation du capital selon Turgot", *Revue d'Histoire Économique et Sociale*, XXVe année, 1939).
山口正太郎 [1930],「チュルゴーの『富の形成と分配』」, 京都帝國大學經濟學會『經濟論叢』第30巻第2號, 所收.
渡辺恭彦 [1967],「テュルゴーの経済理論の思想的構造」, 福島大学経済学会『商學論集』第36巻第1号, 所收.
渡辺恭彦 (訳) [2007], エドガー・フォール著『チュルゴーの失脚 (上・下)』法政大学出版会 (叢書ウニベルシタス) (Originally published in French as Edgar Faure, *12 mai 1776: La disgrâce de Turgot* (*Trente journées qui ont fait la France*), Paris, N.F.R., Gallimard, 1961).

あとがき

　本書は，フランス・ドイツの政治的・経済的相互関係を軸とするEU（ヨーロッパ連合）のマクロ経済分析を"本業（なりわい）"とする筆者の経済思想史・経済学説史についての著書としては『ジョン・ローの虚像と実像——18世紀経済思想の再検討』（2011年）につづくものである．前作の作成過程においてはすくないながらもわが国の先学の研究業績を参照することを得たのに対して，今回はそうした機会にほとんどめぐまれなかった．欧米諸国ではテュルゴーの評伝や研究論文が星の数ほどあるにもかかわらず，著者が頼りにし得た邦語研究はわずかに旧制小樽高等商業學校の手塚壽郎教授が発表した一連の論稿だけであった．

　テュルゴーといえば，「資本」，「資本家」のネオロジスムの生みの親であり，後世の経済学研究に多大の影響をあたえた人物であることがいまや明らかになっている．だが，それにもかかわらずテュルゴー研究はわが国の経済思想史や経済学説史研究の「空白地帯」をなしている．このことは，テュルゴーの経済学の古典形成における貢献が正当に評価されることがなかった証左——というよりは，むしろわが国の研究者がテュルゴーの著作の理解や解釈に積極的に取り組みその意義を解き明かすことを怠ってきた結果である．多くの場合，カール・マルクスの『剰余価値学説史』やヨーゼフ・A. シュンペーターの『経済分析の歴史』におけるテュルゴー理解や解釈をもってよしとしてきた．曰く，テュルゴーこそは「最高のフィジオクラート派経済学者」，「フィジオクラート派ではなかったもののシンパシーを抱いていた」などなど．だからまた，かれら経済学の巨匠たちのテュルゴー理解や解釈に誤読や誤解が存在するなどとはゆめゆめ考え及ばなかったに相違ない．

　もちろん，そうした誤読や誤解の責任をすべてマルクスやシュンペーター

に負わせるのは酷な話であろう．何よりもまず，『剰余価値学説史』にしろ，『経済分析の歴史』にしろ，マルクスやシュンペーターの読書ノート（しかも未定稿）にすぎず出版の意思があったかどうか疑わしい．かれらにその意思がたとえあったにせよ，現行のかたちで世に問うたかどうかも疑問である．さらにいまひとつ，より重要なことであるが，マルクスの時代にはテュルゴーの著作は"フィジオクラシー"なるネオロジスムの生みの親でテュルゴーの友人でもあるピエール゠サミュエル・デュポンの手になるテュルゴー全集か，せいぜいよくってその増補版たるデール゠デュサール版テュルゴー全集による以外なかったことを忘れてはならない．解せないのはシュンペーターのほうである．ギュスターヴ・シェルが1913年から10年の歳月をかけて編集・刊行したテュルゴー全集の決定版——いわゆるシェル版テュルゴー全集を無視して，デュポンらの「セクト主義」によって潤色された全集をシュンペーターが愛読していたからである．それだけに，シュンペーターの議論には難点がすくなくない．もはやマルクスやシュンペーターの断編を梵の真言(マントラ)よろしく振りかざす時代ではないといえるかもしれない．マルクスやシュンペーターの卓越した見識や学問的業績に敬意を表するものの，あくまでも参考意見にとどめるべきであろう．かてて加えて，1980年代このかたテュルゴーの思想形成に大きな影響をあたえたジャック・ヴァンサン・ド・グルネーの草稿や書簡など第一級の資料の発見と研究の功ともあいまって，テュルゴーの思想的営みの全容がほぼ明らかになりつつあることを思えばなおのことそうである．実際，この2，30年間に欧米研究者によるテュルゴー研究は飛躍的な発展をとげた．

そうした欧米の研究者の研究成果をもとにテュルゴーの思想的営みをあらためてふり返るならば，その最大の功績はラテン語の"capitalis"を語源とする"capital"を，近代商業社会ないし市場経済社会における「新しい富の概念」として定義したかれの資本の論理にもとめられなくてはならない．テュルゴーが代表作『富の形成と分配に関する諸省察』のなかでもっとも力を注いだ領域こそ，資本とそれが織りなす社会・経済関係の組織的分析であ

あとがき

った．もちろん，そのすべてがテュルゴーの業績とはいえず，かれの師グルネーの経済思想に計り知れない影響を受け，これを継承・発展させた成果であることは歴史的資料によって証明ずみである．それはまた，かれがフランソワ・ケネーを頂点するフィジオクラート派の有力メンバーでもなければ，かれの学説がケネーのそれと同様，アダム・スミスの学説を準備する先駆的業績にすぎないとの評価は当たらないとの謂いでもある．スミスこそはテュルゴーの後継者であるとの評価さえあるほどである．要するに，経済学の揺籃と称される18世紀から現代に至るまで，経済研究発展の歴史はテュルゴーの業績を抜きに語ることはできないといって誇張ではない．このことを明らかにすることが本書の主たるテーマである．

もともと本書は，青山学院大学経済学会紀要『青山経済論集』に2011年6月から翌年3月にかけて発表した「テュルゴー資本理論研究――経済学の古典形成における意義と限界（Ⅰ～Ⅳ）」をもとにしているが，刊行に当たって旧稿の全体を見直して補筆・加筆を施した．その主たる点は，技術的調整のほか，旧稿にふくまれる誤記を気のつく限り正したことである．また，旧稿発表時には紙幅の都合上割愛せざるを得なかった幾多のパラグラフを復活させ読者に分かりやすくかつ正確であることにつとめた．さいわい論旨を大幅に修正するに至るものではなかった．だからといって，遺漏や過誤がもはやないなどと自惚れているわけでは決してない．読者兄姉の忌憚のないご批評・ご批判を仰ぐしだいである．

ちなみに，「付論」の2本の論文は，テュルゴーの資本理論研究のなかでもっとも重要なテーマをなす資本概念の生成と成立ならびに資本・利子の問題を掘り下げて論じたものである．惟惜しむらくは，もう1本，イングランドの資本概念研究史を批判的に検討した「『資本』概念成立探究――馬場宏二『資本・資本家・資本主義』を中心にして」（前出『青山経済論集』第64巻第4号，2013年3月，所収）をここに加えられなかった．筆者としてはこの論文もあわせて参照されることを希望するものである．

先にのべたとおり，テュルゴーは前作で論じたジョン・ローと同じくこの

国では馴染みのない経済学の歴史の偉人であり，本書が"本邦初のテュルゴー研究書"たる栄誉に浴するからといって，すべてが筆者の創意であると主張するつもりなど毫もない．これまでの著書や論文それに学会などでの研究報告がそうであるように，先学同学から多くの学恩を受けている．本書はその賜物である．櫻井毅先生，佐伯尚美先生，山口重克先生には東京大学大学院以来今日まで経済学についてご指導を受けている．筆者の経済学研究にささやかなりともとりえがもしもあるとすれば，ひとえに3人の師に負うている．とりわけ櫻井先生には，研究の進展過程において多くのご教示をあたえられたことを記しておかねばならない．テュルゴーのある書簡中の表現を借りていえば，これら3人の先生の"弟子"であること——すくなくとも謦咳に接したことをわが生涯の誉れとするものである．

　本書を構想したのは2度目のサバティカルリーヴでパリに飛ぶ2008年8月よりもすこし前の時分であった．入手したばかりのシェル版テュルゴー全集を携えて，パリでじっくり読もうという料簡であったが，読むにつれて思わぬ伏兵によって行く手を阻まれた．ジョン・ローである．テュルゴーの経済学説の形成過程において，ローがいわば影法師のように付きまとっていたからである．ジョン・ローといえば，拙稿「リシャール・カンティヨンと価格メカニズム（I・II）」（2006年12月，07年3月）の稿を起こすにさいして，カンティヨンの"ライバル"——ロー理論のアンチテーゼという観点からそれなりに調べはしたものの，テュルゴーとの関連をフォローしふかく考究できなかった．結局，パリではテュルゴーの理解のためにはまずジョン・ローを，と見付けてテュルゴー研究を後回しにすると同時に，カンティヨンに関してもローやテュルゴーの研究成果を踏まえて見直すことが肝要と考えるに至った．それもそのはず，カンティヨンの英語で書かれた『商業一般の本性に関する試論』の草稿の仏語訳と刊行はテュルゴーの師グルネーの功にあずかるところが大であり，かつ愛弟子もこれに積極的に関わっていたことを否定できないからである．

　手前味噌かもしれないが，ジョン・ローをテーマとした前作はいわば本書

の前提作業であり，本書は筆者のこの間の研究に一区切りをつけるものである．しかも，シェル版全集刊行開始100年の節目に当たる2013年に本書を上梓できることは望外の喜びである．もちろん，これで終わりというわけではない．この先ジョン・ローやテュルゴーを射程に入れてカンティヨンの経済学説の研究にあらためて取り組みその成果を発表する計画である．さいわい近年フランスを中心にヨーロッパ諸国ではカンティヨンの研究書や論文が数多く発表されているので難儀することはあるまい——すくなくともそうあってほしい．カンティヨン研究はしかし，わが国の経済思想史・学説史研究上の空白を埋めるというだけではない．ロー，カンティヨン，テュルゴーの経済学説形成上の相関関係の究明，ひいては18世紀フランス経済思想の経済学の古典形成への貢献を明らかにすることでもある．これら3人は経済学の古典形成におけるキーパーソンであるといって誇張ではない．

　最後に，本書の刊行に当たっては，いちいちお名前を挙げないけれども，先学同学はもとより，本務校の事務関係者のかたがたの手を煩わせることが多かった．また，日本経済評論社社長栗原哲也氏ならびに清達二氏には，前作と同様に大変お世話になった．この機会にあらためて心からの謝意を表したい．

　なお，本書は平成25年度独立行政法人日本学術振興会科学研究費事業（科学研究費助成金）（研究成果公開補助金「学術図書」）（課題番号255151）によって刊行されたことを付記する．

　2013年7月下浣　研究室にて著者記す

初出一覧

1. 論文

「チャイルド―グルネー―テュルゴー――『資本』概念の形成と成立に関する一考察」，青山学院大学経済学会『青山経済論集』第 62 巻第 2 号，2010 年 9 月，所収．

「テュルゴー資本理論研究――経済学の古典形成における意義と限界 (I)」，青山学院大学経済学会『青山経済論集』第 63 巻第 1 号，2011 年 6 月，所収．

「テュルゴー資本理論研究――経済学の古典形成における意義と限界 (II)」，青山学院大学経済学会『青山経済論集』第 63 巻第 2 号，2011 年 9 月，所収．

「テュルゴー資本理論研究――経済学の古典形成における意義と限界 (III)」，青山学院大学経済学会『青山経済論集』第 63 巻第 3 号，2011 年 12 月，所収．

「テュルゴー資本理論研究――経済学の古典形成における意義と限界 (IV)」，青山学院大学経済学会『青山経済論集』第 63 巻第 4 号，2012 年 3 月，所収．

「テュルゴー利子論への補遺――『貨幣貸付に関する覚書』を中心にして」，青山学院大学経済学会『青山経済論集』第 63 巻第 4 号，2012 年 3 月，所収．

2. 学会報告

「『資本』概念の生成と展開に関する一考察――テュルゴー学説の貢献とその足跡にみる問題点」，経済学史学会第 75 回全国大会，2011 年 11 月 7 日，於・京都大学（報告要旨，経済学史学会第 75 回全国大会報告集，2011 年，所収）．

人名索引

[あ行]

アウグスティヌス（Augustinus, Aurelius; Saint Augustin） 127
アシュレー, W.J.（Ashley, W.J.） 265, 267
アタック, ジェレミー（Atack, Jeremy） 278
アベイユ, ルイ・ポール（Abeil, Louis Paul） 148
アリストテーレス（Aristoteles） 69
アルサン, ポール（Harsin, Paul） 140, 271
アルジャンソン侯爵（Argenson, René-Louis de Voyer de Paulmy, marquis d'） 28, 48, 133, 136, 157
アルジェリエ主任司祭 ⇒グート師
アントネリ, エティエンヌ（Antonelli, Étienne） 152, 154
アンリ王（Henri deNavarre）⇒アンリ4世
アンリ2世（Henri II de France） 133, 245
アンリ3世（Henri III de France） 245
アンリ4世（Henri IV de France） 25-6, 133
アンヴィル公爵夫人（Enville, Louise Elisabeth Nicole de La Rochefoucauld, duchesse d'） 29
アントワネット＝テレーズ＝マルグリート（Le Peltier de Rosanbo, Antoinette-Thérèse-Marguerite; fille aînée de Malesherbes） 27
イーグリー, ロバート・V.（Eagley, Robert V.） 34, 42-3, 45, 269
板谷宮吉 11
出口勇藏 9-10, 15, 77, 98, 279
イレイジャース, グイド（Erreygers, Guido） 31, 156, 269

岩根典夫 200, 279
ヴァチェク, ノルベール（Waszek, Norbert） 37, 279
ヴァルラス, オギュスト（Walras, August; père de Léon） 51
ヴァルラス, レオン（Walras, Léon） 31, 43, 51, 94, 152-5
ヴァンサン・ド・グルネー, ジャック＝クロード＝マリー（Vincent de Gournay, Jacques-Claude-Marie） 3-4, 7, 9-11, 15-20, 26-7, 32-3, 36-43, 45-9, 57, 61-73, 82, 91, 97-9, 105-8, 116-7, 119, 128, 135-6, 146-50, 153, 155, 157, 179, 181 - 223, 225 - 6, 250, 268-9, 272, 274-6, 279
ウィルソン, チャールズ・H.（Wilson, Charles H.） 223, 279
ヴィグルウ（ヴィグルウ）, ピエール（Vigreux, Pierre） 10, 280
ヴィソル, ティエリー（Vissol, Thierry） 31, 121, 131, 142, 149, 278
ヴィダル＝ナケ, アルレット・（Vidal-Naquet, Arlette） 30
ヴゥレルス, ジョルジュ（Weulresse, Georges） 38, 148, 153, 279
ヴェーヌ, ジャン・ド（Vesne, Jean de） 146
ヴェーバー, マックス（Weber, Max） 152
ウェッブ, ビアトリス（Webb, Beatrice） 153
ウェルギリウス（Vergilius Maro, Publius） 57
ヴェルド, フランソワ・R.（Velde, François R.） 132, 278
ヴォーバン侯爵, セバスティアン・ル・プレストゥル（Vauban, Sébastian Le Prestre, marquis de） 222

ヴォルテール（Voltaire 本名 François-Marie Arouet）　21-2, 49, 98, 132, 276, 278-9
ウォンステッド準男爵　⇨チャイルド
エイケム，ミシェル　⇨モンテーニュ
江戸川乱歩　52
エルヴェ・ド・トックビル夫人　⇨ルイーズ=マドレーヌ=マルグリート
エンゲルス，フリードリヒ（Engels, Friedrich）　10, 142, 210
大河内一男　43, 121, 224, 274
オーヌ男爵　⇨（アンヌ・ロベール・ジャック・）テュルゴー
オラン，アルノー（Orain, Arnaud）　39
オルリ，フィリベール（Orry, Philibert）　28
オルレアン公フィリップ2世（Orléans, Philippe II d'）　28, 132
オンケン，アウグスト（Oncken, August）　186, 190, 210-1

[か行]

カイヤール，アントワーヌ=ベルナール（Caillard, Antoine-Bernard; secrétaire de Turgot）　126, 247, 278
カトリーヌ・ド・メディシス（Médicis, Catherine de）　133, 245
カミュ，ジャン=ピエール（Camus, Jean-Pierre, evêque de Belley）　30
ガリアーニ，フェルディナンド（Galiani, Ferdinando, abbé）　39, 44, 50-2, 155, 280
カルトリエ，ジャン（Cartelier, Jean）　59, 108, 267
カルペパー，サー・トマス（Culpeper, le Chevailer (Sir) Thomas）　67, 192
カルヴァン，ジャン（Calvin, Jean）　21, 75, 239
ガレ=アモノ，ジャン（Gallais-Hammono, Jean）　31, 269
カンティヨン，リシャール（Cantillon, Richard）　5-6, 17-9, 26, 34-5, 40-1, 43-4, 469, 52, 61-2, 77, 79-80, 82, 93, 97, 115, 136-8, 141-2, 155, 157, 180, 188, 210, 218, 220, 222-3, 267, 270-5, 280
川島信義　49, 279
キーネル，ミシェル（Kiener, Michel）　22, 271
キケロ，マルクス・トゥルリウス（Cicelo, Marcus Tullius）　52
キャナン，エドウイン（Canann, Edwin）　42, 267, 274
グート師（Gouttes, Jean-Louis, abbé; curé d'Argilliers）　241, 246, 277
クートン，ジョルジュ（Couton, Georges）　26-7
クセノフォン（Xenophōn）　69
久保田光明　34, 47, 59, 222, 279
グラスラン，ジャン=ジョセフ=ルイ（Graslin, Jean-Joseph-Louis）　23, 39, 44, 50-1, 94, 155-6, 270-1, 277
グランジュ，アンリ（Grange, Henri）　148, 270
グランプ，ウィリアム・D.（Grampp, William D.）　47, 223, 229, 269
クリスティ，アガサ（Christie, Agatha）　124, 227
クリュニー・ド・ニュイ，ジャン=エティエンヌ・ベルナール（Clungy de Nuits, Jean-Étienne Bernard）　28
グルネー侯爵（Gournay, marquis de）　⇨ヴァンサン・ド・グルネー (，ジャック=クロード=マリー)
グルネー未亡人　⇨クロチルド
クレール，ドニ（Clerc, Denis）　147, 268
グレーネヴェーゲン，ペーター・D.（Groenewegen, Peter D.）　21, 117, 150, 155-6, 270
クロチルド（Clotilde, marquise de Gournay; femme de Jacques-Claude-Marie Vincent de Gournay）　66, 106, 195
グロスペリア，ジョエル（Grospelier, Joelle）　37, 270
ケインズ，ジョン・メイナード（Keynes, John Maynard）　121, 270
ケネー，フランソワ（Quesnay, François）　2, 4-5, 8-11, 18-21, 32-5, 37-8, 40-3, 49,

人名索引   289

55, 57-63, 75, 77, 97-100, 107-9, 112, 115
　-9, 122, 130, 146, 148-9, 157, 183, 206,
　216, 219-20, 222-3, 230, 254, 256, 267,
　273-4, 276, 280
ゲルリウス，アウルス（Gellius, Aulus）52
乾隆帝（Qian-long-di; Ch'ien-lung-ti; 清朝
　第六代皇帝，廟号高宗）55
コールマン，D.C.（Colemann, D.C.）47,
　268
康熙帝（Kang-xi-di; K'ang-his-ti; 清朝第
　四代皇帝，廟号聖祖）55
ゴッセン，ヘルマン・ハインリヒ（Gossen,
　Herman Heinrich）51
コルベール，ジャン＝バティスト（Colbert,
　Jean-Baptiste, marquis de Seignaley）
　28-9, 217
コンディヤック，エティエンヌ・ボノ・ド
　（Condiac, Étienne Bonnot de）39, 44,
　49, 51, 155
コンドルセ侯爵（Condorcet, Marie Jean
　Antoine de Carita, marquis de）24, 26,
　29, 49, 147-8, 150, 224-5, 268

[さ行]

櫻井毅 39, 46, 48, 62, 108, 140-1, 222-3, 279
サン＝シモン伯爵（Saint-Simon, Claude-
　Henri de Rouvroy, comte de）11
サン＝ジュスト，ルイ・アントワーヌ・ド
　（Saint-Juste, Louis Antoine de）26
サントネル，レオン（Léon Centnell）11
サン＝ペラヴィ，ジャン・ニコラ・マルスラ
　ン・ゲリノー（Saint-Péravy, Jean
　Nicolas Macellin Guérinot）95-6, 112,
　117-8, 130, 277
シセ兄弟（Frères de Cicé）6, 14, 64, 132,
　220, 275
ジニュウ，クロード＝ジョゼフ（Gignoux,
　Claude Joseph）13, 205, 269
シャティヨン男爵　⇒モンクレティアン
シャッツ，アルベールト（Schatz, Albert）
　51
シャトーブリアン，フランソワ＝ルネ
　（Chateaubriand, François-René, vicomte

　de）27
シャルル5世（Charles V de France）157
シャルル6世（Charles VI de France）127
シャルル9世（Charles IX de France）245
シャルル，ロイク（Charles, Loïc）75, 195,
　267, 274
ジャン2世善王（Jean II Le Bon de Fran-
　ce）145
ジャンヌ・ダルク（Jeanne d'Arc, Sainte）
　58, 245
ジャンヌ・ダルブレ　⇒フアナ3世
シュアール，ジャン＝バティスト・アントワ
　ーヌ（Suard, Jean-Baptiste Antoine）
　145
シュンペーター，ヨーゼフ・A.（Schumpeter,
　Joseph Alois）32-3, 142, 152, 183, 211-2,
　221, 229-30, 274
シェークスピア，ウィリアム（Shakespeare,
　William）52-3, 225, 228, 238, 240
ジェヴォンズ，ウィリアム・スタンレー
　（Jevons, William Stanley）51, 224
ジェシュア，クロード（Jessua, Claude）
　31, 47, 59, 82-3, 94, 108, 113, 118, 151-2,
　154, 271
シェル，ギュスターヴ（Schelle, Gustave）
　3, 13, 16, 18, 20-1, 24, 29, 33, 58, 126, 158,
　162-71, 182-3, 185-6, 189-90, 205-6, 210
　-1, 214, 247-8, 250, 260, 274-80
小ミラボー　⇒ミラボー伯爵
ショシナン＝ノガレ，ギー（Chaussinand-
　Nogaret, Guy）125, 267-8
ジョゼフ・フランソワ（Vincent de Gour-
　nay des Guimerais, Joseph François;
　frère de Jacques Vincent）66, 195
ジョレス，ジャン（Jaurès, Jean）152
ショワズル公爵（Choiseul, Étienne
　François, comte de Stainville, duc de）
　21-2, 276
シルエット，エティエンヌ・ド（Silhouette,
　Étienne de）187, 193
杉山忠平 66, 198, 268
スコルニキ，アルノー（Skornicki, Arnaud）
　68, 200, 274

スッテトナー, ウォルター (Stettner, Walter) 48, 275
スティーヴンス, ウィリアム・ウォーカー (Stevens, William Walker) 13, 16, 21, 275
ステュアート, サー・ジェームズ (Steuart, Sir James) 48-9, 140-1, 275, 279
スペングラー, ジョゼフ・J. (Spengler, Joseph J.) 34, 40, 52, 150, 155, 274-5
スミス, アダム (Smith, Adam) 2, 7-8, 17, 20, 24, 31-2, 36, 39, 42-52, 56, 60, 63, 82, 92-3, 96-7, 121, 142, 149-50, 154-5, 157, 217-8, 221, 223-6, 269-70, 274, 279
セー, ジャン=バティスト (Say, Jean-Baptiste) 44, 153
セー, ルイ (Say, Louis) 51
セノヴェール, エティエンヌ=フランソワ・ド (Senovert, Etienne-François de, général) 140
セルヴェートゥス, ミーケル (Servetus, Michael; Migel Serveto; Michel Servet) 75
セルウェートゥス ⇒セルヴェートゥス
ソーヴェール=ジュールダン, フランソワ (Sauvaire-Jourdan, François) 46, 216, 274
ソワソン伯 (Soisson, Charles de Bourbon, comte de) 133
ゾンバルト, ヴェルナー (Sombart, Werner) 152

[た行]

大ミラボー ⇒ミラボー侯爵
ダヴァンザッティ, ベルナルド (Davanzatti, Bernardo) 39
タッカー, ジョサイア (Tacker, Josiah) 17-8, 38, 49, 188, 215, 276
タブロー・デ・レオー, ルイ=ガブリエル (Taboureau des Réaux, Louis-Gabriel) 28
ダランベール, ジャン・ル・ロン (D'alembert, Jean Le Ron) 17, 26, 206
チャイルド, サー・ジョサイア (Child, Sir Josiah, First Baronet of Wanstead) 3-4, 7, 15, 17-20, 35, 37-9, 42-3, 45-6, 48, 65, 67-73, 106-7, 119, 126, 135, 149-50, 156-7, 179-85, 191-5, 197-206, 214, 217, 220-1, 223-6, 250, 267-9, 272, 275, 279
チュルゴ ⇒テュルゴー
チュルゴー ⇒テュルゴー
チュルゴオ ⇒テュルゴー
チルゴー ⇒テュルゴー
津田内匠 3, 9, 21, 66, 106, 108, 183-6, 192, 195-7, 221, 275, 279
常松三郎 9, 280
デール, ユジェーヌ (Daire, Eugène) 2-3, 32-3, 158-9, 247, 269, 278
ディドロ, ドニ (Didrot, Denis) 17, 26, 206
デカルト, ルネ (Descartes, René) 16, 36
手塚壽郎 9, 10-1, 16, 20-1, 31, 36, 38-9, 50-1, 62-4, 73, 117, 119, 156-7, 183, 186-7, 189, 191, 205, 207, 211-7, 219, 247, 250, 263, 279-80
デマレ, ニコラ (Desmarets, Nicolas) 28
デューリング, オイゲーン (Dühring, Eugen) 211, 272
デュサール, イポリット (Dessard, Hyppolite) 2-3, 32-3, 158-9, 247, 269, 278
デュト (, ニコラ) (Dutot, Nicolas) 48, 200
デュポン, エルテール=イレネー (Du Pont, Eleuthère Irénée) 23
デュポン, ピエール=サミュエル (Du Pont [de Nemours], Pierre-Samuel) 2, 11, 16, 19, 23-4, 32-4, 38, 49, 55-6, 62-3, 84-5, 96, 126, 128, 134, 148, 156-71, 173-4, 178, 186, 190, 206, 213, 216, 220, 224-5, 247-8, 259-61, 268-9, 276-7
デュポン・ド・ヌムール ⇒デュポン
テュルゴ ⇒テュルゴー
テュルゴー, アンヌ・ロベール・ジャック (Turgot, Anne Robert Jacques, baron de l'Aulne) 13
テュルゴー, クロード (Turgot, Claude)

人名索引

69
テュルゴー, ミシェル=エティエンヌ (Turgot, Michel-Étienne, père d'Anne Robert Jacques) 13-5, 30, 205
テレ, クリスティーヌ (Théré, Christine) 274
テレー, ジョゼフ=マリー (Terray, Joseph-Marie, abbé) 25, 260, 278
ドーファン=ムーニエ, アシル (Dauphin-Meunier, Achille) 126-8, 135, 229, 238-9, 262, 268
ドゥーリー, ピーター・C. (Dooly, Peter C.) 44, 79, 268
ドクター・プライス (Dr. Price) ⇒プライス
ドスタレール, ジル (Dostaler, Gilles) 66, 69, 114, 268
ドダン, シャルル・ガスパール (Dodun, Charles Gaspard) 28
トックビル, アレクシス・ド (Tocqueville, Alexis-Charles-Henri Clérel de) 27
トックビル, エルヴェ・ド (Tocqueville, Ervé François Bonavanture Clérel, comte de; père d'Alexis) 27
ドニ, エクトール (Denis, Hector) 108, 268
トランド, ジョン (Toland, John) 39
トリュシ, アンリ (Truchy, Henri) 63-4
トリュデーヌ, ダニエル=シャルル (Trudaine, Daniel-Charles) 17, 22, 106, 146-8
トリュデーヌ・ド・モンティニ, ジャン・シャルル・フィリベール (Trudaine de Montigny, Jean Charles Filibert) 17, 106, 146-8
トルシー ⇒トリュシ
トロツキー, レオン (Trotsky (Trotskiy, Trotski), Léon 本名 Lev Davidovich Bronshtein) 152

[な行]

中川辰洋 18, 33-5, 43, 46, 48, 75, 77, 132, 137, 188, 205, 222, 262, 280

永田清 9, 280
ナポレオン1世 (Napoléon Ier (Napoléon Bonaparte)) 84, 135, 145-7, 262
ニール, ラリー (Neal, Larry) 278
ニコルズ (, ジョン) ⇒プリュマール・ド・ダングール (, ルイ=ジョゼフ)
ニス, ジャン=フランソワ (Nys, Jean-François) 108, 273
ニュートン, サー・アイザック (Newton, Sir Isaac) 16
ネイマルク, アルフレッド (Neymack, Alfred) 13, 16, 273
ネッケル, ジャック (Necker, Jacques) 27-9, 148, 270, 279
ネモ, フィリップ (Nemo, Philippe) ⇒ 30

[は行]

ハーヴェイ, ウィリアム (Harvey, William) 75
バウチャー, アントニー (Boucher, Anthony) 52
バカラン, イザーク・ド (Baccalan, Isaac de) 46, 274
ハチソン, T.W. (Huchison, T.W. (Terence Wilmot)) 31, 155, 270-1
バックルー公爵ヘンリー・スコット (Buccleuch, Henry Scott, Duke of) 24, 149
馬場宏二 223-5, 280
浜林正夫 11, 280
原田光三郎 9, 280
パリス=デュヴェルネー, ジョゼフ (Pâris-Duvernay, Joseph) 200
パンショー, イザーク (Panchaud, Isaac) 135, 262
ヒッグズ, ヘンリー (Higgs, Henry) 18, 153, 188, 270
ヒューム, デイヴィッド (Hume, David) 17, 24, 36-7, 49, 90, 112, 115, 229, 275, 277, 279
ビュテル=デュモン, ジョルジュ・マリー (Butel-Dumont, Georges Marie) 15, 187
ビュリダン, ジョルジュ (Buridan, Geor-

ges) 51
ファーガソン, アダム (Ferguson, Adam) 36-7, 279
ファッカレロ, ジルベール (Faccarello, Gilbert) 31, 39-40, 156, 267
フアナ3世 (Juana III de Navarre; Jeanne d'Albret) 25
フィリップ4世美男王 (Philippe IV Le Bel de France) 245
フィッツシモンズ, マイケル・P. (Fitzsimons, Michael P.) 188, 269
フーケ, ニコラ (Fouquet, Nicolas, Superintendan des Finances) 28, 134
フーリエ, (フランソワ=マリー=) シャルル (Fourier, François-Marie-Charles) 11
ブーローニュ, ジャン・ド (Boullogne, Jean de) 28, 187, 193
ブヴァール・ド・フルクー, ミシェル (Bouvard de Fourquout, Michel) 148
フォール, エドガー (Faure, Edgar) 9, 280
フォルボネ, フランソワ・ヴェロン・ド (Forbonnais, François Véron de) 15, 67, 187-8, 196-7
ブシコー元帥 (Maréchal Boussicaud, Jean II Le Mengle) 127
プライス, リチャード (Price, Richard, doctor) 24, 150, 225, 278
ブランキ, ルイ・オーギュスト (Blanqui, Louis August) 152
プリュマール・ド・ダングール, ルイ=ジョゼフ (Prumard de Dangour, Louis-Joseph 別名 ジョン・ニコルズ [John Nickolls]) 15
ブリュワー, アントニー (Brewer, Anthony) 15, 20-1, 31-2, 35-7, 50, 77, 80, 97, 108, 137, 139-40, 156, 184, 226, 267
プルードン, ピエール=ジョゼフ (Proudhon, Pierre-Joseph) 152
ブルム, レオン (Blum, Léon) 152
ブレゼ, ルイ (Brezet, Louis) 14, 205
ブローグ (ブラウグ), マーク (Blauge, Mark) 20, 49-50, 154, 267-70, 275, 279
ブロカール, リュシアン (Brocard, Lucien)

217
ヘーゲル, ゲオルク・ヴィルヘルム・フリードリヒ (Hegel, Georg Wilhelm Friedrich) 138
ベーコン, サー・フランシス (Bacon, Francis, 1st Viscount Saint Alan) 52, 156, 191, 223
ベーム=バーヴェルク, オイゲーン・フォン (Böhm-Barwerk, Eugen Von) 142, 221
ヘクシャー, エリ・F. (Heckscher, Eli F.) 46, 268
ペツェット, ヴォルフガング (Petzet, Wolfgang) 60-1
ベッカリア, チェーザレ (Beccaria, Cesare) 270
ペティ, サー・ウィリアム (Petty, Sir William) 19, 35, 38, 40-1, 43-4, 56, 68-9, 83, 155, 218, 223, 240, 271-3
ペラン・ド・モラス, フランソワ・マリー (Peyrenc de Moras, François Marie) 193
ベリ, リュシアン (Bély, Lucien) 14, 29, 125, 267
ペレール兄弟 (Frères Pereire, Jacob Émile et Isaac) 143
ベレー司教 ⇒カミュ
ペルウ, フランソワ (Perroux, François) 151-2, 154, 273
ベルタン, アンリ・レオナール・ジャン・バティスト (Bertin, Henri Léonard Jean Baptiste) 56, 193
ペロ, ジャン=クロード (Perrot, Jean-Claude) 18, 41, 51, 69, 108, 141, 153, 191, 199, 250, 273-4
ベロー, アラン (Béraud, Alain) 31, 40, 156, 267
ペロネ, ジャン=クロード (Peyronnet, Jean-Claude) 22, 271
ヘンリー5世 (Henry V of England) 52
ボアギュベール (Boisguillebert) ⇒ボワギルベール
ホーゼリッツ, バート・F. (Hoselitz, Bert F.) 79-80, 152-3, 270

人名索引

ボードー, ニコラ (Baudeau, Nicolas, abbé) 23, 80
ポスルスウェイト, マラキー (Postlethwayt, Malachy) 41
ポステル=ヴィネー, ジル (Postel-Vinay, Gilles) 270
ホフマン, フィリップ・T. (Hoffman, Philip T.) 125-6, 270
ボルド, クリスティアン (Bordes, Christian) 269-70, 273, 278
ボナパルト (, ナポレオン) ⇨ ナポレオン1世
ボワギルベール, ピエール・ル・プザン・ド (Boisguilbert, Pierre le Pesan de) 34, 38, 40, 47, 97, 151, 188, 222, 274
ポンシャルトラン伯爵ルイ・フェリポー (Pontchartrain, Louis Phélypeau, comte de) 28
ポンパドゥール侯爵夫人 (Pompadour, Jeanne Antoinette Poisson, marquise de) 18, 59, 206

[ま行]

マーシャル, アルフレッド (Marshall, Alfred) 142, 156, 221
マーフィー, アントイン・E. (Murhpy, Antoin E.) 13, 18, 24, 31, 43, 47, 59-60, 71, 74, 77, 81, 92, 103-5, 108, 121, 124-5, 129-32, 134-5, 138, 142, 149, 155, 184, 188, 208, 220, 255, 261-2, 267, 271-3
マイウ, フランソワ=レジス (Mahieu, François-Régis) 18, 188, 271
マクナリ, デイヴィッド (Mcnally, David) 62, 222
マコーミック, テッド (McCormick, Ted) 35, 272
マショー・ダルヌーヴィル, ジャン=バティスト・ド (Machault d'Arnouville, Jean-Baptiste de) 21, 26, 28, 37, 67, 116-7, 187, 192-3, 214, 271
マタイ (Mattheus; Saint Matthieu) 85-6, 234, 238-9
マッケイ, チャールズ (Mackay, Charles) 143
マドモワゼル・ディック・メイ (Mademoiselle Dick May) 153
マブリ, ガブリエル・ボノ・ド (Mably, Gabriel Bonnot de, abbé) 39, 191
マリー・アントワネット (Marie Antoinette d'Autriche) 26
マリオン, マルセル (Marion, Marcel) 26, 271
マルクス, カール (Marx, Karl) 10, 32-3, 44, 51, 59, 77, 82, 142-3, 152, 154-6, 183, 210-2, 222, 271-2
マルサス, (トマス・) ロバート (Malthus, Thomas Robert) 44
マルゼルブ, クレティアン=ギヨーム・ド・ラモワニョン・ド (Malesherbes, Chrétien-Guillaume de Lamoignon de) 17, 26-7, 29, 49
マルティノー, マドレーヌ=フランソワーズ (Martineau, Madelaine-Françoise; mère de Turgot) 13
ミーク, ロナルド・L. (Meek, Ronald L.) 14-5, 74, 77, 83-4, 158, 265, 272
ミッテラン, フランソワ (Mitterrand, François) 30, 242
三邉清一郎 10, 280
ミラボー侯爵 (Mirabeau, Victor Riqueti, marquis de; Mirabeau-père) 18, 187-8
ミラボー伯爵 (Mirabeau, Honoré Gabriel Riqueti, comte de; Mirabreau-fils) 18, 188
ミル, ジョン・ステュアート (Mill, John Stuart (J.S.)) 44, 142, 154
ムロン, ジャン=フランソワ (Melon, Jean-François) 48, 200, 279
メイソニエ, シモーヌ (Meyssonnier, Simonne) 3, 14, 18, 21, 38, 45, 65-8, 70-2, 106-8, 117, 136, 153, 182-3, 185, 188, 190-2, 195-7, 199-204, 215, 218, 220-1, 250, 267-9, 272
メノン・ダンヴォー, エティエンヌ (Maynon d'Invault, Étienne) 230, 241, 260
メンガー, カール (Menger, Carl) 51

モア，サー・トマス（More, Sir Thomas） 52

モートン，ジョン（Morton, John, archbishop of Canterbury and cardinalate） 52

モープウ公爵（Maupeou, René Nicolas, duc de） 259-60

モールパ伯爵（Maurepas, Jean-Frédéric Phélypeau, comte de） 25, 28, 136, 186, 260

モランジュ，ジャン（Morange, Jean） 269-70, 273, 278

モリエール（Molière 本名 Jean Baptiste Poquelin） 83, 240

モルレ，アンドレ（Morellet, André, abbé） 2, 13, 17, 36, 49-50, 62, 66, 76, 106, 109, 116, 145-8, 187, 195, 272

モロー・ド・セシェル，ジャン（Moreau de Séchelle, Jean） 193

モンクレティアン，アントワーヌ・ド（Chatillon, Antoine de Montchréstien, baron de） 69, 268

モンタナリ，ジェミアーノ（Montanari, Jemiano） 51

モンティニ ⇒トリュデーヌ・ド・モンティニ

モンテーニュ（Montaigne, Michel Eyquem de） 22, 33

モンテスキュー（Montesquieu, Charles-Louis de Secondat, baron de La Brède et de） 15, 36-7, 77, 200, 229, 240, 246, 248-9, 254, 270, 272, 279

[や行]

山口正太郎 9-10, 60-1, 84, 96-7, 113, 119, 122, 231, 254, 256, 280

ユスティニアヌス1世（IVSTINIANVS I; Justinianus I） 239

雍正帝（Yong-zheng-di; Yung-chêng-ti; 清朝第五代皇帝，廟号世宗） 55

[ら行]

ラヴィックス，ジョエル=トマ（Ravix, Joël-Thomas） 60-1, 82, 92-4, 100, 103, 112-4, 274

ラヴェルディ侯爵（L'Averdy, Charles Clément François, marquis de） 58

ラエネック，ルネ・テオフィル・イアサント（Laënnec, René Théophile Hiacinthe, docteur） 30

ラカトシュ，イレム（Lakatos, Imre） 45

ラ・ファイエット侯爵（La Fayette, Marie-Joseph-Paul-Yves-Roch-Gilbert du Motier, marquis de） 8

ラ・ロシュフーコー公爵フランソワ6世（La Rochefoucauld, François VI, duc de） 30

ランドバーグ（ルンドベリ），I.G.（Lundberg, I.G.） 24, 247, 271

リーター，ハンス（Rieter, Hans） 75

リヴォワール，ジャン（Rivoire, Jean） 229, 239, 274

リカードゥ，デイヴィッド（Ricardo, David） 44, 154-5, 218

リシュリュー（Armand Jean du Plessis, Cardinal-Duc de Richelieu et de Fronsac） 157

リチャード3世（Richard III of England） 52

リュベル，マクシミリアン（Rubel, Maximilien） 271-2

ルイ12世（Louis XII de France） 245

ルイ14世（Louis XIV de France） 26, 28, 134, 157

ルイ15世（Louis XV de France） 28, 58-9, 106, 132, 260

ルイ16世（Louis XVI de France） 25, 27-8, 229, 260, 262

ルイ太陽王（Louis-Le-Soleil） ⇒ルイ14世

ルイ大王（Louis-Le-Grand） ⇒ルイ14世

ルイーズ=マドレーヌ=マルグリート（Le Peltier de Rosanbo, Louise-Madelaine-Margurite; petite-fille de Malesherbes） 27

ルカ（Luca; Saint Luc） 125, 228, 238-40,

人名索引

247-8, 264
ルグラン, ロベール (Legrand, Robert) 34, 47, 137, 271
ルソー, ジャン=ジャック (Rousseau, Jean-Jacques) 26-7, 29
ルナール, ジョルジュ (Renard, Georges) 152-3
ル・ピション, フィリップ (Le Pichon, Philippe) 39, 271
ル・マン, アンリ (Le Man, Henri) 152
ルルー, ピエール (Lerou, Pierre) 152
レーニン, ウラジミール (Lenin, Vladimir Ilyich. 本名 Vladimir Ilyich Ulyanov) 128, 152
レオンティエフ, ワシリー・W. (Leontief, Wassily W.) 59
ロイド, ウィリアム・F. (Lloyd, William F.) 51
ロー, ジョン (Law, John) 5-6, 14, 19, 24, 28, 35, 39, 41, 43, 47-8, 64, 74, 103, 131-41, 151, 155, 157, 188, 220, 262, 271, 273, 278, 280
ローラン, アラン (Laurent, Alain) 35, 271

ロザンタール, ローラン (Rosental, Laurent) 270
ロック, ジョン (Locke, John) 40, 77, 155, 269, 279
ロベスピエール, マクシミリアン (Robespierre, Maximilian François Marie Isidore de) 26
ロマーニ, ポール=マリー (Romani, Paul-Marie) 60-1, 82, 92-4, 100, 103, 112-4, 274
ロンカッリア, アレッサンドロ (Roncaglia, Alessandro) 20, 31, 26, 49, 274

[わ行]

ワシントン, ジョージ (Washington, George) 8
渡辺恭彦 9-10, 19, 36, 103-4, 107-9, 112-6, 118-9, 122, 231, 254, 256, 280
ワルラス (, オギュスト) ⇨ヴァルラス (, オギュスト)
ワルラス (, レオン) ⇨ヴァルラス (, レオン)

[著者紹介]
中川　辰洋（なかがわ　たつひろ）

　1952年札幌市に生まれる．1989年東京大学経済学研究科博士課程修了．経済学博士（東京大学）．社団法人 公社債引受協会調査部調査課長，青山学院大学経済学部経済学科助教授，教授などを経て，現在，同現代経済デザイン学科教授，公益財団法人 日本証券経済研究所客員研究員．この間，ヨーロッパ議会・ヨーロッパ委員会後援の研修制度 EUVP（ヨーロッパ連合訪問プログラム）参加（1995年）．在外研究期間を利用してソシエテ・ジェネラル銀行（パリ＝ラデファンス）資本市場部経済調査チーム（現・ストラテジスト調査チーム）所属（1999-2000年），パリ第10大学（ナンテール校）客員研究員（2008-09年）．所属学会，証券経済学会（1984年～），経済学史学会（2010年～）．ほかに，フランソワ・ミッテラン研究所（Institut François Mitterrand: IFM，パリ）友の会会員（2006年～）．
　著書（単著のみ）に，『フランス国債市場の変貌と金融革新』（財団法人 資本市場研究会，1989年），『ゼミナール EC通貨・金融市場統合と資本市場』（東洋経済新報社，1993年），『1999年ユーロ圏誕生――EU経済通貨統合の進展』（東洋経済新報社，1998年），『ジョン・ローの虚像と実像――18世紀経済思想の再検討』（日本経済評論社，2011年）．訳書に，OECD編『経済政策の転換――先進11カ国のケース・スタディー』（中川辰洋監訳，日本経済評論社，1995年），B. ポーキングホーン，D.L. トムソン『女性経済学者群像――アダム・スミスを継ぐ卓越した八人』（櫻井毅監修，御茶の水書房，2008年）．

テュルゴー資本理論研究

2013年9月20日　第1刷発行

定価（本体7000円＋税）

著　者　　中　川　辰　洋
発行者　　栗　原　哲　也
発行所　　株式会社 日本経済評論社

〒101-0051 東京都千代田区神田神保町3-2
電話 03-3230-1661　FAX 03-3265-2993
E-mail : info8188@nikkeihyo.co.jp
振替 00130-3-157198

装丁＊渡辺美知子　　　シナノ印刷／高地製本

落丁本・乱丁本はお取替えいたします　Printed in Japan
© NAKAGAWA Tatsuhiro 2013
ISBN978-4-8188-2285-6

・本書の複製権・翻訳権・上映権・譲渡権・公衆送信権（送信可能化権を含む）は，㈳日本経済評論社が保有します．
・[JCOPY]〈㈳出版者著作権管理機構　委託出版物〉
本書の無断複写は著作権法上での例外を除き禁じられています．複写される場合は，そのつど事前に，㈳出版者著作権管理機構（電話 03-3513-6969，FAX 03-3513-6979，e-mail : info@jcopy.or.jp）の許諾を得てください．

ジョン・ローの虚像と実像
―18世紀経済思想の再検討―
中川辰洋　本体 4600 円

所有と進歩
―ブレナー論争―
R.ブレナー／長原豊監訳　本体 4200 円

『国富論』とイギリス急進主義
鈴木亮著／浜林正夫・飯塚正朝編　本体 7500 円

ヴェーバー経済社会学への接近
小林純　本体 5600 円

リカードの経済理論
―価値・分配・成長の比較静学分析／動学分析―
福田進治　本体 4800 円

ルソーの経済哲学
B.フレーデン／鈴木信雄ほか訳　本体 3200 円

重商主義再考
竹本洋・大森郁夫編著　本体 2800 円

渡辺輝雄経済学史著作集　　各巻本体 6000 円
第 1 巻　創設者の経済学
第 2 巻　ケネー経済学研究(1)
第 3 巻　ケネー経済学研究(2)

日本経済評論社